THE MIRACLE OF GROWTH

성장의 기적

재능과 환경을 뛰어넘는
성장지능의 힘

문경희 지음

EDU HEART

THE MIRACLE OF GROWTH

성장의 기적

**저자 소개
문 경희**

문경희영어학원장
YBM 리더스 대치센터장
에듀하트 출판사 대표

대치동에서 2006년부터 문경희영어학원을, 2018년부터 YBM Readers 영어독서 대치센터를 운영해 오고 있다. 연세대학교에서 영어영문학을, 같은 대학교 교육대학원에서 조기 영어교육을 최우수 장학생으로 조기졸업 하였고, 현재 뇌과학, 신경과학, 정신물리학, 심리학, 언어학 등을 연계하여 연구하는 일반대학원 인지과학협동과정에서 영어교육 전공 박사과정에 있다. 연세대학교 교육대학원에서 교육경영 최고위자 과정을 수료했으며 TIOETs(영어교육 전문가 양성 과정)와 TOATs(학습코칭 과정) 연구위원을 역임한 바 있다.

네이버 학관노, 학원저널 공동주최 〈성공 영어학원 노하우(깐깐한 대치동 학부모들이 인정한 영어교육방법)〉 특강과 〈지식과 희망 나눔 행사〉 영어책 읽어주기 재능기부 스토리텔러 자원봉사 활동을 하였다. 2017년에는 연세대학교 교육대학원 50주년 기념행사에서 감사패를 수상하였으며 연세대학교 후원의 집으로 선정되었다. Unicef, 월드비전, 한국 백혈병 소아암 협회 등 많은 기관에 후원활동을 하고 있다.

한국인지과학회 주최로 서울대학교에서 열린 심포지움(주제: 인지과학과 언어처리 – 빅데이터 시대에서 지식의 역할)과 한국심리언어학회 주최로 고려대학교에서 열린 정기학술대회(주제: 융합시대의 심리언어학)에서 연구논문을 발표하였으며, 한국인지과학회 주최로 서강대학교에서 열린 연차학술대회(주제: 4차 산업혁명 시대 인간과 로봇의 공진화), 연세대학교에서 개최된 국제신경과학 학회 OHBM 참석 연구자들의 인간 뇌의 구조와 기능 연구동향 관련 학술교류의 장, Human Brain Mapping and Function 등 다수의 학회에 참여하였다.

국회 대한민국 인물대상 혁신 영어교육 전문기업 부문 대상, 대한민국 고객감동 BRAND 대상 영어교육 학원부문 수상(연합뉴스), 대한민국 올해의 신한국인 대상 교육인 부분 대상(시사투데이), 연세대학교 교육대학원 50주년 기념식 감사패(연세대학교 총장, 교육대학원 원장), 대한민국 경영 혁신대상 영어교육부문(ECONOMY CEO), 대한민국 교육혁신 리더 대상(연합뉴스)외 다수의 수상 이력을 보유하고 있다.

추천사

아름다움과 위트, 지성이 살아 숨쉬는 체험서! 인생의 가치와 의미를 찾는 이들에게 혜안을 주는 지혜서 〈성장의 기적〉은 신선하고 창의적이며 깊이와 즐거움까지 느끼게 해준다. 삶의 의미와 행복을 찾아 떠나는 이들에게 등대와 같이 길을 밝혀 주는 이 책은 한번 집어 들면 손에서 놓을 수 없을 것이다.
이석재 (연세대학교 영어영문학과 교수)

〈성장의 기적〉은 이제껏 만나 본 책 중 단언 최고의 책이다. 책장을 펴는 순간 엄청난 흡입력으로 빠져들게 되는 인생의 지혜서! 뜨거운 삶에 대한 열정과 성장에 대한 갈망이 감동적이다. 매혹적이고도 독창적인 성장지능 스토리는 이 책을 읽는 이들의 일상에 기적을 불러올 것이다.
손경숙 (피플투데이 대표)

살아 숨쉬는 듯한 이 책은 미래의 동량을 키워낼 부모님들에게 새로운 바이블로 자리매김 할 것이다.
박진희 (서울대 졸. 전 EBS강사. 서울대와 연대 의대 입학한 두 자녀의 학부모)

대치동은 약점을 허락하지 않는다. 영어를 통해 모든 영역의 성장을 이루는 철학을 배우고 싶다면 이 책을 추천한다.
최원욱 (서울대 경영 졸. 금융위원회 재직)

열심히 살아도 쉽지 않은 인생으로 힘들어 하는 이들에게 그 해답을 알려 주는 책이다. 뛰어난 지능과 기적과도 같은 엄청난 성공은 타고나는 것이 아닌, 매일의 성장으로 풀어갈 수 있다는 후천적 노력의 중요성을 새삼 깨닫게 해준다.
홍서연 (워싱턴대학교 대학원 재학. 정보 경영-데이터 사이언스 서브 트랙-전공. Data Scientist at Tech)

현재의 삶에 만족하지 않는다면, 한 번 주어진 인생 나의 꿈을 현실로 만들고자 한다면, 기적같은 변화를 꿈꾼다면 당신은 반드시 이 책을 읽어야 한다.
정영진 (연세대학교 행정학과 재학)

인생의 진정한 라이벌이 어제의 나임을 상기시켜 주는 〈성장의 기적〉. 인간의 잠재력이 어디까지일까 다시금 생각하게 해주는 매우 설득력 있고 흥미로운 내용의 책이다.
조현준 (경찰대 졸. 남양주북부경찰서 재직)

공부만 잘해야 지능이 높다고 생각하는 많은 이들에게 새로운 지능의 개념을 던져 준 훌륭한 책! 교육철학과 교육심리, 뇌과학, 영어교육 등 제반 학문을 아우르는 지혜서이자 성장과 성공을 꿈꾸는 이들은 누구나 봐야할 필독서이다!
차윤정 (아주대학교 법학전문대학원 재학)

대치동의 중심에서 전해주는 성장의 비법! 현재의 삶에 만족하지 않는다면, 한 번 주어진 인생 나의 꿈을 현실로 만들고자 한다면 읽어야 할 필독서이다.
손현지 (이화여자대학교 법학전문대학원 재학)

영어에 국한되지 않는 성장지능의 개념은 인생의 근원적 의미에 대해 질문을 던진다. 행복, 성공, 가치에 대해 고민하는 사람이면 누구든지 꼭 읽어야 할 책 〈성장의 기적〉. 책을 읽는 내내 희노애락의 감정을 일깨우는 체험담은 감동과 함께 즐거움까지 선사해 준다. 당신은 삶의 많은 고민들에 대한 해답을 이 책 속에서 찾게 될 것이다.
배경근 (과학고 조기졸업. KAIST 재학)

프롤로그

나는 매일 떠오르는 태양과 인사를 하며 데일리 프레즌트 프레이어(Daily Present Prayer)로 하루를 연다. 현재(present)라는 시간, 내가 존재(present)하고 있음에, 단 한 사람에게라도 성장에너지를 줄(present) 수 있음에 감사의 기도를 하다 보면 마음속 깊은 곳에서 뜨겁고 벅찬 감정이 샘솟는다. 나의 생명과 인생은 단 한 번 주어진 귀한 선물(present)이기 때문이다. 그리고 어제의 나보다 오늘 조금이라도 더 성장해 있는 모습을 디테일하게 시각화하며 집을 나선다.

그렇게 대한민국 교육특구 대치동에서 강산이 두 번 바뀌고 있다. 사람들이 묻는다. 매일 쉼 없는 똑같은 일상이 지루하지 않느냐고.

나의 카카오톡 프로필 사진 중에는 내가 하고 있는 일과는 아무 상관없어 보이는 발레리나 강수진 씨의 사진이 있다. 최선을 다하는 매일이 모여 지금의 성공을 이루었음을 온몸으로 보여주는 그분의 일상을 나는 오래전부터 닮고 싶었다. 1년에 설날 당일과 추석 당일 이틀 쉬며 일해온 나이지만 - 그 이틀마저 몇시간이라도 출근한 날이 대부분이었다 - 아직까지 단 하루도 지루하다는 생각을 해본 적이 없다. 아니, 그러기엔 나는 일을 일로 느끼지 않을 만큼 몰입해서 즐기며 살아온 것 같다. 매일 어떤 면으로든 성장하는 것이 기쁘고 행복했기 때문에 가능한 일이었다고 생각한다.

나는 내게 주어진 소중한 생명과 사명에 한 치의 의심도 없다. 내가 나를 믿지 못하면 하루의 성장도, 대단한 성공도 기대할 수 없기 때문이다. 크고 작은 성공과 기적은 먼지 같은 하루의 성장들이 모여 이루어짐을 믿는다.

성장했음을 인지해야 행복감을 느끼는 나는 유난히 성장 도파민이 강하다. 글을 공경하면 기뻐한다는 나의 이름 석 자 풀이처럼, 나는 늘 말하기에 앞서 경청하려고 애쓰며, 가르치기에 앞서 낮은 자세로 배우려고 노력한다. 대한민국 교육특구에서 수많은 아이들을 지도해 오고 있지만 나는 그 이상으로 아이들에게서 소중한 인생의 진리들을 배우며 매일 성장하고 있다. 아이들은 우리의 미래이고 희망이며, 다가올 세상이기도 하지만 언제나 나의 가장 큰 스승이다.

아이들의 순수함과 가능성을 보며 관찰자 입장에서 나를 반추해 본다. 내가 과연 진정한 어른인가. 어른 됨이란, 어른다움이란 무엇을 의미할까. 나는 어른으로서의 자격이 있는가. 나의 내면은 더 단단하고 견고하게 성장하고 있는가, 나의 그릇은 매일 조금씩이라도 더 커지며 깊어지고 있는가.

이 세상엔 사람의 눈으로 볼 수 없는, 공명하는 주파수와 에너지가 있다. 내면의 에너지, 나라는 소우주. 그것은 어쩌면 나조차도 의식하지 못하는 사이, 나의 뇌와 마음이 만들고 있는 세상일 수 있다. 사람은 배움과 성장을 멈추면 그 순간부터 노화가 가속화된다. 육체뿐 아니라 내면도 죽음으로 가는 속도가 빨라진다. 라디오와 TV 채널 주파수의 원리처럼, 눈으로 볼 수 없는 내 안의 에너지 안테나가 같은 주파수의 에너지를 끌어들임을 알기에, 나는 늘 긍정적인 생각과 말, 에너지로 아이들과 교감하려고 애쓴다.

기적 같은 결실은 일상의 나비효과이다. 매일의 성장이라는 작은 나비의 날갯짓에서 기적은 시작된다. 그 작은 성장이 주는 기쁨과 가능성으로 아이들에게 얼마나 크고 작은 기적 같은 변화가 생길 수 있는지를, 그동안 대한민국에서 가장 뜨거운 학구열을 지닌 교육 현장에서 수없이 확인해 왔다. 시험 하나에 일희일비 되지 않고, 매일 조금이라도 어제보다 성장했음에 감사하며, 내일도 꿈을 향해 더 높게 날아오를 수 있을 거라는 기대와 믿음을 가져야 한다고 학생들에게 늘 얘기한다.

또한 원하는 목표와 결과가 있다면 하루아침에 급하게 이루려고 너무 초조해하거나 스트레스받지 말라고 당부한다. 매일 성장하다 보면 성공은 뒤따라올 수밖에 없으니 그 과정에서 때를 기다리고 인내할 줄도 알아야 하기 때문이다. 때론 인내가 주는 삶의 가치와 의미가 더 나은 플랜 B가 될 수 있기 때문에 우린 늘 깨어 있어야 한다. 그 과정에서 영어 단어 하나, 수학 문제 한 문제 더 푸는 것 이상으로 인생에서 매우 중요한 기반이 될 자신에 대한 정체성과 존중감을 깨우칠 수 있다.

나를 나보다 더 잘 아는 사람은 세상에 없다. 도움을 줄 수 있는 가족과 친구, 다양한 분야의 전문가도 내 인생의 주인공은 아니다. 내 인생이라는 차의 운전대를 잡은 사람은 나이다. 내 삶이라는 스토리의 주인공과 저자도 나이다. 내가 내 삶의 주체가 되어 삶을 일구어가는 자세와 동력을 아이들에게 키워주려고 노력한다. 아이들이 건강하게 자신에 대한 전문가로 커서 저마다의 자리에서 세상에 선한 영향력을 끼칠 수 있도록 나는 영어라는 수단을 통해 학생들을 만나 그들을 돕고 있다.

나는 아이들이 어떤 식으로든 어제보다 더 성장하도록 돕는 사람이라는 생각을 단 한 순간도 잊어본 적이 없다. 그리고 나는 영어라는 언어를 사랑하고 가르치는 사람이지만 영어는 학생들을 돕는 수단일 뿐, 영어가 인생의 전부는 아니라고 생각한다. 모쪼록, 영어라는 언어를 즐길 수 있고, 아이들을 사랑하는 마음이 충만함에 매일 감사할 따름이다. 자랑할 것 없는 평범한 지능과 재능이지만 누구보다 지능, 재능 계발에 관심이 많아 꾸준히 개발하며 살아가고 있다. 내가 깨달은 것이 미천할지라도 단 한 사람에게라도 도움이 된다면 나눠주고 싶은 마음에 책을 쓰게 되었다. 단지 모르고 개발하지 못했을 뿐 누구에게나 성장할 수 있는 다양한 지능이 있다. 아울러, 타고난 재능이 아닌, 후천적으로 개발될 수 있는 다양한 지능의 존재와 뇌의 가소성이라는 희망의 메시지도 꾸준히 전해주고 싶다.

대한민국 교육특구 대치동 현장에 몸담으며 그간 너무 타고난 재능만 동경하고 자신의 무한한 지능을 외면하는 사람들을 숱하게 만나오며 안타까운 순간들이 많았다. 대치동에도 그런 아이들, 학부모님들이 수없이 많다. 왜 나만이라는 생각을 버리지 못하는 이들에게, 아직 못 보고, 발견하지 못한 것일 뿐이라는 메시지를 전해 주고 싶다. 성장의 기적은 대단한 것이 아니다. 그것은 지금 내가 있는 곳에 서 있는 그대로의 내 모습에 대한 뜨거운 관심과 사랑에서 시작된다.

각종 SNS 세상에서 쉽게 만나고 접할 수 있는 사람들과 트렌드에 빠져있으면서도 정작 자신은 누구인지, 무엇을 좋아하고 잘하는지, 어떨 때 행복하고 기쁜지 진지하게 생각하며 살아가는 학생들이 의외로 많지 않다.

가장 많이 돌봐야 할 자신을 수동적으로 바라보며 자기 인생의 운전대를 남에게 맡기고, 심지어 방치하기까지 하는 사람들을 바라보며, 남에 대한 관심보다 자신에 대한 관심, 자기애에 더 관심을 가졌으면 하는 바람이 들었다. 그래야 남도 사랑할 수 있는 더 크고 튼튼한 그릇이 될 수 있기 때문이다. 그 어느 곳보다 뜨거운 학구열을 가진 대치동에서 나는 그 누구보다도 치열하고 전투적으로 사는 사람들 속에서 나와 내 사명을 확인했고, 1분 1초의 소중함과 인생의 의미, 삶이 주는 근본적인 기쁨의 원천에 대해 끊임없이 고민하며 그 근원을 파헤쳐 보고자 고군분투해 왔다.

인생이라는 모래시계의 모래는 지금 이 순간에도 계속 떨어지고 있다. 갈수록 그 속도가 빨라지는 느낌은 기분 탓일까. 오늘도 나는 아이들이 어제보다 조금이라도 더 멋지게 성장하고 더 건강하고 예쁜 생각, 기쁨과 감사의 마음을 키워갔으면 하는 바람을 실어 영어를 가르치고 있다. 책을 왜 이제서야 내냐는 지인들의 소리를 적지 않게 듣는다. 이 세상에 학생들을 열심히 가르치는 사람들이 얼마나 많은데 내가 과연 자격이 있을까 오랜 시간 생각해 왔다. 피를 토하며 오른팔 마비를, 모든 것을 잃을 수도 있었던 벼랑 끝 고독과 고통의 시간들을 수없이 이겨내며 나는 더욱 단련되어 왔다. 진통제 주사를 맞아가면서도 그 누구에게도 힘든 티를 내고 싶지 않아 고독을 벗 삼아 고단한 루틴을 소화하고, 바보 같을 정도로 매일 반복되는 일상 속에 나를 던지며 묵묵히 달려온 삶이 이제는 오히려 감사하다.

삶에 진심인 그 중심을 하늘은 알 텐데, 더 이상 더 나은 방법을 모를 땐, 이보다 더한 노력을 기울일 수 없을 정도의 최고의 노력을 기울였을 땐 생각의 스위치를 껐다. 잡념과 걱정의 스위치를 끄고 최고의 실행 그것 하나만 멈추지 않길 기도했다. 진인사대천명이라고, 삶의 모든 것을 하늘에 맡기면 마음이 편하다. 내가 있는 곳에서 최선을 다해 지금 이 순간에 몰입하여 사는 것, 그것이 내가 할 수 있는 최선이라고 생각하며 달려왔다. 하지만 그 정도의 성실함과 책임감, 열정은 특별한 이력이 될 수 없다고 생각했다. 내 그릇을 다지고 키우는 것 단 하나만 바라보며 살아온 이력으로, 내가 얼마나 세상에 도움을 줄 수 있을까 하는 망설임이 오랜 시간 책 편찬을 주저하게 했다.

10년 전 출판사 신고필증을 받아 놓고도 학원용 영어책만 묵묵히 만들어 왔을 뿐, 내 이야기를 세상에 내는 것에는 끊임없는 책의 가치에 대한 질문을 하며 미루고 또 미뤄왔다. 하지만 허약한 신체로 학교 양호실에서 누워 공부하던 시간이 많았던 어린 시절, 건강 하나 인생의 목표로 삼고 눈물 삼키며 신나게 공부하지 못했던 꽃 같았던 청춘의 시간들은, 가슴속 깊이 한이 되어 내게 더욱 평생 글을 공경하며 사명에 충실하게끔 이끄는 것 같다. 백발의 노인이 만학도가 되어 수능을 보고 배움을 즐기는 모습을 매스컴에서 왕왕 본다. 나이를 초월하여 성장에 대해 갈구하는 아름다운 모습에 감탄한다. 배워야 성장하고, 성장해야 기쁨으로 삶이 충만해짐을 느낄 수 있기 때문이다. 영어성적을 올리기 위해 내게 오는 학생들이 대부분이지만 여러모로 아픔이 많은 아이들도 많이 만난다. 그런 아이들에게 크고 작은 삶의 변화와 희망을 가져다준 것처럼 책을 통해 보다 많은 이들에게 선한 영향력을 끼쳐야 겠다는 용기가 조금씩 생기게 되었다.

불공평한 환경이 한 인간으로서의 존엄성까지 퇴색시킬 수는 없다고 생각한다. 가정적 불우함, 신체적 허약함, 지능의 다양함은 우열이 아닌 서로 다름의 문제이다. 내 생각과 다르다고 틀린 것은 아니다. 다양성을 인정하고 그 속에서 내 고유의 개성과 색깔을 찾아서 멋지게 재능을 계발해 내는 것. 다양한 사람들과 세상 속에서의 조화가 주는 질서를 보는 눈을 갖고 감사와 겸손의 미덕을 깨닫는 것, 성장의 기쁨으로 기적과도 같은 성공을 하는 것, 세상에 긍정적이고 생산적인 영향력을 끼치는 것, 그것이 진정한 성장의 의미와 인생의 기쁨이 아닐까 한다.

강산이 두 번 바뀌도록 수많은 사람들을 만났던 대치동이라는 동굴. 그 세상 속에서 나 자신의 성장만큼이나 집요하게 몰입하여 무아지경으로 파고들었던, 좌충우돌 아이들의 성장 도우미로서의 시간들. 그 안에 웃픈 실화들이 무수히 많고 들려주고 싶은 기적 같은 스토리들도 많지만 지면상 그리고 개인정보상 일부 실화들만 실어 보았다. 나의 체험에 근거한 과학적이고도 현실적인, 그러면서도 기적 같은 성장스토리를, 추후 기회를 봐서 더 공유했으면 하는 바람이 있다.

이 책을 읽는 모든 분들에게 단 한 번의 기회인 값진 선물 같은 인생, 앞으로 펼쳐질 멋진 성장의 과정을, 그리고 뒤따를 기적 같은 결실을 진심으로 축복하고 응원하는 바이다.

2024년 7월

대치동에서 글(문)을 공경(경)하면 기쁠(희) DREAM

Thanks to...

언제나 변치 않는 사랑으로 진심 어린 응원을 해주시는 부모님과 형제, 영어교육에 대한 뜨거운 열정을 갖고 더욱 깊은 학문의 세계로 입문하게 해주신 존경하는 이희경 교수님, 항상 영문학도들의 지식뿐만 아니라 학생들의 다양한 고민들을 따뜻하게 감싸주시는 이석재 교수님, 그리고 마케팅의 매력에 눈뜨게 해주신 든든한 매니저 서연교 님께 깊은 감사의 말씀을 전합니다.

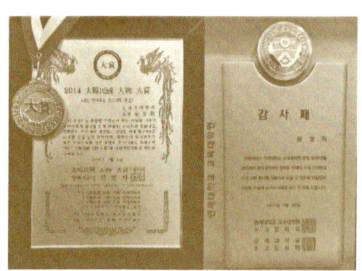

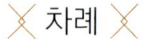

차례

제 1부

성장, 왜?
: 기적의 씨앗, 매일의 성장

먼지 같은 성장이라도 아주 칭찬해　　　　　　　　　　　　23
칭찬, 자신감, 성장 마인드셋 그리고　　　　　　　　　　　25
사람공부와 영어공부　　　　　　　　　　　　　　　　　28
당신이 모르는 당신의 성장 지능　　　　　　　　　　　　32
일체유심조　　　　　　　　　　　　　　　　　　　　　36
초현실적 기적을 부르는 현실적 성장 에너지　　　　　　　38
뜨겁게 나를 사랑하라, 감정의 주인이 되어라　　　　　　　42
디테일한 시각화와 미래자서전, 마음의 눈이 바라보는 곳　　46
이게 나야, 미래의 나 데리고 살기　　　　　　　　　　　　48
내 인생 최고의 복수　　　　　　　　　　　　　　　　　51
성장지능은 발달과 학습, 무엇의 영향을 받는가　　　　　55

제 2부

성장의 선택 배경
: 대한민국 상위 1프로 교육특구 대치동에서

어쩌다 영어, 그러다 대치동　　　　　　　　　　　　　　59
대한민국 교육특구 대치동 한복판에서　　　　　　　　　62
대치동 최고면 대한민국 최고　　　　　　　　　　　　　66
완벽한 공부법과 완벽주의에 대해　　　　　　　　　　　70
해외 리터니들의 대치동 정착기　　　　　　　　　　　　74

제 3부

성장의 연구대상
: 공부 빼고 다 재밌는 잼민이들

어질어질 Multiverse – 수많은 안테나를 달고 사는 아이들	81
내 베프는 공부 안해도 100점인데 난 다시 태어나야 하나	84
괜찮아 이번 생은 쿠쿠루삥뽕	88
0개국어 관종들 - 책상 앞에 앉아 있기조차 힘든 아이들	91
문경희 먹어학원의 위대한, 위가 대한 아이들	96
아이들은 오늘도 아무 생각이가 없다 – 인생 쓰다	98

제 4부

성장통, 분노의 힘
: 세상에, 대치동에 이런 일이

대치동 분노의 힘 1. 미스테리 응가사건	103
대치동 분노의 힘 2. 라면국물 투척사건	105
대치동 분노의 힘 3. 스승의 날 음주폭언 사건	108
대치동 분노의 힘 4. 대치동 학원장들 인신공격 사건	111
폰중독, 게임중독, SNS 중독과 전지적 천장시점	113
만행을 저지르는 미남방 X랄방 빌런들과 영어100점 만들기	117
생각하는 개구리	121

제 5부

자본주의와 성장
: 자본주의 사회에 살면서도 소홀히 하는 자본교육

내 꿈은 그냥 부자 – 나는 돈이 좋아, 교사는 응 아니야	125
선생님 100원만 빌려주세요	129
자본주의, 경제교육, 성장	131
일주일에 120시간 일하는 일론 머스크와 경제적 자유	134
착한 사교육 - 공과 사 사이에서	139
행복한 기버를 꿈꾸며 – 자족과 욕심 사이에서	144
본질과 마케팅, 본질과 매스컴	148

제 6부

성장영어, 마인드 셋팅편
: 아직의 힘 Not Yet, 그릿 Grit 그리고 성장지능

세종대왕과 영어, 그리고 챗GPT	155
영어공부 왜 하세요?	158
꿈을 이루어 주는 도구, 영어	163
영어성적은 나에 대한 탐구성적	165
영어 공부방법, 일타강사 다 필요 없다 – 대치동 영어금쪽이들	169
공부에 있어 절대 대충이란 없다	173
성장지능을 촉진시키는 몰입의 즐거움 - 몰입력을 키우는 7가지 방법	175
세계 1% 천재 유대인들이 실천하는 영어공부법	180

제 7부

성장영어, 실행편
: 거창할 필요 없다 그냥 하면 된다

뇌의 가소성과 영어성적의 가소성	185
발바닥 기도시간, 운동과 뇌의 성장	188
단어를 외우기 싫다면	192
재밌는 영어 vs 엄격한 영어 그리고 엉덩이로 공부하는 영어	198
문법공부 꼭 해야 하나요?	201
영문법 100점을 위한 필수 고려사항	206
영어 100점 맞는 아이들의 똑똑한 독해법	209
공부환경 설정하기 - 영어과외, 교습소, 소수정예학원, 대형학원, 인강	213
오답천국을 겨울왕국으로 – 기억의 분실물 보관소인 오답노트	216
영어, 이렇게 공부하면 성적이 안 올라갈 수가 없다_선생님에게 배운 내용을 설명해 주는 아이들	218
초중고 영어교육 로드맵	221
끊이지 않는 화두, 조기영어교육에 대해 -조기교육 vs 정규교육	225

제 8부

성장의 기적
: 기적은 지금, 오늘, 여기에

상처를 지혜로 바꾸는 시간 – 역경을 거꾸로 하면 경력	231
당신은 어떤 인생 스토리를 쓰고 있나요	236
성장에의 결단, 내인생 통째로 바꾸는 힘	238
공부하는 나, 성장하는 나 - 마음, 뇌, 교육	241
의미 있는 성장의 과정을 즐기다 –비행 자체가 꿈인 조나단의 꿈	243
성장값의 최대치, 기적 같은 성공	245
단 한 번, 그 애틋함	248
잠시, 시계토끼와 차 한잔을	249
인공지능과 인간지능, 영어교육	254
기적으로 향하는 성장열차, 인생열차	263

제 1부

1. 성장, 왜?

: 기적의 씨앗, 매일의 성장

먼지 같은 성장이라도 아주 칭찬해

대치동에서 어떻게 오랫동안 학생들을 지도해 왔냐고 묻는 질문에 나는 그 비결을 이렇게 말한다. 내가 평소 생각하고 말하는 초긍정 에너지 덕이라고. 좀 더 정확하게 말하자면 학생들의 성장 마인드셋을 만들어 주는 끊임없는 칭찬, 그리고 자신감을 갖게 해주는 성장지능 개발 덕이라고 말할 수 있다. 나는 항상 학생들에게 아주 작은 성장에 대해서도 무심히 지나치지 않고 진심을 담아 칭찬해 준다. "잘했어, 아직 이건 시작일 뿐이야, 이렇게 꾸준히 노력하면 더 잘할 수 있어, 네 꿈은 이미 이루어진 현실이라고 믿어, 쌤이 많이 사랑해." 라고 말한다.

열심히, 꾸준히 라는 노력에 대한 두 가지 수식어에 그 누구보다도 자신 있게 실천해 왔다고 자부하는 나도, 수많은 정답이 없는 질문들, 번아웃, 외로움에 몸부림치는 순간들이 많았다. 그럴 때면 작은 칭찬 한마디에 엄청난 위로와 용기를 얻곤 했다. 나름대로 공부에 관한 고민을 어려서부터 꾸준히 해온 내공이 있다고 생각하기에 대치동이라는 교육특구에서 장수한 게 아닌가 생각한다. 최고의 학구열을 가진 학생들, 학부모들의 고민을 내가 이미 해봤기 때문에 더 공감할 수 있고 그에 따른 현실적 처방도 더 효과적일 수 있었다고 생각한다.

아이들을 만나다 보면 그 안에 내 모습을 보는 것 같아 더 애틋하다. 어른들의 눈으로 볼 때 아무 생각 없어 보이는 아이들이지만, 여러 사건사고를 비롯해서 뭔가 짚고 넘어가야 하는 상황들에 직면하면 아이들 입장에서는 그게 그들 나름의 최선일 수 있겠다고 생각한다. 아이들과 학부모님들과 공감 능력이 나름 뛰어나다고 자부하는 나이지만 쉽지 않을 때도 많다. 그 공감의 출발은 늘 역지사지[易地思之], 즉 처지를 바꾸어 생각해 보는 것이다. 빙의 정도의 싱크로율 100퍼센트까지는 힘들겠지만 최대한 상대방의 입장이 되어 보려고 노력하면 온갖 문제 해결에 큰 도움이 된다.

늘 공부나 일과 관련해서는 완벽주의 강박관념에 사로잡힌 나로서도 한없이 삐뚤어지고 흐트러지고 일탈하고 싶은 순간들도 있다. 사람은 신이 아니기 때문에 감정과 생각도 불완전할 수밖에 없다. 그럴 때마다 뇌에서 보내는 신호라고 생각하고 나의 성장지능을 관장하는 행복 회로에 무슨 이상이 생겼는지 점검한다. 행복해지기 위해 하는 공부인데 재밌다고 생각하긴 힘들더라도 적어도 나를 행복하게 해주는 공부이니 그 책임감에 진심이어야 한다는 생각이다.

때론 현실적이지 않을 정도의 근거 없는 자신감, 소위 근자감 쩌는 사람이 낫겠다는 생각도 많이 든다. 그런 사람은 지극히 현실적이고 안정적인 성향의 사람보다 발전 가능성이 더 클 수 있다. 시작조차 힘들어 시도조차 해보지 않고 지금 그대로의 삶에 자족하는 것도 나쁘다는 뜻이 아니다. 인생에는 정답이 없다. 누가 내 인생에 대해 이래라 저래라 한다고 해서 내가 꼭 따라야 할 이유는 없다. 내가 행복할 수 있는 방식에는 절대적인 한 가지 만이 존재하는 것은 아니다. 사람이 다 다른 것처럼 방법도 다 다르다. 교육 방법도 그렇고 인생 살아가는 방법도 그렇다. 그래서 나는 늘 열린 마음으로 사람들을 만나고 얘기를 들어주려 한다. 다양한 방법들에 대해 열린 마인드와 자세가 성장 마인드와 성장지능을 더욱 빛나게 한다.

자존감 이상의 초현실적 자신감이라 할지라도 그런 초긍정의 에너지가 살면서 필요하다고 느낄 때가 많다. 자기 확신에서 오는 자신감이든 아무 생각 없는 근자감이든 자신을 움츠러들게 만드는 부정적 에너지보다는 삶의 영역을 확장할 수 있는 가능성을 주기 때문이다. 공부는 안 하지만 친구들이 많은 아이들은 주워들은 이야기와 정보력이 끝내주는 경우가 많다. 풍요로운 인적 네트워크 속에서 자신을 돌아보는 환경을 스스로 구축하는 능력을 갖춘 아이들이다. 그런 아이들은 책보다 사람과의 교류 속에서 인생을 배워가는 성향이 더 크다고 생각한다. 성적을 떠나서 아이들은 저마다의 특성이 있다. 그런 특성들을 칭찬해 주다 보면 여지없이 크고 작은 반응이 있다.

아이들은 정도의 차이가 있을 뿐 항상 관심과 칭찬에 목말라하고 애정에 굶주려 하는 존재들이라는 사실을 잊으면 안 된다. 그리고 어쩌면 이 부분은 나이와 성격, 환경과 문화를 떠나 어떤 생명에게든 적용되는 공통 분모가 아닐까 한다.

칭찬, 자신감, 성장 마인드셋 그리고

마인드셋 개념에서 성장의 반대는 고정이다. 변하지 않는 안정적인 의미가 아닌, 발전적 변화에 대해 닫혀 있는 폐쇄적 의미로서의 고정을 뜻한다. 성장 마인드셋은 스스로든 타인에 의해서든 칭찬을 통해 더욱 가속화되며 칭찬은 자신감을 갖게 하는 일련의 파급적 연속성을 갖는다. 그리고 이 과정에서 자신감은 꾸준히 자신의 지능을 성장시키려는, 소위 성장지능의 개발을 촉진시켜 선순환의 관계를 형성한다.

아이들은 다양한 지능을 갖고 있다. 이를 학계에선 하워드 가드너의 다중지능으로 설명한다. 인간의 지능은 어떤 한 가지로만 설명할 수 없다. 내가 지도한 수많은 아이들의 경우에도 어떤 지능이든 적어도 한 가지 이상의 지능을 갖고 있었다. 모두가 영어성적이 100점이 아니어도, 수학이든, 음악이든, 체육이든, 또는 애완동물과의 교감이든 그 어떤 지능 한가지 이상을 갖고 있었다. 다만, 그것이 지능이라고 인지하지 못하는 점이 문제였다. 그래서 궁금증이 생겼고, 교육대학원에서 공부한 영어교육 이론에 더하여 나는 인간의 지능의 다양성과 그 개발 정도와 방법에 대해 파헤쳐 보고 싶은 욕구가 생기게 되었다.

우리는 영어점수, 수학 점수처럼 교과성적이 우수해야 지능이 우수하다고 생각하는 경향이 있다. 하지만 실제로 인간은 타고난 IQ 보다 저마다 갖고 있는 지능의 종류와 개발에 관한 관심과 꾸준한 실행력이 매우 중요한 인생의 자산이라는 사실을 잊고 산다. 세상에 존재하는 모든 사람은 평등하고 존귀하다. 소위 공부 머리라고 하는 것으로만 사람의 가치를 판단할 수 없다. 영어점수가 좀 낮아도 언어지능이 아닌 다른 지능에 더 큰 잠재력이 있을 수 있다는 말이다. 그러한 지능들에 대한 개발 욕구와 실행 성취도는 성장지능을 통해 완성될 수 있다.

성장지능은 성장 마인드와 동전의 앞뒷면과 같은 불가분의 관계에 있다. 칭찬을 통해 자신감을 갖고 자신의 소중함을 깨닫는다면 내재한 지능개발에 진심일 수 있다. 그 지능의 종류가 어떤 종류인지는 부딪혀 봐야 알 수 있다. 피아노를 쳐봐야, 태권도를 해봐야 아이의 적성과 관심도, 몰입과 그 결과를 알 수 있게 된다. 우리는 재능이라는 용어에 친숙하다. 그리고 일반적으로 재능은 타고난 능력이자 내재하여 개발될 수 있는 가능성을 내포한 능력으로 생각한다. 반면에 지능은 학업성취도와만 연결 짓는 경향이 있다. 지능이 높다고 하면 보통 공부를 잘할 수 있는 유리한 공부 머리가 있다고 생각하며, 지능은 후천적 개발이 힘들다고 생각하는 경향이 있다.

하지만 실제로는 그렇지 않다. 지능은 후천적 개발이 가능하다. 그리고 개인마다 다른 지능의 특성을 파악하여 개발하는 능력을 나는 '성장지능(Growth Intelligence)'이라고 명명한다. 가드너의 8가지 다중지능에 이어 학계에선 실존지능을 거론하기도 한다. 그리고 나는 이 모든 다중지능을 완성시키는 힘, 완전체는 성장지능에 있다고 본다. 오랜 시간 교육 현장에서 그 개념을 확인하고 정리해 왔다. 그리고 그러한 개인마다 다양할 수 있는 가드너의 다중지능 능력과는 달리, 성장지능은 누구에게나 내재하여 있고 보다 보편적으로 개발될 수 있는 일반적 지능이자 개인의 지능개발을 최대한 끌어올릴 수 있는 에너지로 본다. 성장지능은 자신에 대한 애정과 열정만 있다면, 지능개발에 대한 관심만 있다면 누구나 개발할 수 있는 지능이며, 이러한 성장지능이 높을수록 자신의 지능개발을 더 효과적으로 할 수 있다. 또한 이러한 자아실현의 욕구 충족에서 한 걸음 더 나아가 궁극적 인생의 긍정적 의미를 찾을 수 있으리라 확신한다.

사람공부와 영어공부

영어를 가르칠수록 더 궁금해진 부분이 있다. 바로 언어를 뛰어넘는 사람에 대한 관심이다. 언어를 사용하는 주체가 사람이기 때문이기도 하지만, 학생들에게 영어를 가르치다 보면 학습자들의 특성이 사람마다 다르기 때문이다. 언어에 대한 감각도 학습자마다 차이가 있지만, 그보다 학습에의 의지와 지구력, 책임감 등 개인의 특성이 다르다는 점이 언어학습에 대한 결과의 차이를 가져다준다. 더욱이 영어는 한글을 모국어로 쓰는 우리에겐 외국어이기 때문에 사실 중고등학교에서 주요 과목으로 시험을 봐야 하는 등 특별한 목적이 있는 경우가 아니라면 누구나 다 영어를 공부해야 할 필요도 없다.

누구나 다 영어를 잘해야 할 필요는 없다. 하지만 영어를 꼭 해야 하거나 하고 싶은 사람이라면 안 그래도 바쁜 일정 속에 영어를 더욱 효과적으로 학습할 방법은 없을까. 눈만 뜨면 고민됐던 나의 중대한 숙제였다. 그리고 다양한 특성을 지닌 학생들을 가르치며 사람을 알아야 영어를, 영어교육법을 알 수 있겠다는 생각이 들게 되었다. 절대적인 한 가지 방법으로 모든 아이들을 가르치기엔 한계가 있었고, 가르칠수록 영어 수업 내용은 틀이 잡혀 갔지만 수업 전달 방식은 더 혼란스러워져 갔다. 성적뿐만 아니라 성향의 문제도 해결해야 할 과업이었다. 소위 MBTI라는 16가지 성격유형처럼 아이들마다 다른 성격은 같은 수업이라 해도 관리상에 어려움이 컸다. 강의만 하고 끝나는 수업이 아닌, 성적향상이라는 결과를 보여줘야 하는 관리형 학원은 더 이런 부담이 크다.

학생들을 지도하며 성적을 올리는 것 이상으로 힘든 부분이 바로 이런 성격에 따른 세심하고 철저한 관리였다. 단 한 번의 일침이나 격려로 장기적인 지구력까지 스스로 키워가는 학생이 있는가 하면, 만날 때마다 조언해 주고 동기 부여를 해주어야 하는 학생들도 존재한다. 영어성적을 올리는 일은 어찌 보면 매우 기계적인 반복의 힘에 불과하다. 빙산의 일각이라는 생각마저 든다. 그 거대한 빙산의 대부분을 차지하는 엔진은 바로 성장 마인드셋이다. 잘 찍어서 또는 벼락치기로 운 좋게 얻어걸린 문제가 많이 출제되어 성적이 생각보다 잘 나온 학생들도 있다. 그런 경우에는 그다음 시험에서 똑같은 노력을 기울였을 때 기대에 못 미치는 결과를 확인하기가 쉽다.

운에 모든 것을 맡기는 태도는 최선을 다했을 때, 진인사대천명의 마인드였을 때나 통하는 말이지, 노력 없이 요행을 바라는 태도를 의미할 땐 그 결과는 불 보듯 뻔하다. 어쩌다 운 좋게 잘 나온 성적에 일희일비 되지 않고 안정적으로 실력향상을 이루려면 꼭 필요한 점은 무엇인가에 대해 고민하다 만난 아하 모멘트가 바로 성장이라는 단어였다. 사실 이 단어는 나의 카카오톡 프로필 사진 첫 번째를 장식하고 있는 발레리나 강수진 씨의 어록 중에 있었다. 매일 내가 시각화하고 중요한 의미를 부여하고 있는 성장 마인드셋이 영어성적 향상을 위해서도 가장 중요한 부분이라는 자각을 하기까진 생각보다 교육 현장에서 오랜 시간이 걸렸다.

영어를 떠나 이 부분은 사람이라면 누구나 갈구하는 점이 아닐까 한다. 또한 행복하고 싶고 기쁨을 만끽하고 싶은 마음은 '어떻게'라는 방법을 떠올리게 한다. 매일 그날이 그날인 삶이 계속되면 지극히 안정적이긴 하겠지만 일련의 희망이나 기대가 주는 기쁨은 찾기 힘들다. 그래서 다른 생명체의 성장을 통해 우린 기쁨을 찾으려 하는 것일지도 모르겠다. 사람이 아닌 식물이나 애완동물을 기르면서까지 성장이 주는 기쁨에 대해 우린 공감하려 한다. 아이의 성장뿐 아니라 어떤 생명체의 성장이 주는 뿌듯함과 보람은 일상 속 삶의 의미와 기쁨을 준다.

성적이라는 결과만 생각하는 데 그치지 않고, 매일의 성장에 초점을 맞춘다면 좀 더 여유 있게, 하지만 좀 더 나노 단위로 쪼개질 수 있는 철저함마저 생길 수 있다는 일거양득의 효과가 있다. 결과가 중요하다. 스포츠를 봐도 그렇다. 골 점유율이 아무리 높아도 결정적인 골인이라는 한방이 없으면 점수를 얻을 수 없다. 하지만 평소 꾸준하고 성실한 체력단련과 실력 연마로 뛰어난 기량을 보유하고 있다면 원하는 득점과 결과는 어느 정도 뒤따라올 수 있다고 생각한다. 매일의 성장이 주는 힘은 실로 상상 이상이며, 나는 이를 표현할 단어를 고심하던 끝에 '기적'을 선택했다. 샤머니즘을 얘기하려는 것이 아니다. 비현실적인 결과는 역사적인 발명이나 업적들을 봐도 매우 비현실적인 상상과 미친 노력이 낳은 일련의 세렌디피티들이었다.

완전한 우연으로부터 중대한 발견이나 발명이 이루어지는 것을 뜻하는 세렌디피티. 특히 과학연구의 분야에서 실험 도중에 실패해서 얻은 결과에서 중대한 발견이나 발명을 하는 것을 이른다는 뜻인데, 이런 중대하고도 우리가 원했던 크고 작은 성공들은 성실하고 부단

한 과정 없이는 불가능하다. 설령 그런 일이 뜻하지 않은 순간에 찾아왔다 할지라도 오래 머물지 않고 떠나갈 수 있다. Easy come, easy go 즉, 쉽게 온 것은 쉽게 간다는 영어속담이 있다. 동감하는 바이다. 물질적인 것이던 그렇지 않은 것이던 과정이 차곡차곡 쌓여야 튼튼하고 안정적인 결과도 획득할 수 있다.

그래서 학생들에게 늘 강조한다. 내면의 자아부터 성장시키라고. 내면의 성장을 위해 무엇을 돌보고 체크해야 할 것인가. 매일 나의 성장을 확인하고 그로부터 오늘 하루 살아갈 힘을 얻어 어제보다 더 나은 나, 더 성장한 나를 만들어가려면 어떻게 할 것인가. 알고 있다고 생각하지만 막상 매일 아침 일어나 실천하려면 무엇부터 어떻게 해야 할지 모르는 이들이 생각보다 많다. 그래서 성장마인드셋에 관해 구체적으로 학생들에게 얘기해 주고 있다. 영어성적 올리는 법 알려주는 것보다 어찌 보면 성장마인드셋 방법에 대해 알려주는 것이 더 효과적인 성적향상법일 수 있다.

나의 성장이 왜 중요한지, 그 힘이 얼마나 파괴적이고 위대한지를 체득한다면 누가 공부하라, 몰입하라 하지 않아도 스스로 알아서 할 수 있기 때문이다. '왜 살아야 하는가'라는 실존의 문제를 아우르는, 자신이 얼마나 소중한 존재인지에 대해 가슴으로 깨닫게 된다면, 매일의 성장은 아주 작은 나비의 날갯짓이 되어 자신이 원했던 궁극적 목표와 목적 그 이상의 거대한 토네이도를 눈앞에 불러와 줄 수 있다고 확신한다.

나는 매일 내가 지도하는 아이들의 성장에 대해 깊이 생각한다. 그리고 나의 성장을 들여다본다. 어제보다 나는 더 성장했는가. 무엇을 더 실행해야 할까. 그래서 나의 24시간은 한 사람의 120년 인생 같은 삶의 무게와 의미를 가진다.

당신이 모르는 당신의 성장 지능

소위 타고난 공부 머리가 없다고 할지라도, 사람에겐 누구나 태어날 때부터 다양한 지능이 내재되어 있다.

하워드 가드너의 다중지능에 실존지능까지. 나는 여기에 성장지능을 더한다. 인간의 두뇌에는 9가지 지능이 있다. 인간의 지능을 8개(언어지능, 논리-수학지능, 공간지능, 신체운동 지능, 음악지능, 개인 간 지능, 개인 내 지능, 자연지능)로 분류화한 가드너의 다중지능 이론을 현장에서 접목하다 보면, 학생들마다 다른 관심사와 특징 때문에 어떤 부분을 자극해서 동기화해야 성적이 오를지 고민하게 된다.

성장지능은 성장마인드셋과 불가분의 관계에 있다. 성장마인드셋은 고정마인드셋과 반대 개념이다. 뇌의 가소성, 즉 두뇌는 타고난 것이 아닌 후천적인 노력을 통해 얼마든지 바뀔 수 있다는 입장이다. 이러한 뇌의 가소성과 성장마인드셋에 대해 깊이 들어가기보다는 이 책에서는 대중적인 가독성을 위해 최대한 편안하고 가볍게 설명하고자 내용을 구성하였다. 앞서 언급한 8가지 다중지능에 삶의 의미에 대해 고찰하는 실존지능까지 더하여 총 9가지 지능으로 설명하기도 한다.

성장지능이란 무엇일까

* 성장지능(Growth Intelligence)의 개념; 성장지능은 모든 인간에게 적용되는 보편적 의미의 메타인지 지능이다. 인간의 뇌속에 내재되어 발현되지 않은 상태의 지능을 인지하여 개발하려는 보다 적극적이고 능동적인 차원의 지능 개념이다.

성장지능의 특징

1. 성장지능은 보편지능이다: 인간에겐 누구에게나 다중지능이 내재되어 있다. 중요한 것은 자신에게 여러 지능들 중 어떤 지능이 더 성장잠재성이 있는지를 알아내는 것이다.

2. 성장지능은 평등하다: 8가지 다중지능은 상대적으로 특정지능이 다른지능보다 우열의 위치를 갖지 않는다. 지능마다 서로 다른 지능의 개념일 뿐이지, 특정 지능이 맞거나 틀리다는 관점을 지양한다.

3. 성장지능은 실천지능이다: 자각에서 끝나는 지능이 아닌, 인지된 자신의 지능을 개발하려는 적극적 개념의 실천지능이다.

4. 성장지능은 메타지능이다: 다중지능에 대한 자기지능 인지지능(자신에게 상대적으로 다른 지능들보다 특정 지능(들)이 더 민감한 성장 잠재력을 보이는지 알아차리는 지능)이다.

(문경희, 2024.7)

〈참고〉 이해를 돕기 위한 다중지능과 성장지능의 관계
The relation between Multiple Intelligence and Growth Intelligence

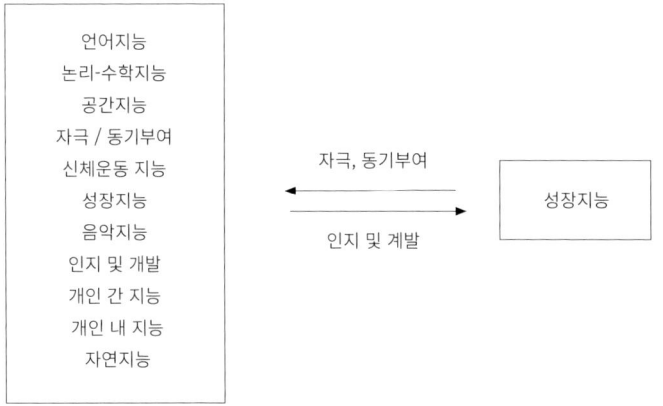

이 모든 지능들을 발현시키고 관리해서 자신의 지능을 최대치로 개발시켜 줄 수 있는 원동력이 성장지능이다. 즉, 성장지능은 앞서 언급한 9가지 지능을 관리하는 지능이자 지능개발 능력을 최대치로 끌어올리게 해주는 메타지능을 의미한다. 어떤 지능인지 알아도 그것을 조합하여 최대한 역량을 끌어올리려면 단기간의 이슈로 끝나선 안된다. 매일의 작은 성장을 위한 노력이 실행되어야 한다. 이를 위해 나는 성장이라는 단어가 다중지능의 초석이자 화룡점정이 될 수 있다는 확신을 오랜 시간 교육 현장에서 해왔다. 어떤 가설이든 이론이든 그것이 입증되거나 자리잡힐 때까진 오랜 진통의 시간을 거칠 수 있다. 그런 숙성됨을 통해 하나의 이론이 자리 잡히면 그 이론은 또 더 나은 이론을 위한 발판이 된다.

성장은 성공이나 목적을 위한 거대한 결과론적 개념이기보다는, 일련의 과정, 매일의 발전 자체를 목표로 하는 개념이다. 과정에서 오는 성취감과 자기 확신, 자기애 뿐만 아니라 이루고자 하는 어떤 일의 성취도와 완성도에 대한 확인을 포함하는 개념이다. 거대한 기적 같은 성공도 이러한 어찌 보면 먼지 같은 하루의 성장들이 모여 이루어지는 것이라고 생각한다. 또한 성장지능은 다른 지능들보다 환경의 영향을 받기 쉽다. 이러한 특징을 가진 성장지능이 잘 개발되기 위해서는 후천적인 노력이 중요하다. 따라서 부모나 교사의 지도가 더욱 중요한 의미를 가지는 것이다.

수많은 학생들을 20여 년 밀착 지도하며 확인한바, 꾸준히 칭찬받아 자신감과 노력에 대한 믿음을 갖고 공부하는 학생들은 그 과정에서도 쉽게 지치지 않는 경향이 있었다. 작은 것 하나하나에 최선을 다하는 그 과정에 의미를 부여하며 묵묵히 맡은 바에 최선을 다하는 성장마인드셋과 실행을 통해 그들은 성장지능을 개발하는 삶을 살아간다. 그러한 성장지능은 학창 시절 입시 문제 해결을 뛰어넘어 인생 전체를 아우르는 제반 문제들의 해결사 역할을 해줄 내면의 힘을 길러준다.

타인이 아닌, 자신의 인생에 대한 소중함과 책임감을 가질수록 성장지능지수는 높아지게 된다. 그리고 성장 지능지수가 높을수록 인생의 궁극적 목적뿐만 아니라 그 과정을 보다 세밀하게 들여다보게 되므로 과정 자체에 의미를 부여하는 강도도 강해진다. 그렇게 되면 시간에 대한 개념 또한 나노 단위로 인지하게 되니, 하루가 보다 구체적이고 긴 여정이 될 수 있다. 구독 중인 김미경 선생님의 유튜브 채널을 보다 공감했던 영상이 있다. 바로 인생을 하루 24시간에 비유한 내용이다. 인생을 100년이라고 본다면 50세는 낮 12시에 불과하며 75세는 오후 6시에 해당한다는 이야기이다. 25세는 이른 아침인 6시밖에 안되었고, 중고등학생들의 시간은 아직 태양도 뜨지 않은 시간대인 동트기 전에 해당된다.

역으로 하루를 한 사람의 인생이라고 가정해 보자. 오전 9시는 마흔도 되지 않은 30대 청춘이고, 낮 12시는 50세, 저녁 6시는 75세이다. 이렇게 하루라는 시간을 쪼개다 보면 얼마나 하루에 많은 인생을 살 수 있고, 많은 성장의 과정을 확인할 수 있을까 헤아리게 된다. 하루의 성장, 그 자체가 기적이고 삶의 의미라고 생각한다면, 오늘 지금 바로 여기에서 그 기적의 과정은 내가 마음먹기에 달려있다.

일체유심조

그래서 나는 어려서부터 매일 나의 성장에 대해 기록하는 일기 쓰기 습관이 있었다. 매일 자기 전 그날 하루 동안 느꼈던 모든 감정과 생각들을 쏟아붓다 보면 머릿속이 깔끔하게 정리되는 기분이 들어서였다. 스스로를 단단하게 다져가도록 일기장에 이름을 지어주고 친구와 대화하듯 마음속의 온갖 것들을 끄집어내었다. 상처를 지혜로 바꾸도록 나름 노력했던 것 같다. 중학교 땐 일기를 잘 썼다고 상도 여러 번 받은 적이 있다. 늘 학급회장이나 임원을 도맡아 했던 나는 교무실에 들락날락할 일이 많았는데 한번은 내 일기를 선생님들이 돌아가며 읽으시는 것을 보곤 좀 충격을 받은 적도 있었다. 나의 은밀했던 사생활과 온갖 생각, 감정들을 모두가 공유한다는 점을 알고 된 후로는 절제해서 일기를 쓰게 되었지만 그때 담임선생님이 내 일기를 읽으시곤 내게도 아픔이 많다는 점까지 공감하지 않으셨을까 하는 생각이 들었다.

이제까지 살아오며 부모님으로부터 "공부 좀 해라" 라는 말을 단 한 번도 들은 적이 없을 정도로 나는 사실 어려서부터 칭찬을 많이 받았고 칭찬에 대한 반응도 매우 민감하였다. 칭찬을 한 번 받으면 계속 받고 싶어서 더 잘하려고 노력했고, 그 강도는 갈수록 더 강해졌기 때문에 칭찬의 양과 함께 책임감도 커져갔으며, 그렇게 성장마인드셋이 장착될 수 있었던 것 같다. 타고난 재능은 없다고 생각했기에 더 노력하려 애썼고 그런 마인드는 나를 성장 마인드셋, 성장지능을 개발하게 해주었던 것 같다.

TED 수업 중에 캐롤 드웩 심리학 교수의 〈아직의 힘〉Not Yet 이라는

TED 영상으로 학생들을 지도한 적이 있다. 대치동에는 TED로 학교 중간고사, 기말고사, 수행평가 등 많은 평가를 진행하기 때문에 늘 TED 홈페이지에 올라온 영상들을 유심히 본다. 그 중 내게 깊은 영감과 감동을 준 영상들 중 하나가 바로 아직의 힘이다. 타고난 머리가 좋다는 칭찬을 들은 아이들보다 노력의 칭찬을 들은 아이들의 마인드셋이 더욱 성장했다는, 일명 뇌의 가소성을 다시 한번 입증해 준 연구에 대한 연설이다.

칭찬의 힘은 누구나 동감하는 부분일 것 같다. 일상에서 크고 작은 일들을 해결해 가다 보면 마음이 약해지고 마음의 면역력이 떨어져 감기에 걸릴 수 있다. 마음의 감기는 우울증, 분노 등의 감정적 문제뿐만 아니라 스트레스, 두통과 같은 신체적 질병도 초래한다. 마음먹기 나름이라는 말도 있듯이, 어떤 마음을 먹냐에 따라 정신적으로나 신체적으로나 건강의 상태가 달라질 수 있다.

나는 일체유심조[一切唯心造]Everything depends on only my mind.라는 한자성어를 좋아한다. 모든 것은 마음먹기에 달려있다는 뜻이다. 환경은 바꾸기 힘들어도, 내 마음은 내가 바꿀 수 있다. 내가 내 마음을 바꾸지 못한다는 것은 내가 나를 온전히 통제하지 못한다는 의미이다. 자신을 통제할 줄 알아야 내가 온전히 내 인생의 주인공으로 살아갈 수 있다.

학생들에게 늘 강조하는 부분이 있다. 공부를 잘한다는 뜻은 영어성적을 100점을 맞고 전 과목에서 1등급을 받는 의미만 지닌 것이 아니라고 말한다. 공부를 잘한다는 뜻은 내가 얼마나 나를 잘 통제할 줄 아는지를 의미한다고 얘기한다. 자기 통제력이 없으면 단기간 어쩌다 운이 좋아서 원하는 점수를 맞을 순 있겠지만 그 점수가 오래 가긴 힘들다. 스스로 학습에의 몰입을 방해하는 요인들을 제거하거나 통제할 수 있는 힘이 없으면 수많은 다양한 외부의 방해 요인들에 휘둘려 가장 중요한 우선순위를 지키기 힘들게 된다.

공부도 그렇지만 만사가 그렇다. 장기적으로나 단기적으로 중요하고 가치 있는 것에 시간과 에너지를 쏟으려면 그만큼 제대로 몰입해야 한다. 그래야 가시적인 효과가 빠르게 나타난다. 아무 생각 없이 하는 것보다는 의식적으로 몰입해야 효과는 빠르다. 내 마음에 대한 관심과 관리가 소홀하게 되면 나를 불편하거나 힘들게 하는 환경이나 사람이 더 크게 보이게 된다. 문제 해결책을 내 마음속에서 찾지 않고 외부의 환경이나 사람에서 찾으려 한다면 내 마음만 더 힘들어지게 되고 스스로를 창살 없는 감옥에 가두게 되는 꼴이 될 수도 있다. 인생은 매일 성장하는 과정이며, 매일 내게 주어진 문제를 해결해 가는 과정이다. 그 과정에서 내 마음을 돌보지 못한다면 어떤 문제라도 그 근본적인 해결을 하기 힘들 수 있다. 그러면 임시방편의 연속 속에 지치거나 초점을 잃기 쉬워 지름길을 놔두고 돌아가는 일도 생길 수 있다. 일체유심조. 매일의 성장과 원하는 삶을 위해 반드시 명심해야 할 말이다.

초현실적 기적을 부르는 현실적 성장 에너지

내가 말하고 싶은 기적은 뜬구름 잡는 샤머니즘이나 노력 없이 감나

무에서 감이 떨어지기만 기다리는 요행을 뜻하는 것이 아니다. 기적의 사전적 뜻은 "상식으로는 생각할 수 없는 기이한 일" 또는 " 신에 의해 행해졌다고 믿어지는 불가사의한 현상"이다. 일반적으로 우리는 현실과 동떨어진 것 같고 불가능해 보여서 일어날 것 같지 않은 모든 것을 기적이라고 부른다. 그리고 지극히 안정적이고 확실한 확률의 현실 세계와 현실적 생각, 느낌, 감정을 갖고 현실에 충실하고자 애쓴다.

현실의 사전적 뜻은 '실제로 존재하는 사실이나 상태'이다. 실제로 존재하는지의 여부가 현실과 비현실을 구분하는 기준이다. 나도 매우 현실적인 사람이다. 과학적으로 증명할 수 없는 것에는 뭐든 의심과 의구심을 갖고 바라보며, 하루의 금전 출납을 확인한 후 10원이라도 금액이 맞지 않으면 잠자리에 들지 못하는 따지고 파헤치기 좋아하는 성향이 있다. 주간에 은행에서 계산기를 두드리며 숫자와 밀착된 삶을 사는 매우 계산적인 세월을 보내면서 동시에 퇴근 후 저녁엔 학생들에게 영어를 가르치는 투잡러의 생활도 5년 가까이 해본 적이 있다. 눈앞에 보이고 손으로 잡혀야 인정하는 성격이다.

하지만 세상은 의외로 비현실적인 에너지로 많이 움직이는 듯한 모습을 보인다. 마음, 사랑, 꿈, 목표, 희망, 우정, 예상, 기대, 심지어 성장조차 눈으로 손으로 실체를 볼 수 있는 유형의 것들은 아니다. 하지만 현실로 만들기 위해서는 우린 육안으로 보이지 않는 에너지를 움직여야 한다. 뇌를 우리가 만질 순 없지만 우리의 머릿속에 있다고 믿는 것처럼 마음도 생각도 볼 수 없고 만질 순 없지만 우리가 인지

할 수 있기 때문에 현실의 범주에 넣을 수 있다. 그렇다면 현실과 비현실을 구분하는 기준이 실제 존재하는 현존성이라면 비현실을 현실화할 수 있는 열쇠도 우리가 쥐고 있는 것이 아닌가.

그래서 내가 석사과정을 공부했던 대학원 단과대학 이름도 교육과학대학이다. 교육에 과학을 붙인 이유가 뭘까 공부해 보니 충분히 이해가 가더라. 사람과 교육을 연구하기 위해서는 인문학이 중요하지만, 그것만으로는 매우 부족하다. 언어 자체를 포함하여 사람의 심리와 발달단계, 뇌에 대한 이해, 더 나아가 사람이 몸담고 있는 사회와 문화 등 미시적 혹은 거시적인 다양한 분야를 아우르는 공부와 그에 대한 이해를 요구한다는 것을 깨달았다. 그리고 그러한 연구를 위해서는 문·이과를 망라하는 과학적 접근이 불가피하다는 결론에 이르게 되었다.

과학과 비과학 그 중간 어디쯤에서 나는 늘 생각한다. 이것은 과학인가, 비과학적 믿음인가, 이것은 종교적 믿음인가 샤머니즘인가, 공교육과 사교육의 구분은 무엇인가, 욕심과 자족의 기준은 무엇인가. 가령 대학교에서 사교육업체의 강사들을 지도하는 것은 공교육인가 사교육인가, 사립학교와 공립학교, 사단법인 학원은 어떤 기준에서 공과 사를 논할 수 있을까. 이 정도면 됐다고 생각하는 자족을 뛰어넘어 큰 목표를 세우고 달려간다면 이것은 욕심일까 멋진 도전일까. 욕심의 사전적 의미는 '분수에 넘치게 무엇을 탐내거나 누리고자 하는 마음'이다. 야망은 크게 무엇을 이루어 보겠다는 희망이며 욕망은 부족함을 느껴 무엇을 가지거나 누리고자 탐하는 마음을 뜻한다.

우리는 목표 지향적이라는 말을 한다. 목표란 어떤 목적을 이루려고 지향하는 실제적 대상을 뜻한다. 그리고 과정은 일이 되어 가는 경로를 의미한다. 나는 학생들을 지도하면서 늘 개념을 강조한다. 개념을 정확히 정립하지 않으면 그 적용 과정에서 혼돈이 올 수 있고, 공식을 모르면 적용에 오랜 시간을 소비할 수 있기 때문이다. 그래서 늘 당연시하는 개념일지라도 그 뜻을 많이 곱씹는 편이다. 영어에서도 명사 Noun는 문장에서 중요한 성분인 주어, 목적어, 보어 자리에 쓰인다. 사람의 이름도 함부로 짓지 않듯, 세상 모든 이름, 명사에는 다량의 중요한 정보가 포함되어 있다. 현실과 비현실, 성장과 성공, 현실과 기적. 당신은 현실과 기적의 기준을 어떻게 정의 내리고 있는가.

나의 능력의 한계를 어디까지 규정짓고 있는가. 어떤 목표를 달성했을 때 그것을 기적이라고 생각하는가. 질문하고 싶다. 지금의 삶에 만족하는가, 아니면 어디까지 성취해야 성공했다고 만족할 수 있는가. 이 질문은 지극히 상대적이기 때문에 사람마다 생각이 다를 수 있다. 정답이 없는 질문이다. 포드사를 세운 헨리 포드의 명언처럼 당신이 어떻게 생각하든 당신이 옳다. 할 수 있든, 할 수 없든. 그것은 당신이 가진 자유이며 권리이기 때문에 그 누구도 당신의 결정과 삶에 대해 간섭할 자격이 없다. 다만, 삶의 마지막 순간이 왔을 때 후회 없는 삶이었다고 뿌듯해하며 눈감을 수 있을지는 다시 한번 생각해 봤으면 하는 바람이다.

기적은 바로 지금, 여기에서, 작은 성장의 움직임에서 시작되고 있다.

뜨겁게 나를 사랑하라, 감정의 주인이 되어라

자기애는 성장의 시발점이다. 자신을 사랑하는 힘은 성장의 씨앗이며 자양분이다. 세상의 모든 존재를 건강하게 성장시키는 힘은 바로 사랑의 에너지이다. 인간에게는 다양한 감정이 있다. 이성과 감성은 서로 분리될 수 없는 개념이다. 감성이 없다면 그것은 감정을 느끼지 못하는 로봇에 불과할 것이며, 인간이 동물과 다른 점은 생각하는 힘에만 있지 않다. 동물도 감정을 느끼지만, 인간의 감정은 이성의 힘으로 조절할 수 있다는 점에서 동물의 감정과 다르다. 감정마저도 조절 가능한 능력자가 바로 인간이다.

인상 깊게 봤던 영화 중에 《루시》(Lucy)(2014)라는 영화가 있다. 평범한 삶을 살던 여자 루시는 어느 날 납치되어 몸속에 강력한 합성 약물이 투입된다. 그리고 끌려가던 중 외부의 충격으로 약물이 체내에 퍼지면서 몸 안의 모든 감각이 깨어나게 된다. 무슨 약물인지는 모르겠지만 그 약물은 루시의 체내에서 퍼지면서 두뇌 가동률은 점점 높아지게 된다. 영화를 보면서 가장 인상 깊었던 점은 바로 똑똑해지는 이성에 비례하여 모든 희로애락의 감정이 없어지는 것이었다.

모든 감정이 억제된 채 극도의 이성적인 생각만 하게 된다. 그러면서 감정을 인간의 열등한 기능으로 묘사하는 장면이 나온다. 즉, 인간은 감정 때문에 모든 일을 그르칠 수 있기 때문에 감정을 인간의 열등감으로 표현한다. 이러한 인간의 감정에 대한 해석 장면은 매우 충격적이었다. 기분은 하루를 살면서도 수없이 바뀔 수 있다. 하지만 문제는 이러한 기분이 태도가 되어버리는 것이다. 기분에 좌우되다 보면 뜻하는 대로 일이 흘러가기 힘들다. 바꿔 말하자면, 자신의 감정을 조절할 힘이 있다면 자신이 바라는 대로 삶을 이끌어 갈 수 있다. 부정적인 감정과 생각은 누구에게나 있다. 중요한 것은 바로 감정의 통제 능력이다.

하버드 대학의 교수이자 심리학자인 다니엘 골먼은 감정이 미래를 결정한다고 말했다. 이와 동시에 성공을 위한 우리의 IQ와 EQ 비율을 다음과 같이 언급했다.

성공 = 20% IQ + 80%의 EQ

그만큼 똑똑한 지식보다 감정의 영향력이 더 큰 힘을 발휘한다는 뜻이다. 이 점은 나도 학생들을 지도해 오며 깊이 공감하는 부분이다. 어른도 그렇지만 아이들은 특히 더 기분이 태도로 전환되기 쉽다. 그리고 그러한 태도와 일상, 자신의 인생에까지 영향을 미칠 수 있는 기분에 더 휩쓸리기 쉽다. 감정에 좌지우지되다 보면 자신을 통제하기 힘들어지고 점점 더 계획된 길을 우회하게 된다. 하지만 우리는 자신의 감정을 통제할 수 있는 능력 또한 갖추고 있으며, 이는 곧 양날의 검과 마찬가지라고 볼 수 있다. 감정은 장점도 될 수 있고 단점도 될 수 있다. 그 주체자의 사용 설명서에 달려있기 때문이다. 감정을 어떻게 쓰느냐, 얼마나 잘 관리하느냐가 매일의 성장에 있어 매우 중요하다.

그러한 감정 통제의 해결책의 중심엔 바로 자신에 대한 사랑이 있다.

자신을 소중하게 생각하지 못하고 사랑하지 못하면 감정 통제의 힘은 지구력을 잃는다. 어떤 일이든 마인드 셋팅이 문제이고 지속성이 문제이다. 자신을 소중하게 생각하되 그 에너지가 현실적으로 열매를 맺으려면 강도와 지속성이 남달라야 한다고 생각한다. 가슴속 열정이 뜨거울수록 우리는 더 추진력을 가질 수 있다. 어떤 대상이나 목표를 향해 그냥 원하는 사람과 간절히 원하는 사람의 결과는 다를 수밖에 없다. 간절함과 정교함은 함께 하기 때문이다. 사람마다 차이는 있지만 무언가를 절실히 원하는 만큼 그 방법 또한 구체성을 띠게 된다. 그 구체성은 과정에서 나노 단위로 쪼개서 관찰하고 분석하며 대안을 모색하게 하는 특성이다. 매일의 성장에 있어 매우 중요한 특성이다.

학생들이 영어 공부를 할 때도 얼마나 열심히 잘하고 있는지를 평가하는 방법은 다양하다. 그중에서도 나는 학생들과의 질의응답으로 많은 부분에서 정확한 평가를 도출해 내고 있다. 즉, 나의 질문에 대한 학생들의 답변을 들어서도 알 수 있지만 역으로 학생들이 내게 하는 질문을 통해서 더 잘 알 수 있다. 같은 질문을 해도 공부에 대한 열정과 의지가 있는 학생일수록 질문은 매우 구체적이다. 이는 혼자만의 고민의 시간이 깊고 치열했음을 방증한다.

결과 또한 이러한 구체성이 동반하는 정교함, 정확성의 정도만큼 달라지는 것을 확인할 수 있다. 쉽게 말해 대충 공부하는 학생은 성적도 대충 나온다. 주관식 답안에 스펠링 s 하나 놓쳐서 5점짜리 서술형을 몇 개나 틀려오는 학생들이 그 예이다. 몰라서 틀리는 문제가 아니다. 처음 영어 공부를 시작하는 알파벳과 파닉스 단계를 떼고 쉬운 수준의 리딩 단계를 거친 후 만나는 내용이다. 그야말로 초급 문법 시간에 배우는 주어에 따른 동사의 변화 형태와 관련된 내용이다. 오히려 더 어려운 난이도의 문제는 맞히고 이렇게 철자 하나 안 써서 틀려오는 학생들은 공통점이 있다. 바로 꼼꼼하지 못한 성향이다.

물론 공부를 잘해도 덜렁거리는 학생들이 있다. 하지만 꼼꼼해야만 고득점 결과를 낼 수 있는 학교 시험, 서술형 시험에서는 단연 정확성까지 갖춘 학생에게 1등급을 준다. 일부 자사고나 외고 등 학교의 영작 영어수행평가에서는 마침표 하나 안 찍었다고 감점하는 경우도 있다. 시험을 떠나 우리의 매일의 성장 일기에서도 자신이 원하는 모습, 인생을 위해서는 그만큼 세심함과 꼼꼼함이 중요하다. 기록의 중요성은 성공한 수많은 사람들의 습관을 통해 잘 알 수 있다. 삼성의 고(故) 이건희 회장도 매우 꼼꼼하게 기록하는 습관으로 유명하다. 그러한 작은 성향과 습관의 실행은 의지와 노력으로 만들 수 있다. 그리고 그런 의지는 자신에 대한 애정에서 출발한다.

나는 누구이고, 어떨 때 가장 행복한가를 적어보라. 내가 원하는 내 모습과 앞으로의 인생을 적거나 그려보라. 구체적일수록 효과는 크다. 그리고 현실이 된 것처럼 미래의 나를 데려와 지금의 나와 동일시하라. 물질적 세계는 분리되어 있지만 그 에너지는 공존할 수 있다. 그렇게 습관이 되게 만든다면 내가 지금 간절히 원하는 미래의 내 모습은 어느 순간 지금의 내 모습이 되어 있는 순간을 맞이하게 될 것이다. 그것이 바로 기적이자 성장의 최대치 결과이다.

디테일한 시각화와 미래 자서전, 마음의 눈이 바라보는 곳

미래의 나와 함께 사는 방식으로 현재의 나에 집중한다. 성장의 욕구가 남다른 나는 어제와 똑같은 나를 허용하지 않는다. 언제나 어제의 내가 경쟁자인 나는 어제의 나라는 라이벌보다 오늘 조금이라도 더 나아져야 행복하다. 성장 도파민이 강력한 나는 그래서 매일의 24시간을 어떻게 얼마나 알차게 살아내느냐가 인생 최대의 관심사이자 최고 중요한 과제이다.

그래서 생각해 낸 것이 미래 자서전이다. 내가 원하는 시기에 내가 원하는 디테일한 내 모습, 나의 아바타를 만들어 놓았다. 인공지능, 챗GPT가 아니라 미래의 나이다. 그런 나를 오늘 함께 데리고 산다.

1개월 뒤의 나, 3개월 뒤의 나, 6개월, 1년, 3년, 10년... 이런 식으로 수많은 미래의 나는 현재의 나와 공존하고 있다. '미래의 나는 단순히 어떤 모습으로 얼마나 다양한 풍요로움 속에서 얼마나 행복을 만끽하고 있을까'라는 막연한 상상이 아닌, 매우 구체적이고 현실적인 모습으로 그린다.

다시 말해서, 물질과 신체 등 내가 손 내밀어 잡을 수 있고 느낄 수 있는 대상처럼 내가 지금 그 미래에 와있다고 상상한다. 상상이 좀 힘든 사람은 글로 적어 놓아도 좋다. 구체적일수록 효과는 좋다. 이렇게 가까운 미래부터 죽음을 맞이하는 그 순간까지 나는 생의 모든 단계를 다큐멘터리나 영화로 만들어 내 머릿속 폴더 중 하나에 저장해 놓았다.
"ME STORY 1_BPHB_HPFP(MKH E-Energy/Edu/English- STORY_

Beautiful and Powerful Heart in Brain_Harmonious and Progressive Future in Present)" 라는 이름으로. 해킹당할 위험도 없으니 안전하다. 그래서 더 이 폴더 속의 정보가 현실이 되도록 건강을 돌봐야 한다. 나에게 주어진 시간이 수백 년이 아니기 때문이다. 잠깐 세상에 왔다 가는, 어찌 보면 너무나 짧은 인생이지만 그 시간을 후회 없이 꽉 채워 쓰고 싶다. 태어난 김에 사는 인생이라면 하루가 얼마나 길고 지루할까. 존재에 의미를 부여하는 것 또한 앞서 언급했던 자기애에서 시작한다.

시각화하는 습관은 이미 많은 성공한 사람들이 흔히 쓰는 방식이다. 미국의 유명 팝가수인 비욘세도 무대에 오르기 전에 구체적으로 자신의 공연 모습을 그리며 연습한다고 한다. 영화 〈마스크〉로 세계적 스타의 반열에 오른 짐 캐리의 100억 성공담은 모르는 사람이 없을 정도이다. 오프라 윈프리 쇼에 나와 그는 젊은 시절 아픈 어머니를 웃게 해주기 위해 희극을 시작하게 되었다고 말했다. 아버지의 실직으로 집을 잃고, 노숙 생활을 하는데도 꿈을 잃지 않았다고 한다. 그는 실직으로 힘들어하던 아버지를 위해 문구점에 가서 가짜 백지수표를 구입했다. 그리고 아버지에게 약속했다. 나중에 진짜 수표로 바꿔 주겠다고. 짐 캐리는 그 약속을 하고 4년 만에 〈마스크〉라는 영화를 만나게 된다. 그리고 같은 해 연말에 영화 〈덤앤더머〉로 700만 달러를 벌게 된다.

백지수표에 100억을 적은 순간 짐 캐리는 이미 다 가졌다고 생각했다는 점, 그리고 가만히 있지 않았다는 점이 중요하다. 할리우드가 보이는 길가에서 노래를 불렀다. '배우의 꿈을 이뤘다, 배우의 기회가 주어질 것이다, 나는 훌륭히 연기할 것이다.'라고 생각했다. 확고한 자기 믿음, 디테일한 시각화, 실천 이 세 가지가 핵심이며 그 세 가지를 움직이는 원동력은 바로 자기애이다. 자신에 대한 사랑은 곧 확고한 신념으로 이어지며 그 신념은 시각화라는 방법과 실천으로 이어진다. 그렇게 미래의 나는 점차 현재의 나와 간극을 좁히며 그 시차는 제로가 된다. 그 지점이 바로 세렌디피티이기도 하고 우리가 말하는 현실화, 기적의 순간이기도 하다.

비전의 시각화는 단순한 행복회로를 돌리는 것이 아니다. 미래의 나와 현재의 나 사이의 간극을 좁혀나가는 매우 적극적인 의지의 표현이자 구체적인 실행 방식이다.

당신의 마음의 눈은 어디를 향하고 있는가? 그 눈이 바라보고 있는 곳이 곧 현재의 내 모습이다. 현재의 나를 구성하는 에너지와 세포들을 변화시키고 있기 때문이다. 긍정적이든 부정적이든 당신이 옳다. 그러니 이왕이면 당신의 건강에 좋은 것, 긍정적인 것, 고무적인 것, 아름다운 것을 바라보는 것이 낫지 않겠는가? 마음의 눈길이 머무는 곳, 그곳에 당신이 있다. 현재와 미래의 당신이 머물고 있다.

이게 나야, 미래의 나 데리고 살기

아이들과 함께 있으면 SNS에서 가장 핫한 밈, 유행어, 댄스를 잘 알게 된다. 늘 안물안궁이라고 해도, 안 그래도 항상 호기심 천국인데,

공부 빼고 다 재밌는 아이들이기 때문에 온갖 얘기 보따리는 듣고만 있어도 기가 빠질 정도이다. 그것도 한 명이 아닌, 여러 명이 동시에 하는 이야기들을 써라운드로 듣다 보면 웬만한 체력으론 버티기 힘들다. 자기 얘기 들어달라고 학교 얘기, 친구 얘기, 집안 얘기, 동네 돌아가는 얘기, 하다 하다 일론 머스크의 화성 얘기와 스페이스 에이에서 은하계 점령하는 얘기까지. 여러 잼민 방송국들의 방송을 동시에 듣고 있노라면 그야말로 총체적 난국이다. 우스갯소리로 우리 조교들이 학원에서 제일 많이 쓰는 말이 "쉽지 않네" 이다.

특히 소위 중2병에 걸린 아이들은 자기가 왕인 줄 아는 경향이 있다. 말끝마다 "이게 나야"를 연발하며 어깨를 으쓱한다. 중2병이라는 말이 있다. 중2의 뇌 구조는 파충류 뇌라는 말도 있다. 그만큼 본능에 충실하다는 말이다. 중2병에 걸린 아이들의 내 멋대로 근성을 다루기가 대입을 코앞에 둔 고3에게 족집게 과외를 해주는 것보다 훨씬 힘들고 난이도가 높다. 그 말을 들을 때마다 나는 다시금 나라는 존재의 중심에 초점을 맞춘다. 나의 시선을 내 중심에 두는 것이 중요하다. 하지만 그 중심을 볼 때 전제가 있다. 객관적인 제3자의 눈, 메타인지를 가진 메타자아의 필터를 끼워야 한다는 점이다.

국어사전에 나와 있는 메타인지란, '자신의 인지과정에 대해 한 차원 높은 시각에서 관찰, 발견, 통제하는 정신적인 작용'을 뜻한다. 내가 모르는 것이 무엇인지 냉정하게 판단한 뒤 이를 채우기 위한 또 다른 계획을 구상하는 일련의 과정이 메타인지와 연관되어 있다. 자신이 아는 것과 모르는 것을 자각하는 것과 스스로 문제점을 찾아내고 해결하며 자신의 학습 과정을 조절할 수 있는 능력이다. 쉽게 말해서 생각에 대한 생각이고, 자기의 생각에 대해 판단하는 자기 인지능력을 뜻한다.

나를 한발 물러나 바라봐야 한다. 내 안에 내가 매몰되면 위험하다. 외부 세계와의 단절이 주는 매몰은 파급효과가 없다. 선한 영향력이라는 표현이 있다. 우리가 각자의 나를 성장시킴은 나 혼자 잘 먹고 잘 살기 위해서이기도 하겠다. 하지만 좀 더 성장하기 위해서는 혼자의 힘으론 힘들다. 나와 공명하는 에너지를 찾아야 하기 때문이다. 우리는 주파수가 맞는 사람끼리 함께 하고자 하는 사회적 동물이다.

앞서 언급한 디테일한 시각화와 미래 자서전도 일상의 습관이 되어야 한다. 그래야 성장이 멈추지 않는다. 그러려면 미래의 나를 매일 현재의 나와 동일시하는 과정이 필수적이다. 이때 이성의 힘에 의존하지 말고 최대한 감정을 활용해야 한다. 감각기관을 통해 최대한 미래의 내 감정을 지금 느낄 수 있어야 한다. 내가 살고 싶은 곳, 함께 하고 싶은 사람들 등 구체적일수록 좋다. 시각적인 상상력뿐만 아니라 감촉과 냄새, 소리 등 최대한 나의 감각기관을 통해 인지할 수 있는 영역을 구체화하는 것이 중요하다.

현재의 나를 데리고 사는 것도 벅찬데 무슨 미래의 나까지 데리고 사냐는 반문도 할 수 있겠다. 현재의 내 모습에 만족한다면 그런 수고를 기울일 필요가 없다. 하지만 그렇지 않다면 실행해야 한다. 알고 실행하지 않으면 감나무의 감 떨어지기만을 가만히 기다리고 있는 것과 무엇이 다르겠는가. 시간이 가면 어차피 만날 미래의 나이지만, 그 미래의 나를 현재 바라는 모습으로 만나고 싶다면 움직여야 한다. 감나무에 올라갈 사다리를 찾든 만들든 감나무를 흔들든 뭐든 해야 한다. 미래의 나는 멀리 있지 않고 인생은 단 한 번의 기회임을 잊지 말라. 이대로의 내 모습에 만족할 것인가, 내가 원하는 최상의 내 모습을 현실화할 것인가. 이 질문에 대한 정답은 없고 그 선택은 오롯이 당신에게 달려 있다.

내 인생 최고의 복수

화진화장품이라는 신화로 유명한 박형미 회장의 〈벼랑 끝에 나를 세워라〉라는 책을 닳도록 본 적이 있다. 나는 마음에 드는 책이나 영상은 완전히 뇌 속에 각인될 때까지 끊임없이 보는 경향이 있다. 보통 한두 번 보면 집어 던지는 학생들이 많던데 나는 어려서부터 피아노 연습을 하면서 더 그런 습관이 몸에 배었다. 초등학교 2학년, 그 시절엔 국민학교 2학년 학생이었던 어느 날 학교 앞 피아노학원을 지나가다 너무도 아름다운 피아노 선율에 매료되어 홀린 듯이 학원에 들어간 적이 있었다. 그리고 엄마를 졸라서 피아노를 배우기 시작한 나는 음악의 세계에 사로잡혀 그 후 콩쿠르에 많이 나가게 되었고, 학교 합창대회, 교회 성가대 반주자 등 피아노를 치는 일이면 어디든 열심이었다.

빠지는 날 없이 열심히 피아노를 치는 내 모습에 선생님도 계속 곡의 레벨을 올리시더니 체르니 시리즈 완성 후 6학년 때는 이미 베토벤 곡으로 한국음악협회에서 주최하는 콩쿠르에서 대상을 타게 되었다. 중학교 가기 전에 이미 나는 출전할 콩쿠르를 염두에 두고 6개월 동안 하루 8시간 이상의 고강도 훈련으로 곡 혹은 작곡가의 음악 세계와 하나가 되어 생활하겠다는 의지로 살았다. 어찌나 연습에 몰입되었는지 지금도 베토벤 3번의 1악장 악보는 눈앞에 선명하게 그려질 정도이다. 그 어린 나이에 많은 대회에 출전하는 과정에서 나는 여러 심적인 상처가 생긴 일이 있었다. 주변에서 음악을 하는 아이들 중에서는 타고난 재능이 뛰어난 아이들이 많았기 때문에 순전히 후천적 연습벌레이자 노력파인 나는 독한 근성 하나 외에는 내세울 게 없었다.

영어 또한 어려서부터 미국 아이들, 영어권 아이들과 어울리는 환경에 노출되어 습득이 편안하고 유리했던 것은 사실이다. 하지만 지금도 아이들을 가르치며 늘 같은 생각인데, 환경은 노력을 이기지 못한다. 영어권 국가에 체류 경험이 있던 아예 거기에서 태어나 자랐던, 한국에 들어와 영어시험을 보면 생각보다 유의미한 결과는 확인하기 힘들다. 물론 듣고 말하는 능력이나 언어적 감각은 대체로 영어환경에 오랜 시간 노출된 경우 더 유리한 건 사실이다. 하지만 그것이 평가에 있어서 정확성과 완전한 결과까지 보장해 주기엔 너무 많은 변수와 한계가 있다. 학교 선생님들이 일단 이런 사실에 대해 너무 잘 알기 때문에 시험문제를 출제할 때 노력 없이도 맞출 수 있는 문제는 지양한다.

그래서 방학 기간에까지 해외에서 대치동에 잠깐 부족한 부분에 대해 집중학습을 하기 위해 오는 경우가 많다. 대체로 정확하고 체계적인 쓰기나 문법 수업에 대한 요청이 많은 편이다. 영어권 국가라 할지라도 대치동보다는 많이 자유롭고 편안하기 때문에 아이들의 학습 능력 향상을 단기간에 확인하기 힘들다는 이유에서이다. 맞는 말이다. 나는 어려서부터 영어에 대한 칭찬을 많이 받았고 그래서 자신감이 늘 있던 것 같다. 이 점 때문에 지도하는 학생들에게도 칭찬에 인색하지 않으려 늘 신경 쓴다. 어른이 되어서도 그렇지만, 어린 시절에는 더욱 이 부분이 지능개발에 매우 중요한 트리거가 될 수 있기 때문이다. 칭찬을 받으면 자신감이 생기고, 그러면 더 잘하기 위해 노력하는 선순환이 반복되어 점진적이든 급진적이든 성장하지 않을 수 없게 된다.

나는 음악 뿐만 아니라 영어 분야에서도 성취감이 유독 강했다. 특히 영어 문제 한 문제라도 틀린 날이면 몇 날 며칠 동안 가슴 아파하며 오답 정리를 했고, 다시는 틀리지 않기 위해 몸부림쳤다. 자려고 누웠다가도 단어 하나가 떠올랐는데 뜻이나 스펠링이 생각나지 않으면 다시 벌떡 일어나서 불을 켜고 영어사전을 찾아 답을 확인하고 자곤 했다. 중학교 1학년 학생들도 전국 모의고사가 있던 시대에 나는 전교 1등, 대전 지역 전체 1등, 전국 5등이라는 기염을 토하는 성적표를 받아본 적이 있다. 줄곧 학교에서 전교 1등, 반 1등, 영어 100점을 수없이 하던 나이지만 지역 1등, 전국 5등의 성적표는 매우 충격이었다. 찍은 문제들이 다 맞았나 보다. 지금 생각해봐도 기적 같은 일이었는데, 그 이후 나는 그 성적을 유지하기 위해 무엇보다 학업을 내 삶의 0순위로 두며 살았다.

너무 어린 나이에 밤을 새우는 일이 많았고, 급기야 졸리지 않게 만드는 하얗고 동그란 약을 수시로 먹으며 몽롱하게라도 독서실에서 깨어 있어야 마음이 놓일 정도로 공부와 성적에 집착이 커졌다. 오랜 시간 책상에 앉아서 책을 보니 일자목에, 허리통증에 몸이 성할 날이 없어서 한의원에 가서 엎드려 침을 맞아가며 그렇게 최선을 다했던 기억이 있다. 대전에서 공부 좀 한다는 친구들이 주말마다 모여 영어 토론을 하던 영어 스피킹 모임에서는 사실 학교를 대표할 만큼 대단한 수재들, 천재들이 모여 있었다. 그곳에서 나는 명함도 못 내밀 정도였는데, 그때 함께 공부하던 선배들, 동기들은 지금 나름 각 분야에서 이름만 대면 알만한 유명한 공인들로 활약하고 있다.

공부 모임도 그렇지만 언제나 내가 닮고 싶고 나보다 뛰어나다고 생각되는 사람들이 모인 곳으로 환경을 조성하려 노력했다. 그래야 나의 현재 모습에 만족하지 않을 수 있고, 더 긴장하며 더 멋진 성장을 위해 노력할 수 있기 때문이다. 혼자보다는 함께의 힘이 크다는 것을 안다. 긍정적 자극을 받을 수 있는 환경조성을 통해 더 뜻하는 바를 효과적으로 얻을 수 있다. 그래서 늘 내가 배울 수 있는 곳이라고 생각되면 어떻게 해서라도 시간을 쪼개서 달려가려 한다. 그러다 보니 사람들과의 관계에서 발생하는 문제가 없을 수 없더라.

열심히 사는 와중에 시기 질투로 점철된, 즐겁지 않은 일들도 있었다. 그걸 어떻게 하냐고 비웃거나 어디 두고 보자는 식의 조롱 섞인 말로 비아냥거리는 친구들과 선배들이 있었다. 심지어 유언비어로 있지도 않은 일을 퍼뜨리거나 왜곡시키는 일들도 있었다. 학창 시절

이건 사회생활이건 매한가지지만, 나는 염세적인 시선이나 언행을 보이는 사람들은 멀리한다. 나와 주파수가 맞지 않기 때문이다. 세상에 얼마나 좋은 사람들, 행복한 일들, 사랑할 존재들이 많은데, 그리고 얼마나 인생이 유한한데 굳이 나의 귀한 시간과 에너지를 어찌할 수 없는 영역을 변화시키거나 공감시키는 데 소모적으로 쓸 이유가 없다고 생각한다. 상대할 가치가 없다고 생각하니 괜히 말꼬리 잡고 피곤하게 대응할 필요가 없다. 그런 이들에겐 성장 값의 최대치, 즉 성공한 결과로 한방에 복수하는 것이 최고의 방법이다.

좋아하는 월터 배젓Walter Bagehot 의 명언이 있다.

"인생에서 최고의 즐거움은 사람들이 당신은 해내지 못할 것이라고 한 일을 해내는 것이다. 사람들에게 이야기하지 마라. 보여 주어라."

성장지능은 발달과 학습, 무엇의 영향을 받는가

또한 발달이 학습에 선행한다고 보기 때문에 발달에 기초하여 학습이 이루어져야 한다고 주장하는 피아제와, 반대로 학습이 발달에 선행하며 발달을 주도하기 때문에 아이가 혼자는 할 수 없어도 부모나 교사의 도움으로 문제를 해결할 수 있다고 보는 비고츠키, 이 두 학자들의 이론을 교육 현장에서는 양자택일의 관점으로 봐선 안 된다는 생각이 있다.

어른도 마찬가지이다. 즉, 스스로 잘하는 사람도 있고, 상대적으로 그렇지 않은 사람도 있기 때문에 후자의 경우에는 전자의 학습자가 될 수 있도록 후천적 환경 지원을 해줄 수 있는 교사나 관리자가 필요하다.

사람의 성장지능을 포함한 모든 지능은 유전적 요인과 환경적 요인 모두 영향을 받을 수 있다. 그뿐만 아니라, 이 두 요인이 어떠한 방식으로 상호작용하는지에 대해서는 학자들의 의견도 다르지만, 나도 보다 입체적 관점에서 학생들의 개별성에 기준을 두고 바라봐야 한다고 생각한다.

예를 들어, 어떤 학습자가 가드너의 8개 지능 중 개인 간 지능과 자연지능이 높을 경우, 이 지능들에 대한 격려와 함께 내재 동기화가 형성되도록 영어성적향상, 즉 언어지능을 올려주는 역할을 하게 된다. 학습자의 목표도 수의학 전공이나 동물조련사, 특수동물 관련 학과 등의 진로로 연결해 주기도 한다.

교육 현장에서 이러한 다중지능의 개발을 위한 영어성적 향상이 매우 중요한 트리거와 동기화 요인이 될 수 있다는 것을 수없이 확인해 왔다. 요컨대, 학생들의 성공적인 영어학습 능력향상, 성적향상을 위해서는 무엇보다도 학생의 개별성을 세심하게 관찰하여야 한다는 점이 매우 중요하다. 평생 영향을 미칠 수 있는, 성장기에 놓칠 수 있는 중요한 특징이 있을 수 있기 때문이다. 그리고 그 학생에게 맞는 지능개발, 동기화(외재 동기의 내재 동기화), 학습/발달 상황 등을 고려하여 개별 심리적 동기부여와 자신감 고취가 무엇보다 중요하다.

이 부분을 위해서는 오랜 연륜과 노하우, 데이터를 갖고 있는 선생님, 지도자와의 만남이 무엇보다 중요할 수 있다. 무조건 잘하라는 말보다는 학습자가 갖고 있는 성격, 특징을 파악하여야 하며, 학습자가 원하는 목표를 설정하고, 학업성취도와 결과를 확인시켜 줘야 할 것이다.

제 2부

2. 성장의 선택 배경

: 대한민국 상위 1프로 교육특구 대치동에서

어쩌다 영어, 그러다 대치동

나의 영어에 대한 애정과 집착은 미취학 아동기로 거슬러 올라간다. 미군 부대가 있던 동네에서 나의 베프는 미국인 메리와 줄리샤였다. 그 아이들과 함께 정글짐을 오르고, 숨바꼭질을 하는 등 즐겁게 놀며 영어를 접했으니, 지금 뒤돌아보면 나는 최고의 영어학습 환경에서 영어를 접한 복이 많은 사람이라는 생각이 든다. 영어가 뭔지도 모르는 내게 영어라는 언어가 내 삶에 자연스럽게 스며들게 되었기 때문이다. 당시 중학교 때부터 영어 공부를 시작하던 학교 교육과정과는 무관하게, 나는 그야말로 이상적인 조기 영어교육 환경에 노출되어 있었던 것 같다.

그렇다고 해서 우리 부모님이 그 점을 노리고 의도적으로 나를 영어 환경에 노출시킨 건 아니었다. 아버지 직업상 나는 초등학교도 네 번을 전학 다닐 만큼 한군데 오래 정착할 수 없는 성장기를 보냈다. 잦은 이사 때문에 어쩌다 얻어걸린 미국 문화와의 접촉과 영어와의 인연은 지금껏 영어를 가르치는 일을 나의 천직으로 만들게 해주었다. 그렇게 노란 머리, 파란 눈, 이질적인 외모를 가진 아이들과 함께 어우러져 영어를 즐겁고 기분 좋게 맞이할 수 있었고, 신기한 문화를 자연스럽게 접했다.

사람도 첫인상이 중요하다고 하는 것처럼, 영어와의 첫인상도 기분 좋은 만남이었기에 그 좋은 기분을 지금까지도 유지하며 매일 나는 영어와 살고 있다. 앞으로도 내게 영어는 삶을 행복하게 만들어 주는 소중한 도구가 될 것이라고 확신한다. 그리고 이런 점에서 변치 않는 생각 또 하나는, 바로 영어를 처음 접할 땐 정말 재밌어야 한다는 것이다. 재밌게 배우고 자신감도 생겨야, 자꾸 보고 싶은 마음과 더 알고 싶은 동기부여도 따라온다.

그리고 재미와 함께 잘할 수 있다는 자신감 또한 영어에 대한 긍정적 생각과 감정에 매우 큰 영향을 미친다. 그래서 영어를 처음 배울 땐 틀린 부분, 부족한 부분보다는 이해하고 맞춘 부분, 앞으로의 가능성에 더 비중을 실어 주어야 한다. 이런 관점에서 부모와 교사의 역할이 매우 중요하다. 우열의 비교가 학습 동기 부여에 자극을 줄 수 있다는 점 또한 영어 학습 초반엔 매우 조심해야 하는 사항이다. 중고등학교 때부터 시작되는 성적표 영어에서도 마찬가지지만, 아이들은 이성보다 감정에 더 좌우되는 경향이 있기 때문에 옆에서 자신을 꾸준히 칭찬해 주고 박수쳐 줄 수 있는 믿음직한 조력자가 있어야 한다.

공부 잘하는 학생들은 이런 점에서 이상적인 환경에 처해 있는 경우가 흔하다. 부모가 학습 환경을 잘 조성해 주는 경우, 아이들은 꿈에 더 빨리 다가갈 수 있는 유리한 조건을 갖게 될 수 있다. 그리고 영어 학습 초반에 더욱 중시되는 심리적인 격려와 조력자의 꾸준한 가이드가 함께한다면 영어를 장기간 더욱 잘할 수 있다는 점은 오랜 시간 숱하게 느끼고 확인한 바이다.

영어를 재밌게 접하니 잘할 수 있게 되고, 잘하니 더 잘하고 싶어서 더 열심히 하게 되는 선순환은 어떤 학생들에게나 적용되는 보편적 진리라는 생각이 들었다. 초중고 시절 나는 영어 말하기 대회, 영어 시험, 영어토론 등 영어로 하는 그 어떤 일에도 앞장섰고 잘하고 싶은 욕심이 컸다. 칭찬받고 싶은 마음이 컸던 것 같다. 그 심리는 지금까지도 지도하는 학생들에게서 흔히 발견되는 훌륭한 동기부여이기도 하다.

영어를 잘하면 다른 과목도 잘하고 싶은 생각 또한 함께 클 수 있다. 이 부분은 너무도 이상적인 학습 모티브라고 할 수 있는데, 이런 점에서 칭찬은 아이들을 지도할 때 생각보다 매우 긍정적으로 파괴적인 힘이 있다. 칭찬 한마디에 영어 성적 뿐만 아니라 크게는 아이의 인생까지 바뀐 경우 또한 적지 않게 보았기 때문이다. 어른도 그렇지만 아이들은 정말 스펀지 같아서 좋은 생각, 예쁜 말에 더 많이 노출시켜 줘야 한다고 생각한다.

교사들이 거의 다 같은 생각으로 아이들을 지도하겠지만, 나 또한 이런 생각으로 아이들을 지도해 와서인지 늘 학부모님들, 학생들에게서 믿고 찾는 선생님이라는 소리를 들어왔고, 그 점이 무엇보다도 오랜 시간 같은 곳에서 강력한 무기가 되어 온 듯싶다. 단 한 명도 대충 가르치지 않는 마인드와 철저하고 꼼꼼한 태도로 늘 긍정의 힘, 선한 영향력을 끼치려 애쓰고 있다. 아이 한 명이 세상을 바꿀 수 있다고 믿기에.

십 대 때 나는 영어를 가르칠 생각을 깊이 해보진 않았던 것 같다. 영어를 도구로 외교관이나 통역관을 하고 싶은 생각을 막연하게는 갖고 있었지만. 영어를 전공해야지 하는 생각은 있었지만 영어 교육에 대한 특별한 사명감은 없었다. 하지만 지인 소개로 우연한 기회에 영어를 가르치게 된 이후 영어교육에 대해 차츰 눈을 뜨게 되었다. 거기다 1995년 전국을 떠들썩하게 만들었던 삼풍백화점 사고 때 현장에서 일하시던 고모를 잃은 후, 사촌 동생들을 가르치기 시작하면서 본격적으로 영어 교육에 대해 깊이 생각하게 되었다.

사촌 동생들과 그 친구들을 가르치면서 영어를 가르치는 일에 대한 묘한 끌림을 느꼈고, 그 마음이 차차 커지게 되었던 것 같다. 그렇게 영어를 꾸준히 지도했고, 소개로 소문으로 대치동 아이들도 하나둘 오기 시작하더니 시간이 지나면서 주말까지 스케줄이 빡빡하게 차게 되었다. 그리고 이왕 이렇게 된 것, 대치동으로 가서 제대로 아이들을 가르쳐야겠다는 생각이 들었다. 본격적으로 내가 학원 일이 본업이 되었던 건 더 이상 자택에서 영어를 가르칠 수 없을 정도로 학생들이 많아졌던 2006년으로 거슬러 올라간다.

대한민국 교육특구 대치동 한복판에서

처음 대치동에 간판을 달았던 날 그 벅찬 순간을 지금까지도 항상 마음에 간직하고 있다. 날마다 영어 수업 준비, 학생들과의 전쟁이었기 때문에 학원명을 깊이 있게 생각하지 못했다. 그래서 그냥 본명 넣어서 문경희영어라고 썼는데, 지금도 나는 내 이름이 참 마음에 든다. 돌아가신 할아버지께서 작명소에서 지어오신 이름, 그 낡은 종이를 지금도 소중하게 간직하고 있다. 글월 문, 공경 경, 기쁠 희. 말 그대로 글을 공경하면 기뻐한다는 뜻인데, 나의 삶 또한 이름대로 살아오고 있는 것 같다.

글을 보면 보통 피곤하다는 말들을 많이 하는데, 나는 그렇지 않다. 오히려 글 속에서 에너지를 얻는다. 그래서 "쉴 때 뭐 하세요?"라는 학생들의 질문에, 쌓인 책들을 가리키며 "책 읽거나 발로 하는 기도(운동)해"라고 답하면 이해하기 힘들다는 표정을 짓는 학생들이 많다. 초등학교에 들어가기 전에도 조그만 밥상을 가지고 쪽방에 들어가 앉아, 한참을 그림일기, 시간표 등을 그리고 썼던 기억이 있다. 조부모님이나 부모님이 "경희 뭐하니?" 하면, 공부하고 있던 책을 가리며 수줍게 웃던 기억이 지금도 생생하다.

공부 좋아하는 기인이라는 얘기를 자주 들었는데, 내 이름 때문이 아닐까 하는 생각도 많이 한다. 글에서 기쁨을 찾게 돼서 더 글을 보게 되는 원인이, 바로 뇌에서 도파민과 세로토닌이라는 짜릿함과 행복감을 느끼게 해주는 호르몬이 분비되어서라는 사실은 나중에 알게 되었다. 사람마다 짜릿한 쾌감과 지속적인 행복감을 느끼게 해주는 대상이 다른데, 그 대상이 책이라면 정말 이상적인 경우이긴 하다. 이런 면에서 나는 정말 복 받은 사람이라고 생각하며, 감사한 마음으로 아이들을 지도하고 있다. 더 많은 아이들을 멋지게 변화시키려는 나의 사명에 걸맞는 특성이기 때문이다.

하지만 학생들 중에는 많은 경우 그런 대상을 책보다는 학업을 방해하는 대상으로 삼는 경우를 많이 본다. 게임이나 SNS 등이 대표적인 대상인데, 그 자체가 문제는 아니다. 다만, 아직 스스로 통제력이 부족한 경우, 무언가에 빠지다 보면 주종이 바뀌게 되기 쉽다. 공부하다 쉴 때 잠깐의 시간이 아닌, 머리에 온통 게임 생각뿐이어서 학습에 제대로 집중하지 못하게 되는 경우를 적지 않게 본다. 이런 경우에는 소위 게임중독, SNS 중독, 핸드폰 중독이라고 볼 수 있다.

대치동에도 그런 아이들이 있냐고 묻는다면, 그런 이들에겐 너무 언론에서 보여준 일면만 보고 대치동에 대한 선입견을 가지고 있지 않냐고 되묻고 싶다. 대치동엔 전형적인 모범생들만 모여 있는 것은 아니다. 물론 타 지역에 비해 학습 능력, 학업성취도가 뛰어난 학생들이 몰려있는 것은 사실이다. 일례로, 매년 3월에 치러지는 고등학교 전국 모의고사 성적표를 학생들이 가져오면 늘 입이 떡 벌어진다. 전국 기준 1등급, 그러니까 상위 4퍼센트 안에 드는 학생들이 한 학년에 2/3 이상 되는 학교들이 대부분이기 때문이다. 그런 학생들끼리 내신 상대평가를 해야 하니 변별력을 위해 시험문제가 어려워질 수밖에 없다.

하지만 그게 전부가 아니라는 점이 매우 중요하다. 뜨거운 교육열과 높은 학업성취도만큼 기이한 학생들도 비일비재하다. 그래서 그런 아이들은 더 누군가 보살펴 주고 보듬어 줘야 한다는 생각을 늘 해왔다. 공부에 치여 정작 가장 중요한 자기 자신에 대한 이해, 자신과의 대화가 현저히 부족한 아이들이 많기 때문이다.

내가 주체가 되어 정보를 거르고 선택하는 삶이 아닌, 내 삶에 대한 주인의식이 약한 경우엔 학업에 슬럼프와 정신적인 질병까지도 생기기 쉽다. 이때 부모나 친구, 선생님이 매우 소중한 조력자가 될 수는 있다. 하지만 조력자가 내 삶의 주인은 아니다. 아이가 스스로 자신의 인생을 주도해 갈 수 있도록, 주체적인 인생을 살아갈 수 있도록 도와줘야 한다. 그런 점에서 대치동엔 수동적 인생을 살아가는 아이들이 많아 보여서 참 안타깝다. 공부의 이유와 목표에 대해 물어보면 주체적인 답변을 하는 학생들이 생각보다 적기 때문이다.

그래도 대치동이 교육특구로서 늘 건재한 곳으로 회자되는 이유는 인적으로나 환경적으로 뛰어난 교육환경을 갖췄기 때문이리라. 난다긴다하는 선생님들, 학부모들, 학생들이 집중되어 있어서 얘기하다 보면, 매스컴에서 보고 듣고 알고 있던 이들이 주변에 있다. 학부모들이 의사, 법조인, 교수, 유명한 사업가들인 아이들이 기본 디폴트(최초 설정값)인 경우가 허다하다.

심지어 영어를 현장에서 가르치는 영어 교사, 영어 교수가 학부모인 경우도 적지 않기 때문에 영어 문제, 심지어 선택지 단어 하나라도 출제에 이상이 생기면 교무실 전화기에 전화가 빗발치는 사례도 왕왕 있다. 따라서 대치동 학원가에서 일단 오랫동안 학원을 유지하기 위해서는 매우 탁월한 실력을 갖춰야 한다는 생각에는 늘 변함이 없다. 숙제 안 해오고 말썽 피우는 학생들도 선생님들의 실력은 귀신같이 알아본다. 학생들의 어떤 질문과 요구에도 빛의 속도로 답해주고 속 시원하게 해결해 주려면 최고의 영어 실력을 갖추는 건 교육특구 대치동 영어 선생님에겐 매우 기본적인 필수사항이다.

이렇게 영어 실력은 기본이고, 여기에 열정과 친화력 또한 매우 중요한 자질이다. 수업 진행만 하는 게 아니기 때문이다. 매일 수업 후 학부모들께 수업 관련, 아이 관련 중요한 내용을 꼼꼼하게 피드백해 줘야 하며, 학생들과의 교감과 원활한 소통을 통해 점차 우상향 수업 효과와 결과를 확인해야 한다. 이런 세심한 정성과 관리가 오래 쌓여 보이지 않는 믿음의 탑을 쌓아 올린다고 생각한다.

대치동 최고면 대한민국 최고

대치동에는 그야말로 우리나라 최고라 손꼽히는 인적 자원이 몰려 있기 때문에, 아이들 간의 인적 네트워크 형성을 위해 학부모들이 대치동으로 전입하는 가정들이 많다. 나 또한 항상 대치동 최고가 대한민국 최고라는 자부심을 가지고 일해왔다. 가뜩이나 글을 공경하면 기뻐한다는 뜻을 지닌 본명을 간판으로 걸고 일하는 사람의 수업이 대충이면 되겠나.

매일매일이 대한민국, 아니 이 세상 최고의 열정과 학구열, 남다른 프로의식의 향연이었고, 하루하루가 가슴 설레는 소풍이었다. 무식하면 용감하다고, 정말 무식하게 몸을 사리지 않고 일하다 보니, 나의 일주일 시간표는 여백 없는 테트리스였고, 양치하면 피를 토하는 경우도 적지 않았다. 단골로 다니는 병원의 원장님이 제발 좀 쉬라고 해도 나는 우리 학생들처럼 말 안 듣는 청개구리였던 것 같다. 아침에 일어나 오른팔이 움직이지 않아 병원을 찾으면 신경이 마비된 거라며 최소한 2~3일은 쉬어야 한다고 했다. 하지만 이런 일들이 한두 번이 아니었기 때문에 그냥 직업병으로 달고 사는 것이라 생각하며 일해왔다.

이렇게라도 해야 우선 스스로 떳떳할 수 있다는 생각이 있다. 그리고 그런 나를 아이들이 바라보며 조금이라도 좋은 영향을 받고 변화된다고 생각한다. 나의 열정과 소신이, 그런 찐 에너지가 멀리서 공부하는 전교 1등들도 불렀다고 생각하며, 지방의, 해외 학생들의 발걸음을 재촉했다고 믿는다. 내가 광고하지 않아도 나의 에너지는 시공을 초월해서 움직이기 때문에. 지금까지 이렇게 감사하게 대치동에서 버틸 수 있었고, 나비효과처럼 그 파동과 에너지가 나비가 되어 나의 마케터로 일해서가 아니었을까.

혹자는 말한다. 최고보다 최선이 중요하다고. 동의한다. 하지만 입시에 있어서는 최고와 결과가 매우 중요하다. 축구에서 골 점유율이 높으면 뭐 하겠는가. 실제로 골을 넣어야 득점을 하는 것이 아닌가. 상대방을 이기기 위한 최고가 아닌, 자신이 정한 목표의 최고치를 넘어서는, 한계를 뛰어넘는 노력의 최고치를 나는 얘기하고 싶다. 노력은 안 하면서 목표만 높은 학생들에게 항상 얘기한다. 100점 맞고 싶으면 일단 네 노력이 100점이 되게 해라, 라고. 전교 1등을 하고 싶어 하는 학생들에게 말한다. 일단 네 노력이 전교 1등이 되게 하라고 말한다. 그러고 나서는 그 결과를 기대하라고. 목표 이상의 노력을 기울인다면 목표를 달성하면 좋고, 못해도 그 근처에는 갈 수 있지 않겠나 하는 생각에서이다.

그러면 이쯤에서 과정은 왜 무시하냐는 질문을 하고 싶을 것이다. 과정이 의미 없다는 뜻이 아니다. 나름의 목표를 향한 시행착오와 그 과정에서 체득한 성장 근육과 스토리가 있다면 그 과정은 매우 이상적이라고 할 수 있다. 결과를 낼 수 있는 과정 속에 부당하고 부적절한 속임수가 아닌, 깊은 생각과 충실하고 정직한 노력이 있다면 그 과정은 100퍼센트 완벽한 결과가 아니더라도 의미와 가치가 있다. 하지만 입시에서는 매우 유감스럽지만 대학 합격 또는 불합격, 두 가지 결과만 있다. 결과에 중간이 없다. 시험도 당락 두 가지만 있지 그 중간은 없다는 관점에서 둘 중의 어떤 결과를 확인할 수 있는 과정인지, 그 과정을 어떻게 만들어야 하는지를 묻고 싶은 의도에서이다. 또한, 그런 긍정적 결과를 낼 수 없는 과정은 방법에 문제가 있을 수 있다는 뜻이기도 하다.

대학교 총장님께 이 대학교에 너무 들어오고 싶어서 정말 최선을 다해 공부했지만 점수가 안돼서 떨어졌다고 호소하면 합격시켜 줄까. 점수가 되어야 붙는 거다. 그리고 그 점수는 본인이 쏟아부은 시간, 에너지 등의 자원이 얼마나 효과가 있는지를 알려주는 지표이다. 목표는 높은데 노력하지 않으면 그 목표는 뜬구름이 된다. 잘하고 싶은데 공부하긴 싫다는 학생들을 적지 않게 본다. 공부가 정말 좋아서 하는 학생이 얼마나 될까. 하지만 왜 공부해야 하는지를 스스로 되묻게 해주고, 그게 일리가 있고 설득력이 있으면 학생들도 조금씩이라도 변화한다. 공부를 통해서 세상엔 공짜가 없음을 깨닫게 되는 셈이다.

십여년 전 연세대학교에서 전국의 학원장들을 대상으로 특강을 진행할 적이 있다. 그때 나는 "세상에서 가장 노력하는 영어 선생님"이라고 스스로를 밝힌 바 있다. 그리고 적어도 그 말에 부끄럽지 않기 위해 날마다 고군분투하며 살아오고 있다. 크고 작은 개인사는 있었지만, 단 하루도 아이들 지도에 소홀히 한 적은 없었다고 자부한다. 1년에 이틀, 구정 설날과 추석 당일 이렇게 쉬고 주말도 없이 일하기를 즐긴 내게 주변에선 왜 그렇게 사냐고, 영어랑 결혼했냐고 묻는다. 맞다. 주변 친구들이 결혼해서 아이 낳고 가정을 꾸리며 평범한 행복을 얘기할 때도 이상하게 난 그 평범한 삶에, 심지어 이성에도 전혀 관심이 없었다. 그리고 그 이후에도 나는 나만의 세상에서 내 삶의 의미, 사명의 의미를 찾는데 모든 시간과 열정을 쏟아부었고, 좀 독특한 행복을 추구하며 살아왔다고 생각한다. 사람마다 행복을 느끼는 포인트가 다르다고 생각한다. 나는 진정한 나를 만나고 내 인생을 좀 더 의미 있고 행복하게 만드는 데 가치를 둔다. 그래서 일 분 일 초가 아깝다. 나를 위해야 남도 위할 수 있다는 생각에서이다.

이런 차원에서 학생들을 보며 늘 하는 말이 있다. 시간개념을 갖자. 자신을 소중히 생각하는 사람은 그만큼 시간도 소중히 아끼고 관리할 줄 안다는 생각이 있다. 시간을 통제한다는 건 자신을, 자신의 삶을 통제하고 리드한다는 것을 의미한다. 휴식, 자투리 시간도 소중하게 아껴야 한다. 돈은 없다가도 있는 자원이지만 시간은 한 번 가면 절대 다시 얻을 수 없는 세상 신기한 자원이요, 개인적으로 나의 연구 대상이다.

그리고, 또 하나. 시험에만 시간제한이 있는 게 아니다. 우리의 인생에도 시간제한이 있다. 유한한 시간을 어떻게 보낼지 고민하며 보다 의미 있는 행복한 인생으로 만들어야 하는 이유가 여기에 있다. 삶은 단 한 번의 기회이다. 우리의 이번 생은 누구나 처음이기 때문에 인생 사는 게 서툴 수밖에 없다. 그런 차원에서 인간은 누구나 삶 앞에 아마추어이니까 그래서 더 먼저 훌륭하게 살다 간 사람들의 이야기를 책을 통해 만나고 배워야 한다. 우린 저마다 각자의 삶이 있고, 그 다양한 삶은 모두 다 그 나름의 의미와 가치가 있다고 생각한다. 그리고 각자의 위치에서 소중한 삶을 최고의 가치 있는 삶으로 끌어올릴 주체는 바로 나 자신이다. 그런 관점에서 나는 매일 최고의 나를 꿈꾸며 내가 바라는 내 모습으로 만들어 가려고 노력하고 있다.

대한민국 교육특구 대치동 한복판에서 나는 매일 세상 최고의 학구열과 긍정의 에너지를 가진 영어 선생님으로서, 오늘도 아이들에게 이 세상 최고의 영어 지식과 밝은 에너지를 주려고 열과 성을 다하고 있다. 먼 훗날 내가 이 지구에 머무르게 될 마지막 날, 적어도 내 사명에 기울인 노력에 있어서는 아쉬움이나 후회가 없었던 매우 뿌듯한 소풍이었다고 회고할 수 있는 인생을 살고 싶다.

완벽한 공부법과 완벽주의에 대해

나의 카카오톡 프로필 사진엔 나의 일과 무관한 발레리나 강수진 씨의 사진이 있다. 매일 열정적으로 사는 사람이길 원하지만, '이 정도면 됐지'라는 안일한 생각을 할 때가 자주 있다. 그럴 때마다 동기부여 자극제를 찾는데 수많은 나의 책 속 멘토들 중에 한 분이 바로 강수진 씨이다. 무엇보다도 강수진 씨의 연습벌레로서의 삶, 자신의 일을 사랑하고 즐기며 후회 없이 사는 모습은 내가 닮고 싶은 삶을 대하는 모습이었다. 남들보다 늦게 시작한 발레였기에 하루에 수백 번, 수천 번을 같은 동작만 반복한 날도 있었고, 하루에 3개씩 토슈즈가 닳아 없어졌다는 일화는 매스컴에서도 많이 회자되어 매우 유명하다. 매일 연습하던 발에 물집이 잡히고, 굳은살이 박히고, 발톱이 빠지더니 뼈가 뒤틀리고 피멍이 들고 살이 뭉개질 정도로 완벽을 향해 온몸을 던진 그녀. 결국엔 정육점에 가서 쇠고기를 사 와 튀어나온 뼈 위에 생고기를 덧대고 또 연습했다는 말에 감탄을 넘어 경외감이 들었다. 다음은 인상 깊게 보고 들은 강수진 씨의 어록이다.

"최선을 다해 오늘을 사는 것. 그게 제 꿈이에요. 그 작은 꿈이 모여 지금의 큰 꿈을 만들었어요."

"여기가 끝이고 이 정도면 됐다고 생각할 때, 그 사람의 예술 인생은 거기서 끝나는 것이다."

"저는 발레에서 테크닉은 두 번째 문제라고 생각합니다. 가장 중요한 것은 자신과의 싸움에서 지지 않는 인내심을 기르는 것이라고 생각합니다. 제가 제 자신을 이겼을 때, 그 한 단계를 올라갔을 때, 그때부터 일이 잘 풀렸어요. 그런데 그 한 단계, 한 스텝을 올라가는 것이 얼마나 힘든지 생각도 못해요. 결국 눈물과 땀은 거짓말하지 않아요. 포기하지 않으면 어느 순간 꿈이 현실로 와 있음을 느끼게 됩니다."

"나는 하루를 100% 안 살아본 날이 없으니까... 제가 시간이 흘러 발레를 그만두는 날이 온다고 하더라도 저는 후회하지 않아요."

이렇게 강수진 씨를 좋아하고 존경하는 이유는, 완벽에 다가가기 위해 온몸을 던지는 투혼의 노력 때문이다. 평소, 연습의 강도는 꿈에 대한 열정과 비례한다고 생각한다. 그리고 그러한 감동적인 한결같은 노력은 보는 이로 하여금 나태함에서 깨어나게 해주고, 바람직한 현실 자각의 기회를 준다.

인생의 모든 순간을 어떻게 그렇게 힘들게 사냐고 반문하는 이도 있을 수 있다. 하지만 최선을 다하지 않았을 때, 내 능력과 한계가 어디까지인지 확인할 수가 없다. 한마디로 실행하지 않고선 결과도 확인할 수 없다는 뜻이다. 부딪혀 보고 마음에 들든 안 들든 눈으로 그 실행의 결과를 확인하는 것이, 실행하지 않고 현실과 타협하는 것보다는 지나고 나면 께름직함과 아쉬움이 없지 않을까.

아이들에게 늘 얘기하는 포인트가 거기에 있다. 세상에 완벽한 사람은 없지만 완벽한 노력은 있다고. 물론, 그 완벽한 노력이라는 것도 사람마다 정도와 내용에 있어 다양한 상대적 개념이라고 생각한다. 그래서 나는 완벽한 노력의 정도를 이렇게 정의하고 있다. 되돌아봤을 때 후회 없는 노력인지. 다시 말해서, 다시 과거의 그 시점으로 돌아갔을 때 내가 그보다 더 노력할 수 있었을까, 라는 질문에 대해 '아니오'라고 답변할 수 있을 만큼의 노력.

그러다 보면 몸도 마음도 상할 수 있고, 번아웃도 생길 수 있다. 나 또한 노력의 시행착오를 수없이 많이 거쳐왔고 어찌 보면 지금도 그 과정 중에 있을지도 모르겠다. 하지만 목표와 꿈이 있다면 그곳에 다가가려는 노력은 기본적이고 필수적인 요건이다. 요행만 바라고 감나

무에 감이 떨어지기만 기다린다면, 그러다가 억만금으로도 살 수 없는 시간 자원을 다 놓치게 될 것이기 때문이다.

이 부분에서 노력의 중요성을 또 한 번 언급하게 된다. 바로 시간이라는 유한한 자원. 영어시험만 시간제한이 있는 게 아니다. 인생에도 시간제한이 있다. 한번 지나간 시간은 되돌릴 수 없기에 우리는 더욱더 지금 이 순간에 완전히 몰입해야 한다. 그러려면 내용과 크기에 상관없이 나의 꿈이 무엇이고, 내가 추구하고 원하는 목표가 무엇인지 늘 생각하고 깨어 있어야 한다. 몰입이 주는 행복감은 서울대학교 황농문 교수님의 저서 〈몰입〉에서도 많이 다루고 있다.

몰입할 수 있는 꿈이 있는지, 내가 원하는 삶과 일상이 무엇인지 찾고 그것에 몰입해야 한다. 혹자는 몰입하지 않아도 행복할 수 있다고 얘기할 수 있겠다. 너무 애쓰지 않아도 괜찮다는 생각은 나도 자주 한다. 하지만 그 또한 적극적 휴식의 개념에서 긍정한다. 즉, 아무 생각 없이 빈둥거리는 휴식이 아니라, 내가 빠져 있는 대상과 일상을 보다 더 완벽하게 해줄 수 있는 휴식을 의미한다.

계획을 세워서 어디론가 여행을 떠나는 것부터, 나의 뇌를 이완시켜 줄 수 있는 멍때림까지. 모든 유형과 종류의 휴식은 더 높이 날기 위한 에너지를 충전해 주기 때문에 훌륭한 가치가 있다. 근력운동 후 더 많은 근육이 생기는 시점도, 휴식 중이라는 과학적 근거처럼 말이다.

대치동에 있으면서 완벽이라는 개념에 대해 참 많이 생각해 온 것 같다. 치열한 경쟁 속에 조금이라도 더 발전하려고 고군분투하는 학생들과 그런 학생들을 뒷바라지 해주는 부모님들을 보며, 그리고 보다 양질의 수업을 제공하기 위해 애쓰는 강사들의 모습을 보며, 오늘도 나는 내가 그리는 완벽한 모습에 다가가기 위해 최대한 몰입하고 있다. 적어도, 이 순간에도 끊임없이 생산되고 있는 과거라는 개념을 감안해서 되돌아볼 때 아쉬움과 후회의 찌꺼기가 남게 하지 않으려면, 이런 노력이라도 해야 불완전한 인간이 완벽한 신의 모습을 조금이라도 더 닮아가고 발전할 수 있지 않을까.

해외 리터니들의 대치동 정착기

아무래도 대치동에는 해외와 국내를 편하게 드나드는 학생들이 타 지역에 비해 많다. 영어권 국가에서 태어난 아이들부터, 부모님을 따라 미취학 아동기 때 해외에서 거주한 아이들, 초중고 재학 중에 해외로 나가는 아이들 등 영어권 국가에서의 체류, 학습경험의 내용 또한 매우 다양하다.

이런 학생들이 많은 만큼 영어 수업과 실력향상을 위한 고민과 상담도 다양할 수밖에 없다. 무엇보다도 한국식 영어 시험에 대한 문의와 고민이 주를 이룬다. 영어 공부와 수업은 그 내용이 매우 다양하기 때문이다. 모국어인 한글도 맞춤법부터 문학, 비문학, 작문, 문법 등 영역이 다양한데 외국어인 영어는 오죽하랴. 제대로 공부하려면 단어, 문법, 독해, 리스닝, 영작, 스피킹을 다 챙겨야 하는데 학생들이 챙겨야 할 과목이 영어만 있는 게 아니기 때문에 현실적으로 영어 공부는 해도 불안, 안 해도 불안인 것이다.

실력 점검과 그에 맞는 수업의 내용을 정확하게 판단해 주는 것이 효과적인 영어 수업과 결과를 위해 무엇보다 중요할 수 있다. 자기한테 맞지 않는 옷을 주거나 첫 단추를 잘못 끼운다면 아무리 열심히 입어 보려 해도 힘들다. 학생에게 맞는 옷은 학생에게 맞는 교재와 수업을 의미한다. 즉 실력 점검이 정확히 되어야 당연히 그에 맞는 교재와 수업의 내용이 결정되는데 이마저도 제대로 되어 있지 않은 경우가 허다하다. 또한 첫 단추를 잘못 끼우면 나머지 단추를 다 끼운다 해도 그 부실함이 수면 위로 드러나는 건 시간문제이다. 잠깐 실력이 올라가고 성적이 향상되는 것으로 보여도, 파도를 타거나 무언가 빈 구멍이 발견될 수밖에 없다.

실력 체크는 어떻게 하면 정확히 할 수 있냐는 질문을 많이 하는데, 무엇보다 학생들의 어휘 수준 체크가 중요하다. 어휘 수준에 맞는 교재를 선택하지 않는다면 책을 읽어도 모르는 단어 때문에 내용 파악이 힘들 수 있고, 리스닝 딕테이션(받아쓰기)이나 영작을 해도 스펠링 오류 때문에 책에 폭우가 쏟아질 수 있다. 어휘 때문에 전반적인 영어 실력이 부실할 수밖에 없다. 시중에 나와 있는 영어교재들을 보면 훌륭한 교재는 너무나 많다. 중요한 건 본인에게 맞는 교재를 선택해서 완전히 내 것이 될 때까지 반복하는 것이다.

영어는 어느 정도 엉덩이로 공부하는 과목이라고 얘기한다. 문제 풀고 바로 정답이 나오는 수학이나 과학 같은 과목과는 다르다. 챙겨야 할 영역들도 많을뿐더러, 모국어가 아니기 때문에 단어의 배열 즉, 우리말과 다른 어순과 패턴을 알려면 관용어구나 표현, 문법의 틀을

익혀야 한다. 어휘의 쓰임과 패턴인 문법을 외면하면 일상 영어는 어찌어찌 할 수 있겠지만 복잡한 영어 문장의 규칙성에 대한 이해가 부족하기 때문에 어휘의 활용력에 있어 한계가 생길 수밖에 없다.

대부분의 해외 리터니들에게 가장 큰 고민은 바로 문법과 쓰기이다. 영어권 국가에서 야생마처럼 체득된 영어 실력이 유창성은 갖췄을지 모르지만 정확성에 있어서는 하자가 발견되는 경우가 많기 때문이다. 일례로 토플 점수가 만점에 가까운 학생들이 지천인 대치동에서 학교 영어시험을 보면 중위권으로 나오는 경우도 적지 않게 봐왔다. 그런 학생들의 공통점은 바로 학교에서 제시한 조건에 맞는 답안을 작성해야 하는 영작, 문법 관련 서술형 문제의 오답이 많다는 점이다. 서술형 문제의 오류를 없애기 위해서는 기초문법부터 잘못 알거나 모르고 지나친 부분이 있는지를 세심하게 살펴봐야 한다.

심지어 문법에 맞게 썼어도 학교 영어 시험에선 감점을 받는 경우도 적지 않는데, 바로 문제에서 제시한 조건에 맞는 답이 아니라는 이유에서이다. 예고 입시에서 아무리 그림을 잘 그렸어도 주제에 맞지 않는 그림을 그려서 0점 처리를 당했던 학생처럼, 영어시험에서도 마찬가지이다. 아무리 억울하고 속상해도 시험은 시험이다. 그래서 평소 문법에 맞는 문장뿐만 아니라 문제의 조건에 맞는 답인지를 꼼꼼하게 체크해 보라고 당부한다. 영어는 잘하지만 덜렁거리는 학생들이 학교 내신에서 생각보다 저조한 성적이 나오는 이유도 여기에 있다.

방학 때마다 국내의 제주도까지 지방 학생들은 물론, 미국, 일본, 싱

가포르, 중국 등 해외에서도 찾아오는 학생들이 상담 및 요청하는 수업도 거의 다 같은 내용이다. 단기간에 공인 영어시험이나 특정 시험에서 원하는 점수를 맞기 위한 몰입수업도 있지만, 정확하고 효과적인 영작 수업에 대한 니즈는 특히 꾸준하다. 토플이나 학교 시험은 텝스나 토익처럼 문제 풀고 답을 맞춰볼 수 있는 객관식 문제들로만 이뤄지지 않기 때문이다. 실력 있는 선생님의 밀착 첨삭과 피드백이 시행착오를 줄여줘서 귀한 시간을 낭비하지 않게 해주기 때문에 혼자 해결하기 힘든 영역에서 효율적인 수업 방법이 된다.

리터니들의 또 다른 특징 중 하나는 대부분 수학에 있다. 국내 학생들의 수학 선행이 빠르고 수학 학습 성취도가 매우 뛰어나다는 건 누구나 잘 아는 사실일 것이다. 해외에 장단기 다녀온 학생들이 국내에 들어와 가장 고충을 겪는 과목은 영어보다도 수학이다. 선행은 둘째치고, 우선 뒤처진 수학 진도를 따라잡기 위해서 매일이 전쟁인 모습을 본다. 수학학원에 쏟아붓는 절대적 시간의 양이 만만치 않기 때문에 효율적인 영어 수업의 필요성이 더욱 커지게 된다. 영어에 투자할 수 있는 시간이 일단 수학에 밀리기 쉽기 때문이다. 최소한의 시간으로 최대한의 효과를 보기 위한 몸부림이 여기에서 시작된다.

따라서 시행착오가 없게 하려면 이러한 리터니들의 학습 고충과 특성을 정확하게 파악하고 해결해 줄 수 있는 선생님과 학원이 필요하다. 해외에 나가기 전후 교육과정의 변화는 없었는지, 그에 따른 수업의 변화는 필요하지 않은지에 대한 면밀한 검토와 실행이 있어야 성공적인 입시 결과를 확인할 수 있다. 이러한 내용은 성적에 상관없이 적용되는 사항일 것이다.

영어권 국가에 가서 체류하다 왔지만, 생각보다 영어 실력이 취약하다고 생각하는 학생들도 종종 만난다. 영어도 안되고 그렇다고 한국인인데 국어도 안된다는 소위 0개 국어 소유자라는 우스갯소리도 한다. 그러면 또 국어 공부에 대해 걱정 하나가 더 혹으로 붙게 된다. 영어를 못한다고 생각하는 학생들은 말할 것도 없고, 자기주도 학습을 잘하는 학생들도 세심한 케어를 해줄 수 있는 조력자를 찾는데 그 이유는 방법적인 부분에 있어 확신이 없거나 확인이 필요하기 때문이다. 다이어트도 날씬한 사람들이 더 열심히 하는 경우를 자주 볼 수 있을 것이다. 현장에서 학생들을 지도하면서도 공부를 잘하고 성적이 우수한 학생들이 더 열심히 공부하는 경우를 많이 본다. 노력해봤기 때문에 본인이 아는 것이다. 그래서 조금이라도 노력을 게을리하면 불안해지는 면도 있고, 공부해봤기 때문에 자신의 부족한 부분과 니즈가 더 분명해지는 거다. 뭘 해봐야 자신의 무지와 앎을 자각할 수 있는 거지, 해보지 않으면 자신이 뭘 모르는지도 모른다. 그래서 공부 안 하는 학생들은 늘 만사태평이다.

자신이 해야 하는 공부나 일에 대해 불안하거나 고민하고 있다는 건, 시작을 할 수 있고 발전할 수 있다는 심리적 준비가 됐음을 의미한다. 리터니들의 요구는 잠깐 방학 중에만 머물다 다시 해외로 돌아가는 학생이든, 아예 국내로 와서 국내대학을 목표로 정착하는 학생이든 시험에 최적화된 영어를 요구한다는 점은 공통분모이다. 효과적으로 결과를 낼 수 있는 정확한 영어에 대한 고민과 해결. 바로 리터니들의 발걸음을 대치동으로 돌리게 하는 이유이다.

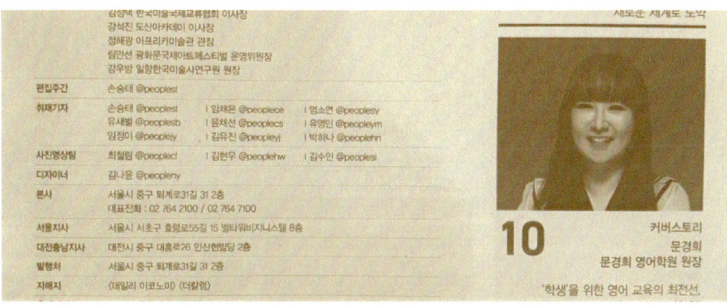

2. 성장의 선택 배경

제 3부

3. 성장의 연구 대상

: 공부 빼고 다 재밌는 잼민이들

어질어질 Multiverse – 수많은 안테나를 달고 사는 아이들

매일 나는 아이들을 연구하고 있다. 학생들의 언행을 보면 단순히 귀엽고 재밌고 기행적인 것 이상이다. 그냥 웃으며 지나치기엔 상상을 초월한다. 효과적인 성장 비결 연구 측면에서 놓치면 안 될 중요한 사항들이 수없이 발견되기 때문이다. 몰입의 즐거움을 알게 하고 싶은데 아이들은 산만함의 즐거움을 즐기는 듯 싶다. 몰입에 중요한 전두엽이라는 뇌 기능이 아닌, 본능에 충실한 자율신경계의 명령을 따른다. 하루 종일 학생들에게서 제일 많이 듣는 얘기가 "배고파요, 목말라요, 쉬 마려워요, 응가할래요, 졸려요, 놀고 싶어요." 이다.

그래서 수습해야 할 사건 사고도 많다. 영어를 가르치는 것보다 더 힘든 건 아이들의 이러한 산만함을 바로잡아 주는 것이다. 산만함이 귀여운 수준을 벗어나면 그땐 위험 요소가 난무하기 때문이다. 체육관에 가면 천국의 계단이라는 고난도 운동기계가 있다. 계단 오르는 운동인데 운동강도와 속도를 조절할 수 있는, 제법 쉽지 않은 고강도 운동기계이다. 아이들이 쉬는 시간에 천국의 계단 운동을 한다고 나가길래 체육관에 가나 하고 혹시 몰라 따라가 본 적이 있다. 학원 건물 지하에 큰 체육관이 있기 때문이다. 특별한 일이 없는 한 거의 매일 나는 그곳에서 운동을 한다.

그런데 아이들이 없길래 두리번거리며 찾아보니 이게 웬일인가. 학원 옆 에스컬레이터에서 역주행하고 있는 게 아닌가. 학원 바로 왼쪽엔 엘리베이터가 있어서 타고 내려가면 체육관이 있다. 아이들은 학원 바로 오른쪽에 있는 에스컬레이터에서 아주 열심히 운동하고 있었다. 그러다 건물 관리하시는 분께 아이들이 호되게 혼나는 장면까지 보게 되었다. 언제나처럼 죄송하다는 말씀을 드리고 사건은 수습하였지만 안전 문제가 생길 수 있는 위험천만한 장면을 목격한 것이다. 아주 잠깐의 찰나라도 놓칠 수 없기에 학원 쉬는 시간은 엄격하게 지키도록 시간표를 짜놓았다. 성적을 떠나 호기심 안테나가 많은 아이들이기 때문에 그렇다.

심지어 아주 몰입을 잘하는 일부의 학생들을 제외하곤 수업 시간도 예외는 아니다. 선생님의 눈을 피해 지우개나 인형, 필기구가 날아다니는 건 예사로운 일이다. 영어와 무관한 얘기를 하면 보충수업 2시간이니, 이젠 쪽지로 몰래 교환하는 의사소통 방식도 목격된다. 그래서 물증 확보를 위해 전천시, 즉 전지적 천장 시점의 CCTV는 필수템이다. 녹화까지 되니 아무리 우겨봐도 소용없다. 온갖 헤프닝이 난무한다. 예전에 1층에 아이스크림 할인점이 있던 건물에서 학원을 했을 때이다. 일명 '아이스크림 챌린지'를 했었는데 학원 규칙을 어기면 벌칙으로 함께 공부하고 있는 아이들에게 아할-아이스크림 할인점의 줄임말-에서 아이스크림을 사줘야 하는 챌린지였다. 나름 아이들에겐 긴장감과 그 와중에 웃음도 선사하는 효과적인 방식이었다. 그런데 그것조차 나름의 방식으로 즐기는 아이들도 꽤 있었다.

가까운 곳에 사는 아이들이 더 마음 편해서 지각하는 경우가 많았다. 겨울방학 특강 때였는데 학원 등원 시간 5분 전에 집에서 나와 전력질주를 하다 얼음판 위에서 슬라이딩하는 아이도 있었다. 두꺼운 패딩 잠바를 입어서 다치지 않았다며 천진난만하게 웃는 아이를 보면 할 말을 잃는다. 올림픽에서 100미터 달리기 선수가 결승선에 골인할 때의 자세 그대로 재현하는 아이들도 있다. 1초, 2초를 두고 실랑이를 벌이다가 결국은 CCTV의 비디오 판독까지 재생하는 경우도 적지 않다. 어떤 아이는 학원 현관문 바로 앞까지 달려와 학원 안 복도로 온몸을 던져 슬라이딩하며 골인한다. 그렇게 혼신의 힘을 다해 골인했건만 비디오 판독으로 1초 지각한 것으로 판독된 아이도 있었다. 교실의 모든 아이들이 다 같이 비디오 분석에 가담한 날도 있었다. 너무 재밌어한다. 벌칙마저 이렇게 재밌을 일일까. 하지만 용돈을 쪼개서 500원, 600원짜리 아이스크림을 사서 아이들마다 나눠줘야 하므로 아이들 입장에선 경제적 타격이 크다. 그래서 어떤 아이들은 배 째라 하고 지키지 않는 경우가 있다.

그래서 지금은 방법을 바꿨다. 부모님께 통지하고 보강을 따로 잡는 벌칙이다. 효과는 대단하다. 아이들 말로는 아할 벌칙보다 이것이 더 강한 놈이라고 한다. 자신의 소중한 시간을 보충수업에 두 시간이나 써야 하다니, 청천벽력 같은 소리가 아닐 수 없다. 그래서 학원에서 지켜야 할 규칙들은 예전보다 더 잘 지켜지고 있다.

하지만 이러한 규칙은 어디까지나 근본적으로 아이의 마인드셋과 몰입력의 변화를 이끌어내기 위함이다. 물고기를 잡는 법 자체가 목적이 아니지 않는가. 아이가 스스로 물고기를 잡을 수 있도록 변화시키고 훈련시켜야 한다. 선생님의 설명을 들으면서도, 심지어 혼나면서도 엉뚱한 질문을 하는 아이들도 있다. 혼나는 순간에도 안테나는 다른 세계의 정보를 수신하고 있었던 것이다. 수많은 안테나 중 내가 수신하고 싶은 것만 켜놓고 다른 안테나들은 끌 수 있다면 얼마나 좋을까. 그래서 아이들에게 안테나를 내 뜻대로 조절할 수 있도록 조언해 준다. 그래야 아이들의 창의력과 잠재력이 보다 효과적으로 발현될 수 있으리라는 생각에서이다.

무조건 '온종일 공부해라'가 아니라 학습과 휴식의 구분을 명확히 해서 나의 몰입을 조절할 수 있도록 해주는 것. 영어 지식을 전해주는 것 이상의 가치와 중요성을 지닌다고 본다. 그 베이스가 잘 깔리면 영어든 수학이든 어떤 학습이든 기적의 결과물로 나타나는 건 시간 문제임을 교육 현장에서 수없이 확인해 왔기 때문이다.

내 베프는 공부 안 해도 100점인데 난 다시 태어나야 하나

치열한 경쟁과 뜨거운 학구열의 에너지가 감도는 대치동에는 학습능력이 뛰어난 학생들이 많은 만큼 상대적 박탈감과 열등감에 시달리는 학생들도 많다. 영어는 그나마 중학교 때까진 학교 시험도 절대평가이고 대입 수능도 절대평가가 적용되고 있지만, 고등학교 내신 성적은 철저히 등급제가 적용되는 상대평가가 적용된다. 절대평가라고 해도 마음을 못 놓는 이유는, 수능 1등급만 놓고 보더라도 시험을 출제하는 출제자가 절대평가라고 마냥 쉽게만 내지는 않기 때문이다. 일정 비율의 학생들이 그 등급을 맞을 수 있도록 세심하게 난이도 조절을 하기 때문에 늘 고난도 문제와 킬러 문제가 존재한다.

중고등학교 때 내신성적에 반영되는 영어 수행평가 역시 말하기, 쓰기를 주로 다루는데 이또한 가볍게 지나치기에 최근엔 난이도가 좀 올라간 듯 하다. 숙제로 내주면 조력자의 손을 탈 수 있다는 이유를 들어 시험의 형평성과 평가의 공정성을 위해 요즘은 직접 현장에서 출제하고 채점하는 방식이 눈에 꽤 띈다. 미리 특정 주제를 공지해 준 후, 준비해 와서 제한 시간 내에 말하거나 써야 하는 평가도 있지만 이마저도 없이 그야말로 써든 어택으로 평가하는 경우도 있다.

따라서 평소 자신의 영어 실력이 어느 정도 갖춰져 있는지 늘 점검하고 객관적인 평가와 체크가 필요하다. 시험에서는 사전도 없고, 옆에서 도와줄 선생님도 없기 때문이다. 이런 시험들이 계속되는 환경에서 학생들은 늘 시험 스트레스를 겪을 수밖에 없고, 영어를 잘하는 친구들이 많은 환경에서 비교하거나 비교당하는 일이 생길 수밖에 없다. 노력의 양과 점수가 비례해야 하는데 항상 남의 떡이 커 보이는 법. 별 노력 없이 잘하는 친구들만 있는 것 같은 착각이 학생들의 심리적 위축감을 유발하기 쉽다.

학생들, 학부모님들 상담을 진행하다 보면 '왜 나만', 또는 '왜 나는' 이라는 표현을 자주 접하게 된다. 노력해도 잘되지 않은 것 같고 도태되는 것 같은 느낌에서이다. 그나마 노력하지 않아서 나온 실망스러운 결과는 차라리 본인의 게으름에 그 원인이 있다는 것을 쉽게 인정할 수 있으니 다행이다. 상대적인 비교에서 나오는 우열과 열등의식, 더 나아가 자책감과 우울증은 장기적인 학습 발전에 매우 소모적인 심리적 질병이라고 생각한다. 노력파여서 공부를 잘하는 학생들보다는, 우월한 유전자를 타고 나서 노력하지 않아도 쉽게 잘하는 것 같은 학생들을 볼 때 우리 학생들은 노력 자체에 대한 의심과 회의감을 갖는다.

그렇게 생각하면 세상에 노력으로 이룰 수 있는 것이 얼마나 있을까. 노력하면 그만큼 내가 성장하고 발전한다는 믿음을 학생들이 가져야 보다 건강한 생각과 일상으로 자신의 삶을 리드해 갈 수 있을 텐데. 쉽게 이루는 사람은 거의 없고, 아주 적은 노력과 하루가 모여 큰 꿈과 업적을 만드는 거라고, 세상에 공짜가 없다고 오늘도 나는 다시 태어나야 한다는 말을 입버릇처럼 하는 학생들에게 말해준다.

1점이 모자라서 89점을 맞는 학생과 90점을 맞는 학생은 점수 차이는 단 1점이지만 그 결과는 2등급과 1등급이라는 등급의 차이뿐만 아니라 입시 결과에서도 큰 차이로 이어질 수 있다. 실제로 단 1점 차이, 한 문제 차이로 대학이 바뀐 제자들을 적지 않게 봐왔다. 목표 대학보다 더 좋은 결과를 만든 1점, 한 문제라면 다행이지만 그렇지 않은 결과를 확인한다면 평소에 그 한 문제, 그 하나의 단어를 소홀히 했던 자신의 태만함이 원흉이기 때문에 어디에 누구에게 하소연할 수 있을까.

세상은 불공평하다는 것을 인정해야 한다. 태어날 때부터 우리는 모두 다른 환경과 조건을 갖고 태어난다. 생김새, 성격, 환경 모든 조건이 다르고, 이러한 출발선부터 다름을 인정하고 받아들여야 건강한 생각과 삶으로 나아갈 수 있다. 다름이 우열이 아닌 다양함으로 받아들이고 인정할 수 있을 때 주어진 환경에 대한 감사와 노력의 가치

또한 받아들일 수 있다. 물론 타고난 상대적으로 불완전한 능력과 불편한 환경의 특성을 자극제와 동기부여제로 삼아, 더 나아가 분노의 힘을 바람직한 방식으로 이용해 성공하는 사람들도 있다.

쉽지 않은 태도이다. 하지만 내게 주어진 환경을 어떻게 활용할지는 오롯이 내가 판단하고 실행해야 할 과제라고 생각한다. 인생에 정답은 없기 때문에 자신에게 주어진 달란트를 어떻게 얼마나 쓰고 생을 마감할지는 본인의 선택이고, 이에 대해 아무도 이렇다 저렇다 말할 수 있는 입장도 못 된다고 생각한다. 불평불만을 늘 입에 달고 사는 사람의 머릿속은 늘 그런 부정적인 생각과 감정이 지배할 테니, 보다 건설적이고 생산적인 결과는 그 반대의 생각과 감정의 지배를 받는 사람의 몫으로 돌아가지 않을까. 타고난 조건과 환경은 내가 바꿀 수 없지만, 내 생각과 감정, 관점은 내가 얼마든지 바꿀 수 있다.

학생들에게 늘 얘기한다. 네 인생이니 네가 하고 싶은 대로, 만들고 싶은 대로 주체적으로 생각하고 실행해 가라고. 다만, 네가 어찌할 수 없는 영역의 것들에 대해서는 과감히 미련을 갖지 말고 인정하고 받아들이라고 말한다. 그래야 더 건강하게 자신에게 주어진 인생의 의미를 찾을 수 있고 행복해질 수 있다고 얘기한다. 언제까지 남의 떡을 보고 내 떡이 작음을 한탄할 것인가. 그 작은 자투리 시간까지도 아껴서 자신만의 방앗간을 짓는다면 실컷 떡을 만들어 먹고 의미 있는 나눔까지도 실천할 수 있는 인생을 살 수 있을 텐데 말이다.

괜찮아 이번 생은 쿠쿠루삥뽕

이렇게 자신에게 주어진 환경을 탓하며 비관적이고 회의적으로 삶을 바라보는 학생들도 있는가 하면, 그야말로 아무 생각 없는 학생들도 많다. 어찌 보면 한참 성장기인 학생들 중에서는 이런 학생들이 더 많을 수 있겠다. 아무 생각 없이 남의 생각과 행동만을 따라가며 지극히 수동적인 인생을 사는 아이들이다. 아직 인생관이나 가치관이 정립되기에는 살아온 삶이 얼마 안 되는 시간이기 때문이다. 아직 아웃풋으로 내보낼 인풋 정보의 양이 적기 때문이기도 하다.

따라서 영어 학습에서도 그렇지만, 아이들의 생각과 일상에서도 이 점은 똑같이 적용되는 듯하다. 영어도 우선 원어민의 발음과 말과 글을 많이 듣고 읽어 봐야 그것을 내가 소화하고 내 것으로 다시 재창조해서 쓰고 말할 수 있듯이, 사람, 사물에 대한 관점 뿐만 아니라 인생에 대한 성찰과 의미 부여 역시 양질의 많은 정보들을 받아들일 기회에 노출되어야 밖으로 표현할 수도 있게 된다.

하지만 최근엔 인터넷에 접속할 수만 있다면, 휴대전화나 컴퓨터, 태블릿 PC 등으로 어디에서나 수많은 세상의 정보를 쉽게 접할 수 있다. 이런 정보의 홍수 속에서 나의 뇌와 삶을 건강하고 풍요롭게 만들어줄 정보를 가려서 판단한다는 건 정말 쉬운 일이 아니다. 정보의 수용자인 내가 주체적으로 페이스북, 인스타, 블로그, 트위터, 유튜브, 틱톡 등 SNS(Social Network Service; 사회관계망 서비스)를 원하는 방향으로 활용하는 부분에 문제가 생겼다. 바로 AI(Artificial Intelligence; 인공지능)의 발전에 따른 정보 자동 추천 기능, 즉 알고리즘 때문이다. AI는 엄청난 발전 속도로 고도로 정교화된 수학적 방법인 알고리즘을 구현한다. 수백만, 많게는 수십억 개의 입력 데이터를 테스트하고 분석해서, 의사결정에 의미 있을 최종 결과를 도출한다. 이러한 AI는 사용자가 어떤 분야에 관심이 있고 알고 싶어하는지 파악해서 관련 영상과 정보를 띄워 준다. 그렇게 점점 더 관심 분야로 들어가게 되고 그러다 보면 스스로 정보 비대칭 환경을 만들게 된다.

요즘은 그래서 '인공지능과 사람 중에 어떤 쪽이 더 생각을 많이 할까?'라는 생각도 하게 된다. 아무 생각 없이 AI가 보라고 하는 영상을 보고, AI가 추천해 준 정보를 클릭하게 되는 환경은 단순한 편리함 이상의 진지한 문제점도 발생하기 때문이다. 성인들도 알고리즘의 수혜 속에서 아무 생각 없이 클릭하게 되는데 학생들은 오죽하랴. 궁금증을 유발하고, 이 영상을 안 보면 안 될 것 같은 불안감까지 조장하는 엄지손톱만큼 작게 축소한 미리보기 사진이나 그림 이미지인 썸네일(Thumbnail)이 정신없이 팝업된다.

썸네일과 함께 '어그로 끈다'는 표현도 많이 듣는데 이 어그로는 영어로 'aggro'라고 쓰고 폭력이라는 뜻을 가지고 있다. aggressive '공격적인'이라는 단어에서 유래되었는데, 공격, 분노를 유발하게 하는 행위를 '어그로 끈다'로 말한다. 이는 논쟁거리를 일으킬 수 있는 주제를 꺼내서 사람들의 관심을 끄는 방식으로 대부분 부정적인 의미로 사용된다. 개인 유튜브 방송을 하는 사람들이 많아지면서 썸네일을 어떻게 만드느냐에 따라 조회수, 경쟁력이 확연하게 달라지기 때문이다.

사람들이 클릭하지 않거나 관심을 주지 않고 오래 머무르지 않는다면, 아무리 좋은 콘텐츠라고 해도 외면당하기 쉽다. 그래서 더 자극적인 썸네일을 만들어서 사람들의 시선과 클릭을 유도하는 것이다. 이런 환경에서 학생들이 그 유혹을 뿌리치기란 배고픈 아이에게 눈앞의 맛있는 음식을 먹지 말라고 하는 정도로 힘든 일일 것이다. 휴대전화나 컴퓨터 환경에서 아이들은 어른들보다 훨씬 빠른 적응력을 보인다. 기계 만지는 것을 보면 알려주지 않아도 어떻게 그렇게 잘 아는지, 정말 평소에 학생들에게 우스갯소리로 하는 '공부 빼고 다 관심 있고, 공부 빼고 다 열심히 잘하는' 아이들인 것 같다.

그래서 종종 부모님이나 선생님에게 폰을 강제로 빼앗기는 학생들도 종종 있다. 알고리즘으로 더욱 자신만의 세계에서 수동적 정보의 인풋만을 즐기게 되는 일상이 되기 쉽다. 그러다 보면 내가 무언가에 대해 생각하고 판단하고 실행하는, 정보의 생산자로서 라기보다는 정보의 수요자로서 수동적 삶을 살게 된다. 가뜩이나 귀차니즘 투성이인 학생들에게 이런 알고리즘은 물 만난 고기처럼 신천지가 따로 없는 셈이다. 그래서 학생들을 현장에서 보다 보면 SNS 중독, 게임중독의 문제가 잠깐 사이에도 발생할 수 있는 것 같다.

잠깐 쉬는 시간에 에너지 재충전을 위해, 기분 전환을 위해 시작한 게임이나 SNS 활동이 주종이 뒤바뀌어 주가 되고 일상을 지배할 정도가 되는 것이 문제이다. 그러다 보면 내가 주체가 되어 생각하고 판단하는 힘이 약해질 수밖에 없고, 더 나아가 나의 계획과 목표라는 큰 틀조차 야금야금 그런 의도치 않은 중독성으로 변질될 가능성도 생긴다.

아무 생각이 없다는 의미가, 적극적 휴식으로서의 의미가 아닌 내 삶의 주체가 내가 아니라는 의미라면 그 어떤 원인이든 문제점과 해결책에 대해 재고해 봐야 하지 않을까. 단 한 번 주어진 우리 각자의 인생이 얼마나 소중한지에 대한 자각을 한다면 삶을 리드해 가는 주체가 더욱 능동적인 자신이 되도록 조치를 취해야 한다. 학생들이 이번 생은 망했다는 '이생망'이라는 표현을 쓰거나 영어 공부 포기했다는 '영포자'라는 말을 하면 말이라도 그런 말은 하지 말라고 주의를 준다. 말하는 대로 현실이 만들어진다고 믿기 때문이다.

학생들에게 항상 영어 지식과 함께 긍정적인 생각과 말, 할 수 있다는 자신감과 노력에 대한 믿음을 갖게 하려고 애쓴다. 학습 성취도의 가장 근본이자 중요한 핵심은 영어 자체가 아닌 심리적 부분, 마음의 중심에 있다고 믿기 때문이다. 영어는 수단일 뿐이다. 내 삶의 가치와 의미를 찾기 위해, 내가 행복해지기 위한 도구이다. 그런 영어를 내 삶을 더욱 빛나게 해주고 풍요롭게 해주도록 오늘도 아이들에게 영어 공부의 필요성과 중요성에 대해 적어도 3일에 한 번 이상은 듣게 해주고 있다. 적어도 아이들의 아무 생각 없음과 작심삼일에 약발이 사라지지 않도록.

0개 국어 관종들 - 책상 앞에 앉아 있기조차 힘든 아이들

아이들 지도의 난이도에 있어서, 멍 때리고 아무 생각 없는 것보다 사실 더 높은 레벨은 바로 집중이 힘들고 산만한 아이들이다. 화장실에 다녀오는 잠깐의 시간은 고사하고, 단 몇 초 만에도 사건 사고가 다분한 날들이 있다. 그래서 학원에 CCTV는 필수품이 된 지 오래다. 이런 아이들이 차분하게 멍 때리는 아이들보다 관리가 더 힘든 이유는 수업 자체에 집중이 힘들 뿐더러 함께 공부하는 다른 학생들에게까지도 피해를 줄 수 있기 때문이다. 정도가 심하면 개인 수업이나 과외를 해야 하는데, 그러다 보면 한참 사회성 발육이 요구되는 성장기에 고립된 자아로 클 수 있는 문제가 생길 수 있다.

그래서 더욱 세심한 부모나 선생님의 케어가 필요하다. 특정 시기에만 집중이 힘든 아이들도 있는데 그 기간은 아이에 따라 다르다. 가족이나 학교, 어떤 외부 환경에 의해 단기간 집중이 힘든 경우에는 그래도 걱정이 덜하지만, 장기간 방치될 경우, 초중고 시기 한참 인생의 중요한 바탕을 그려야 하는 데다가 배울 것도 많은 중요한 시기에 정신적 심리적 결핍이 발생할 수 있다. 아이들은 애정 어린 관심과 칭찬으로 크는 존재들이기에 항상 주변에 이런 사랑을 줄 수 있는 부모와 선생님이 있어야 한다.

애정에 굶주린 아이들은 그 애정과 관심을 받을 수 있는 대상을 끊임없이 갈구하고 찾는다. 그 대상이 친구일 수도 있지만 대치동에는 빡빡한 학업 스케줄로 한가한 아이들이 많지 않기 때문에 그 애정 결핍의 만회 대상을 손쉽게 접할 수 있는 게임이나 SNS에서 찾게 된다. 그리고 그 세상에 빠져들어 중독 현상이 생기면 끊기 힘든 경우도 적지 않게 본다.

그리고 영어권 국가에서 태어나거나 생활하다 온 학생들 역시 영어를 듣고 말하는 것이 편한 것뿐이지, 크게 다르진 않다. 오히려 새로운 환경에 노출되면서 적응 문제로 더 힘들어하는 경우도 있다. 모국어로 쓰는 한국어를 유창하게 말하고 잘 듣는다고 국어점수 100점을 보장할 수 없다. 마찬가지로 영어를 편하게 말하고 들을 수 있다고 학교 시험이나 공인 영어 시험에서 더 고득점을 맞는다는 보장도 없다. 다만, 리스닝이나 스피킹을 비롯해서 상대적으로 단기간에 결과를 낼 수 있는 유리한 지점은 있다. 하지만 그것도 개인 차가 있기 때문에 이렇다 할 절대적이고 보편적인 일반화로는 정리하기 힘들다는 게 대치동에서 강산이 두 번 바뀌도록 다양한 연령대와 특성을 가진 아이들을 지도해 온 본인의 소견이다.

미국에서 공부하다 왔다고 하는 학생들이 스펠링 및 문법 오류를 범하는 경우도 적지 않게 본다. 방학 때마다 문법과 영작을 봐달라고 오는 해외 국제학교 학생들도 많다. 말하기 수행평가처럼 상대적으로 간단한 테스트에서는 영어권 국가에서의 체류 경험이 빛을 발하기는 쉬울 수 있지만, 난해한 문법과 조건에 맞게 정답을 써야 하는 서술형 문제나 영작, 에세이 시험에서는 한계가 있다. 시험에 최적화된 집중적인 학습 훈련이 필요하다.

해외에 다녀오니 수학 진도가 떨어져서 수학이나 타 과목에도 시간을 쓰다 보니 영어에 신경을 쓰는 시간도 여유롭지 않은 것이 현실적 문제이다. 영어권 국가에서 살다 왔다고 마음 놨다가 학교 시험을 봤는데 오답이 많아서 상담 오는 학생들이 스스로 자신을 '0개 국어' 소유자라고 말하는 것도 이런 이유에서이다. 한국어도 잊어버리고 영어도 어설프다고 이렇게 부른다. 미국에서, 캐나다에서 이렇게 쓰는데 왜 학교에서는 오답으로 처리하냐고 시험지와 성적표를 가져오는 학생들이 있다. 그럴 때마다 안타까운 마음이지만 일상 영어와 시험 영어는 다르다고 조목조목 설명해 준다.

아무리 영어를 잘하는 학생일지라도 시험 조건에 맞지 않으면 점수를 주지 않기 때문에 반드시 시험 유형에 최적화된 대비를 시켜야 한다. 0개 국어 아이들일지라도 시험에 필요한 기초적인 내용부터 찬찬히 레벨을 올려가며 지도하면 된다. 반면에 집중이 힘들고 산만한 아이들은 시간을 정해놓고 학습 성취도에 대한 보상을 해줘야 보다 효과적인 결과를 확인할 수 있다. 물질적 보상보다는 칭찬과 격려가 가장 바람직하고 이상적인 교육 방법이라고 본다. 아이들에게 선물해 주는 물질은 대부분 그 물질에 대한 애정의 지속 기간이 길지 않은 경우가 많기 때문이다. 그리고 물질로 보상을 받는 것에 길들여지며 점차 그 가치를 잊어버리는 경우도 생길 수 있다. 아직 돈에 대한 개념이 정립되지 않은 아이들이기 때문에 쉽게 무언가를 가질 수 있다는 생각이 자라나다 보면 잘못된 경제관이 생길 수 있다.

학원을 차리기 전, 5년간 영어 특기를 활용하여 H은행 본점과 해외 이주자들 대상 외환 업무, Tax Refund, 외신실에서 Correspondent Banks(해외 환거래 체결 은행들)와의 교신업무, PB 센터에서 일한 경력이 있다. 은행 업무가 끝나고 학생들을 지도하는 이른바 투잡 생활을 병행하다 지도 학생들이 많아져 아예 영어 강사로 자리매김했지만. 은행에서 수많은 이른바 갑부들의 자금 운용과 생활 태도, 멘탈을 보면서 경제적인 성장도 많이 했다고 생각한다. 현장에서 직접 부자들을 만나고 그들의 자산을 관리해 주며 경제관념을 배워보니 왜 부자가 되었는지 이해할 수 있었다. 부자들의 생활을 들춰보면 사실 우리가 생각하는 것보다 낭만적이거나 화려하지 않은 것 같다. 적어도 자수성가한 부자들은 그랬다. 일례로, H은행에 현금 수십억 원을 보유하고 있던 고객이었는데 통장의 만기 연장 처리를 해주며 담화를 나누던 중 소유한 부동산만 해도 적어도 수백억 이상의 자산을 보유했음에도, 자녀에게 집 한 채 사주지 않는다고 했던 대화가 인상적이었다. 돈의 가치를 배우게 한다는 이유에서였다. 동감한다. 뭐든 쉽게 얻으면 그 가치를 알기 힘들다고 생각한다.

아이들도 물질적 보상보다는 정신적이고 심리적인 보상인 칭찬과 격려를 자주 많이 해주는 것이 가장 훌륭한 지도법이라고 생각한다. 물질적 보상은, 아이에게 쉽게 얻을 수 없는 것이라는 점, 물질의 가치 알게 해주는 언급이 꼭 필요하다고 본다. 영어를 왜 공부해야 하는지에 대한 이유를 논리적으로 말해주며 설득하되, 일정 시간 공부한 후 꼭 잘했다고, 더 잘할 수 있는 잠재력에 대한 언급과 칭찬을 해줘야 한다. 그런 관심과 말 한 마디가 아이의 마음 속에 학습에 대한 집중력이라는 작은 씨앗이 자라나게 해준다고 믿는다.

더 이상 시행착오를 겪고 싶지 않다며 아무리 노력해도 안 된다고 아이의 손을 잡고 오시는 학부모님들도, 마지막 선택이라고 소개받았다며 먼 곳에서 찾아오시는 학부모님들도, 감사하다고 눈물 보이고 여기저기 소개해 주시는 이유가 바로 여기에 있다. 그렇게 대치동에서 강산이 바뀌고, 수많은 제자들이 성인이 되어서도 다시 인사를 오고 찾아오는 이유는 바로 이런 오랜 연륜에서 나온, 하지만 알고 보면 별것 없을 수 있는, 기본적인 지도 방식. 즉, 아이에 대한 남다른 관심과 세심한 케어 때문이지 않을까 생각한다.

문경희 먹어학원의 위대한, 위가 대한 아이들

앞에서 언급한 아무 생각 없는 아이들이나 산만한 아이들보다 사실 더 관리의 레벨이 올라가는 아이들은 바로 본능에 충실한 아이들이다. 한참 클 때라 먹으면서도 배고프다는 말을 한다. 배고픔을 견디지 못하는 것이 학습에 중요한 방해 요소가 될 수 있는 이유는, 집중력 저하에 있다. 배고픔은 사실 아이들만의 문제가 아니라 사람이면, 아니 동물이나 살아있는 모든 생명체들에게 견디기 힘든 원초적인 문제이기 때문이다.

가만히 있지 못하는 아이들은 가뜩이나 기초대사량도 높고, 끊임없이 움직이고 뛰어다니기 때문에 활동적인 만큼 늘 에너지원을 찾을 수밖에 없다. 새로 이사 온 학원빌딩에 먹을 데가 많다고, 일명 '먹세권'이 훌륭하다며 좋아하는 아이들을 보면서, 영어 공부를 하러 오는 건지 먹으러 오는 건지 모르겠다는 우스갯소리를 많이 한다. 먹으러 온 김에 영어를 곁들이는 것 같아 보이는 위대한, 위가 대(大)한 학생들에게 늘 수업 시간과 휴식 시간에 대한 원칙과 함께 집중력의 중요성에 대해 이야기해 준다.

밤샌다고 무조건 성적 올라가는 것이 아닌 것처럼, 학원에 다닌다고 자동으로 성적이 올라가는 것이 아니다. 물론 뭐 하나라도 와서 배우고 얻어가는 것은 있으니 안 다니는 것보다는 낫다고 생각한다. 하지만 배운 지식을 내 것으로 만들어서 활용할 줄 알아야 시험에서 원하는 결과를 확인할 수 있는 건 너무도 당연한 이치인데 아이들은 그렇게까진 생각하지 못한다. 선생님이 숙제 해오라니까, 공부 안 하면 엄마한테 혼나니까 라는 이유가 가장 아이들에겐 학원에 오는 중요한 이유이다.

공부를 잘하고 자기주도 학습 능력이 뛰어난 학생들은 시간 통제를 '매우' 야무지게 하기 때문에 먹는 시간과 양까지도 통제한다. 공부를 잘한다는 의미는 머리가 좋다거나 좋은 성적을 맞는다는 의미보다 자기 통제력이 뛰어나다는 점을 바탕으로 한다. 공부를 잘하려면 무엇보다 몰입력이 뛰어나야 하는데, 그러려면 외부의 다양한 유혹에 눈을 돌리지 않는 필터가 내재되어 있어야 하기 때문이다. 그래서 확고한 목표와 의지가 있어야 한다. 그렇지 않으면 하루에도 수없이 많은 외부 자극에 한눈팔기 쉽게 되고, 그러다 보면 하루 24시간을 알차게 쓰기 힘들어진다.

매일의 루틴을 계획하되, 시간 단위로 분 단위로 작게 쪼개서 계획하고 실천하는 것이 맞지 않다면 가장 중요한 오늘 해야 할 일들에 우선순위를 매기고 실천했는지 체크하는 것도 좋은 방법이라고 추천한다. 식사 시간은 내가 활동하게 해주는 에너지원을 공급하는 시간이고, 가장 중요한 건강을 지킬 수 있게 해주는 시간이다. 너무 무리

하게 시간을 줄여서 건강을 해치게 하진 말아야겠다. 하지만 시도 때도 없이 먹고 음미하고 생각하고 얘기하다 그렇게 소비된 시간을 모아보면 적지 않는 시간 자원이 됨을 확인하게 될 것이다. 정해진 시간에 식사하고 간식은 최소화하되, 중요한 학습과 다른 루틴에 방해되지 않도록 해야겠다.

오롯이 공부에만 집중하기에도 쉽지 않은데, 먹으면서 공부하게 되면 집중이 더 힘들어지는 것은 당연한 일이다. 멀티가 잘 되는 학생이라면 모를까. 그런 학생이 얼마나 있을까. 배고파서 집중도 안되는 학생들에겐, 쉬는 시간에 간단히 배고픔만 해결해 줄 수 있을 정도로만 가볍게 먹고 오라고 얘기한다. 특정한 날에 가족들, 친구들과 맛집 가고 맛있는 음식을 먹는 일상은 예외겠지만, 양껏 먹으면 거의 열이면 열, 식곤증으로 금세 노곤해지고 집중력도 떨어진다. 많이 먹는 것이 여러모로 좋지만은 않은 듯하다.

소식하고 절제해야 더 장수한다는 과학적 연구 결과도 우리는 수없이 많이 보아왔다. 사람은 로봇이 아니기 때문에 매일 완벽하게 계획을 짜고 계획대로 실천하긴 힘들다. 하지만 완벽해지려고 노력하는 과정을 꾸준히 실행하다 보면 조금이라도 더 내가 원하는 모습과 결과에 다가간다는 확신이 있기 때문에, 지도 학생들에게도 늘 그렇게 언급하고 있다.

아이들은 오늘도 아무 생각이가 없다 - 인생 쓰다

아이들과 함께 하다 보면 아이들의 아무 생각 없는 모습만큼이나 언어 사용 능력에 대해 감탄한다. 영어도 그렇지만 일상에서 한글을 쓰면서도 이 점은 많이 느끼는 부분이다. 나이가 어릴수록, 초등학생일수록 공부와 무관한 말이 많은 편이다. 안물안궁인데도 온갖 이야기 보따리를 쏟아 놓는다. 다 들어주다가는 끝이 보이지 않기 때문에 맺고 끊는 법을 알려주긴 하지만, 재밌는 건 인정한다.

초등학생들은 학교 생활이 힘들다고 인생 쓰다는 말을 자주 내뱉는다. 서로에게 디스-무례한 언행-를 무차별적으로 날리는 아이들이다. "그래서 너가 성공을 못하는 거야", "그래서 네가 인생 밑바닥인 거야" 세상 귀여운 아이들의 입에서 이런 거친 말들이 나오면 표정 관리를 어떻게 해야 할지 참으로 난감하다. 너무 친한 친구들 사이이기 때문에 서로에게 상처는커녕 너무 재밌다며 계속 디스의 수위를 올린다. 물어보니 그래야 스트레스가 해소된다고 한다. 불만과 힘듦을 친한 대상에게 그렇게라도 쏟아내서 감정의 정화를 시킨다. 잼민이들 나름의 카타르시스를 느끼는 방법인 셈이다.

아무 생각이 없기 때문에 아무 생각이 없다는 말이 있다. 아이들은 생각하는 것을 귀찮아한다. 그래서 영어를 가르치다 보면 정말 기상천외한 모습들을 확인한다. 특히 채점할 땐 혼자서 "Oh My God"을 연발하기 일쑤이다. 영어 답안에 '안녕하세요', '집에 갈래요'부터 시작해서 답을 모르는 경우에는 빈칸마다 '엄마한테 이르지 마세요', '선생님 제가 많이 사랑하는 거 아시죠?', '비밀이에요', '엄마 미안해' 등등 사연이 많아 이곳에 이루 다 담지 못할 정도이다.

시험을 볼 때 컨닝을 몰래 하다 걸리는 아이들이 대부분이지만, 대놓고 하다 걸리는 아이들도 적지 않다. 책상 위나 필통 속, 바닥 같은 곳은 너무도 식상한 방법이니 아이들 입장에선 이제 재미가 없나 보다. 종이컵이나 양쪽 허벅지 같은 곳에 대문짝만하게 컨닝 페이퍼를 만들어 놓고 보란 듯이 선생님을 의식하며 고개를 격하게 움직인다. "선생님 저 지금 컨닝해요"라고 알아봐 달라는 행위라고 보면 된다. 일종의 관종 짓이라고 봐야 할까. 대범하다. 컨닝도 이렇게 참신하고 특이한 방법으로 하다니!

하도 많은 일상 속 아이들의 기행들 덕에 이제 웬만한 일은 일도 아닌 것처럼 받아들여진다. 귀여우니까, 사랑스럽고 순수한 아이들이니까 늘 그러면 안 된다고 잔소리하며 너그럽게 용서해 주는 나이다. 이런 아이들을 대할 때마다 나는 아이들을 품는 어미새 같은 마음이 든다. 신기한 것들을 물어와서 '이것 보세요, 이번엔 제가 이런 것도 물어왔어요. 저 참 예쁘죠? 기특하죠?'라고 말하는 것 같다.

내가 늘 젊게 살 수 있는 비결이 바로 이런 아이들의 에너지 속에서 생활하기 때문이 아닐까 싶다. 신체의 노화는 피할 수 없지만 정신세계의 노화의 속도는 늦출 수 있기 때문이다. 나는 어른이 되어가는 성숙함, 인생에 대한 혜안의 성장은 멈추지 않으면서, 순수함과 창의력의 성장은 노화되지 않기를 원하는 바람이 있다. 후자의 노화는 창의력을 시들게 할 수 있기 때문이다. 그런 측면에서 나는 복이 많은 사람이다. 늘 에너지가 밝고 맑은 아이들과 함께 할 수 있어서 감사하다.

제자들이 장성해서 군 입대를 한다고, 결혼을 한다고 연락을 해온다. 나는 늘 그 자리에 있어서인지 강산이 변하고 찾아오는 제자들이 오히려 나를 보며 시간이 멈춘 것 같다고 말한다. 예전에 학생이었을 때 선생님과의 자신의 모습을 기억하는 제자들은 무엇보다도 나의 변하지 않는 내면의 모습에 신기해한다. 선생님과의 순수하면서도 열정적이었던 배움의 시간을 다시 추억하며 그 에너지들을 받고 싶어 한다. 세월 앞에서 우리는 노화에 대해 슬퍼한다. 하지만 슬퍼할 일이 아니라고 생각한다.

세상의 모든 생명은 탄생과 성장 죽음의 일련의 과정을 모두 겪는다. 인간도 예외는 아니다. 그래서 더 겸손해야 하고 더 지금 이 순간을 즐겨야 한다. 단 한 번이라는 기회와 선물이 주는 오늘의 기적에 몰입해야 한다.

제 4부

4. 성장통, 분노의 힘

: 세상에, 대치동에 이런 일이

대치동 분노의 힘 1. 미스테리 응가 사건

가장 학구열이 뜨겁다고 하는 대치동 한복판에서 강산이 바뀌도록 아이들을 가르치다 보니 다양한 사건 사고를 많이 겪게 된다. 좋든 안좋든 그런 다양한 경험들은 사업적 교훈, 인생 교훈이 되어, 개인적으로 더욱 성장하고 견고하게 자리매김할 수 있는 거름이 되어 온 것 같다.

항상 긴장하고 아이들을 살펴야 하는 이유이기도 하다. 잠깐 자리를 비운 사이, 아니 다른 곳을 쳐다본 사이 찰나의 순간에도 아이들은 끊임없이 어디로 튈지 모르는 공이 되어 수업 진행이 막히게 된다. 이곳에 크고 작은 다양한 사건 사고를 모두 언급하긴 힘들겠다. 너무도 기상천외한 일들을 수없이 겪어왔고, 그 과정에서 나름의 도를 닦았다고나 할까. 이제 어지간한 일은 놀랍지도 않다.

이해하기 힘든 사건들 중에 기억에 남는 사건들 몇 가지가 있다. 그 중 하나가 바로 '미스테리 응가 사건'이다. 블로그에도 '분노의 힘'이라는 제목으로 게재한 바 있는 이 사건은 학생이나 학부모의 깊은 내면의 열등의식이 이상행동과 분노로 폭발한 사건이다. 평소에 우리가 감정과 생각을 얼마나 잘 통제하고 관리해야 하는지 생각하게 해주는 부분이라고 본다.

공소시효도 없는 미제의 사건, 제가 "Mystery 응가사건"이라고 부르는 이 사건은, 사실 Mr.Tery(미스터 테리)(?) 같은 심증은 있지만 물증이 없어서 미제로 남겨진, 일명 "테리"라는 학생의 "테러"가 불러

온 참사였다. 테리는 항상 학부모와 싸움이 끊이지 않던 초1 학생이었다. 그 날도 테리는 여느 때처럼 엄마와 집에서 크게 싸우고 온 날이었다. 그리고 수업을 꾸역꾸역 힘들게 들은 테리는, 언제나처럼 엄마에 대한 화를 내며 거친 말을 내뱉고 있었다. 집에 가기 싫고 엄마가 싫다며, 학원에서 혼자 영어책을 보다 간다던 그 아이...

나는 다른 교실에서 다음 수업을 진행했었고, 수업 후엔 또 다음 날을 위해 퇴근해야 했다. 그래서 아이가 학원에 있으니 어서 데리러 오시라고 그 학부모에게 전화 확인 후 퇴근을 했다. 그리고 내겐 알았다며 엄마를 만나 집으로 간다던 테리... 뭔가 쎄한 기분은 있었지만 차마 상상도 못했던 그 테러는, 청소해 주시는 이모님의 전화를 받은 후에야 알게 될 수 있었는데...

"선생님, 누가 교실에 X를 싸놨어요.;;; 대체 누구죠? 아니, 한 군데가 아니라 휴지통이며 캐비넷 서랍 속이며 여기저기..."

하.........

그 날 이후로 테리는 학원에 오려 하지 않았고, 학부모님도 내 아이가 그러진 않았을 거라며 언제나처럼 퉁명스러운 말투로 화만 내셨다. 심증은 있으나 증거불충분으로 미제의 사건으로 남아 있는 테리. 하지만 누구의 만행인지 대충 짐작은 갔던 그 사건이 가져다준 교훈은 바로...

"CCTV를 설치해서 물증을 확보하자"........ 였다.

그 후 우리 크크티비의 전지적 천장시점, 일명 전천시의 활약은 실로 대단했다. 크크티비는 학원 내외(학원 밖 복도까지)에서 벌어지는, 빌런들의 다양한 만행을, 구석구석 녹화 기록으로 남겨 어떤 범인이든 밝혀내는 일등 공신이 되었다.

대치동 분노의 힘 2. 라면국물 투척 사건

그리고 또 하나의 대박 사건은 일명 '라면 국물 투척 사건'이다. 때는 바야흐로 2008년 이맘때. 초겨울쯤으로 거슬러 올라간다. 꽤 오래전의 일이었지만 지금도 생생하게 기억에 나는 건 그 충격이 너무나도 컸기 때문이다. 중2병에 걸렸던 한 학생. 그날도 그 중2 학생은 집에서 엄마와 푸닥거리(?)를 거하게 치르고 학원에 등원한 날이었다. 오자마자 엄마에 대한 분노가 거친 언어와 표정, 제스처로 표출되었다. 당연히 공부가 제대로 될 리가 없었다. 쉬는 시간에 라면을 사와서 먹겠다던 아이. 그리고 잠시 후…

어떤 아주머니가 학원 문을 열고 흥분된 목소리로 그 학생 어딨냐며 고래고래 고함을 치셨다. 나중에 알고 보니 그 학생이 라면 국물을 창문 밖으로 투척했는데, 마침 지나가시던 그 아주머니가 아주 정확하게 머리에 그 라면 국물을 맞으셨던 것이다… 심지어 알고 보니 그 아주머니는 인근 모 병원의 병원장님이셨다. 결국 병원장님이 입고 있던 명품 옷의 세탁비까지 그 빌런 학생의 어머니께서 물어내셔야

했고, 충격적인 소란이었지만 그래도 어찌어찌 시간은 지나갔다.

그 후론 아무도 그 학생을 본 이가 없었다... 하는 레전드 실화로 기억되는 사건이었다. 교육열이 매우 높은 대치동에선, 학습에 필요한 이성적 통제 그 이상으로 감정 통제에 제동이 걸리는 경우를 많이 본다. 감정통제가 힘들면 이성 통제 역시 힘들 수밖에 없고, 학습 능력과 학습 결과에도 이상이 생길 수밖에 없는 건 당연한 얘기다. 대치동에서 오랜 세월 학생들을 지도하다 보니, 가정에서, 학교에서 받은 온갖 마음의 상처와 분노를 제때 잘 치유받지 못해서 엉뚱한 방식으로 터지는 사건을 적지 않게 봐왔다.

개인적으로 성적과 학습 능력만큼이나 중요하게 생각하는 부분이 바로 아이들의 정서적인 안정과 건강한 성장이다. 성공한 인생을 위해 열심히 공부하고 뛰어난 성적을 받아 명문 학교에 가려는 건데, 행복하지 못하다고 생각되고 마음이 병들면 그 어떤 성공을 해도 무슨 의미가 있을까. 학생들이 요즘 우스갯소리로 장난치며 하는 말이 있는데 바로, "삶의 의미가 있나?"이다. 이 뒤에 사실 "나가 **라" 라는, 자극적인 말이 하나 더 붙긴 하는데 비속어는 쓰지 말라고 늘 아이들에게 이야기한다. 아이들이 장난처럼 하는 이 말에서도 "삶의 의미" 라는 부분은 항상 귓가에 맴돈다.

감정 통제, 분노 조절.

세계적인 아이돌 그룹인 BTS의 창시자, 방시혁 님은 본인의 성공이 분노 때문이라고 서울대학교 졸업 축사에서 밝힌 적이 있다. 적절한 분노가 때로는 긍정적인 동기부여로 작용할 수 있다. 하지만 그러한 분노가 혹자에겐 부정적인 감정으로 작용하여, 본인뿐만 아니라 가정, 더 나아가 사회적 고립으로까지 스스로를 보이지 않는 감옥에 가둬놓을 수 있다.

앞에서 살펴본 두 가지 사례는 극히 일부이지만, 학생들의 분노도 이렇게 황당무계한 사건으로 표출될 수 있다. 분노가 쌓여서 화산폭발처럼 한꺼번에 터지는 불상사가 발생하지 않도록, 평소에 원활한 의사소통과 공감대 형성에 신경 썼으면 하는 바람이다.

개인적으로 이 글을 읽고 있는 독자들에게 던지고 싶은 질문이 하나 있다. 바로 삶의 의미를 어디에서 찾고 있는지에 관한 물음이다. 어디에서 삶의 행복을 찾고 있는가? 어디에서 일상의 행복을 느끼고 있는가?

나는 아이들과의 애정 표현, 소통이 매우 강력한 에너지원 중 하나이다.

거대한 목표와 큰 성공을 위해 매일의 작은 성공을 이뤄가는 것도 인생에서 매우 크고 의미심장한 행복이 될 수 있다. 하지만 나 자신에 대한 사랑, 내 주위의 사람들과 환경에 대한 감사함이 없다면, 자칫 일에서 얻는 성공은 번아웃, 허탈감, 우울증, 고독감 같은 삭막하고 부정적인 감정과 상황을 가져다줄 수 있다. 제아무리 일확천금을 얻고, 부귀영화를 누린들 행복감을 느끼기 힘들다면 그 어떤 성공이 의미가 있을까? 이런 점에서, 분노 같은 부정적인 감정에 대한 관리가 평소에 소홀해지지 않도록 해야 하는데, 온전한 성인도 쉽지만은 않은 감정관리를 학생들이 과연 능숙하게 할 수 있을까?

이번 생, 인생은 누구나 처음이라 아마추어이다. 학부모님들도 항상 스스로에 대한 자존감을 돌봐야 하겠지만, 미성숙한 아이들은 더더욱 자신에 대한 자존감을 가져야 영어 공부 뿐만 아니라 전반적인 학습에 대한 부담감을 원활하게 처리할 수 있다. 대치동에서 아이들을 가르치며 느낀 점은 무엇보다도 학교 공부, 학원 공부 이상으로 나에 대해 생각하게 하는 자존감 공부의 필요성이다. 건강하게, 행복하게 자신과 자신의 삶에 긍정적인 의미를 부여할 수 있고 더 나아가 학습과 연계가 될 수 있도록 지도해 주었으면 한다.

긍정적 도구로서의 분노, 즉 자기 발전의 기제와 동기부여로서의 분노가 아닌, 자존감 결여와 애정 결핍, 소통 부재에서 나오는 분노. 학생들을 가르치는 선생님 입장에서 늘 예의주시하고 돌봐주고 싶은 감정이다.

대치동 분노의 힘 3. 스승의 날 음주 폭언 사건

영어 100점, 영어 실력 향상, 학습 목표 달성을 위해 매몰차게 앞만 보고 달려가다 보면 멘탈 관리가 힘들어질 수 있다. 매일의 일상에서 나 자신, 특히 감정을 다스리는 부분이 가장 중요하고 쉽지 않은 부분이다. 매일 아침 멘탈 훈련에 소홀한 상태로 출근하면, 하루 종일 외부 상황에 흔들려 스스로를 온전히 통제하기 힘들어질 때가 생기기 쉽다. 감정을 다스릴 수 있어야 이성이 안내하는 대로 실행하고, 그 결과를 확인하기 수월해지는 건 너무도 당연한 이치이다.

학생들을 지도하다 보면 매일매일이 전쟁이다. 학생들은 말할 것도 없고, 학부모님들과의 의사소통 속에서도 처리해야 할 일들이 매우 많다. 대부분은 건설적이고 발전적인 주제 혹은 따뜻한 내용의 일들이 대부분이지만 아주 간혹 그렇지 못한 경우도 있다. 영어 가르치는 것만 해도 바쁜 일상인데, 사실 그보다도 예기치 못한, 기상천외한 사건 사고의 발생과 그 수습에 쏟는 에너지가 만만치 않다.

대치동 입성 후, 수많은 사건 사고들 중에 학부모와 관련된 가장 인상 깊었던 사건은 일명 "스승의 날 음주 폭언 사건"이다, 말 그대로 5월 15일 스승의 날에 거하게 음주하시고 잔뜩 술에 취한 학부모님이 수업 중에 전화해서 고성과 폭언을 쏟아낸 일이다. 이 학부모님은 상담 때부터 심상치 않았다. 예중 다니는 아이를 두신 분이었는데, 학교 이름을 여쭤봐도 알려주지 않았다.

학원에 등록할 때 학교와 학년은 기본 정보로 알려주는 것이 당연한데 왜 이름을 알려주지 않았던 걸까? 맞다. 알려주기 싫었던 심리. 정확히 말하자면 열등의식 때문이었다. 예체능 학교들은 일명 "학교 순위"와 "서열"이란 게 있다. 그 학생은 소위 학교 서열 상위그룹인, 명문 학교 그룹에 속하지 않은 학교에 다니고 있었기 때문에, 학부모님은 그 학교 이름을 당신 입으로 직접 언급하길 극도로 꺼려 했다.

이해는 가지만 그래도 내 아이를 맡길 선생님에겐 솔직하게 정보를 오픈하고 아이의 약점에 대해 소통해야 부족한 부분을 집중적으로 지도해서 성적을 올릴 텐데 말이다. 아이의 학교 뿐 아니라 아이의 학습 측면에서의 취약점에 대해 언급하는 것도 불쾌한 기색을 보였고, 좋은 말만 해주길 바랐다. 평소에 아이에 대한 기대 심리와, 이상과 현실 간의 괴리에서 오는 열등 의식 때문에 괴로워하셨던 것 같다.

1년 365일 중에서도 하필 스승의 날인 5월 15일에 사건이 터졌다. 술에 잔뜩 취해서 혀가 꼬인 채로 저녁 수업 중에 전화를 하셨는데, 요는 이렇다. "내 딸이 어디가 못났느냐", "원래 이 학교 다닐 아이가 아니다" 부터 시작해서 이야기가 점차 산으로 가더니, 급기야는 말을 놓고 "너보다 내가 더 많이 배웠고 좋은 학교 나온 거 알고 있냐", "네가 뭔데 내 딸에 대해 이러쿵저러쿵 지껄이냐" 등 차마 입에 담지 못할 수위의 폭언과 고성까지 쏟아져 나왔다.

수업 중이니 나중에 전화주시기를 부탁드린다고 했는데도 수없이 전화를 걸어오는 탓에 새벽까지 문자 폭탄과 스토킹에 시달려야 했던 날이었다. 지나고 보니 착하고 순한 그 아이가 너무 가엾다는 생각과, 그 학부모님 또한 안됐다는 생각이 들었다. 얼마나 열등 의식에 사로잡혀 있으면 내 아이를 가르치는 선생님한테 그런 언행을 보이셨을까... 타인과의 비교에서 쌓인 열등 의식, 그리고 내 아이를 내 뜻대로 하지 못하는 것에서 생기는 속상함, 답답함이 분노 게이지를 올려 결국은 지도 선생님에게로 분출된 케이스이다.

대치동 분노의 힘 4. 대치동 학원장들 인신공격 사건

대치동에서 겪었던 학부모님 관련 사건들 중 또 하나 인상에 남았던 사건은 바로 학원장들 인신공격 사건이었다. 나중에 알고 보니 이 학부모님은 한때 교직에 계셨던 분이어서 더욱 놀라웠다.

언행이 매우 특이하고 조심해야 할 분이라는 생각을 은연 중에 가지고 있던 차에, 마침 - 다행히 대치동에서 강산이 두 번 바뀌도록 오랫동안 학원을 운영해 오면서 - 학원장님들과의 네트워크가 있었기 때문에, 미리 블랙 리스트 학부모라는 정보를 모 학원장님으로부터 연락받았고 해결은 잘 되었다. 이 학부모는 학원마다 같은 수법(?)으로 지도 선생님을 괴롭히던 분이었는데, 아이를 맡긴 후 지도 선생님에게 무차별 인신공격을 하며 유언비어를 퍼뜨리는 식이었다. 이 분이 얼마나 유명하던지, 이 학부모님 때문에 학원장님들끼리 결속력이 더 끈끈해졌던 사건이었다.

전직 학교 선생님인데 왜 그런 이상 행동을 보이셨을까 하는 생각을 해보기도 했다. 앞서 언급한 음주 폭언 사건의 학부모님처럼 이분 역시 아이에게 걸었던 기대치와 그에 미치지 못하는 성적이라는 현실 간의 괴리에서 오는 부정적인 심리가 켜켜이 쌓여 결국은 감정의 한계치를 넘어서서 폭발한 케이스가 아니었을까 싶다.

"분노가 힘을 얻으면 분노가 주인이 된다."

- 오쇼 라즈니쉬

우리는 자신의 집을 누구에게 내줄 것인가? 질투? 열등 의식? 사랑? 대치동 학원장님들과 얘기하던 중에 이 학부모님은, 자신의 "전직 교사" 타이틀에 대한 기회비용으로서의 아이에 대한 기대심리가, 잘못된 보상 심리로 작용했을 거라는 생각이 들었다. 그런 기괴한 행동의 기저엔 역시 열등의식의 골이 깊지 않았을까 하는 생각이 들었다.

이런 분들의 공통점은 바로 내 이야기를 잘 들어주는 선생님을 타겟으로 삼는다는 점이다. 내 아이에 대해 갖고 있는 열등의식과 복잡한 부정적 감정이 급기야 분노로 표출되는 것이다. 내 아이를 가르치는 선생님에게. 그래서 가끔 매스컴에서 보도되는 극단적 선택하는 선생님의 안타까운 뉴스를 보면 그 이면엔 공통된 사연이 있는 것을 확인할 수 있다.

자신의 부정적 감정을 폭언과 인신공격으로 쏟아내는 이유는, 외부에 그 원인이 있다고 생각하며, 내 아이의 문제점을 인정하지 않으려 하는 회피적인 심리 기제가 작용한 것이라고 생각한다. 문제의 원인과 해결점을 외부환경과 선생님에게 돌리는 분들은 같이 맞대응하기보다는, 매우 힘들겠지만 측은지심을 갖고 빠르게 관계를 정리하심이 현명하다고 말씀드리고 싶다.

그런 학부모님을 행여라도 가르치려 하다가는 더 사적인 영역까지

들어가, 소모적인 시간을 보낼 수 있기 때문이다. 감정을 다스리는 훈련이 부족하면, 장기적으로 의사결정과 학습의 방향을 안정시키는 힘을 기르기가 매우 힘들어진다. 특히 환경의 영향을 쉽게 받을 수 있고, 소속집단에 대한 모방성이 강한 성장기의 아이들은 이러한 부분 때문에 부모나 교사들의 세심한 지도와 모범이 매우 중요하다.

그런 열등의식이 분노로 표출되는 사람들은 정말이지 마음공부가 너무 필요한 사람들이다. 그리고 이런 부모 밑에서 자란 아이들은 어떻게 건강한 성장이 가능할까 싶고, 이런 아이들은 자연스럽게 외부로 눈길을 돌리기 쉽겠다는 생각도 많이 하게 된다. 성장기 정서의 발달, 사회화, 가족의 영향. 이런 중요한 부분들이 온전히 채워지고 선하게 작용할 수 있기를 소망해 보며 오늘도 나는 내가 있는 자리에서 최대한 아이들과 학부모님들에게 긍정적 에너지와 메시지로 선한 영향을 미치려 노력하고 있다.

폰중독, 게임중독, SNS 중독과 전지적 천장시점

"아이가 점점 게임에 빠져들고 있는 것 같아서 걱정이에요. 학년 올라가면 학습량도 많아지고 난이도도 어려워질 텐데 이러다가 게임중독이라도 되면 어떡하죠?"

"게임중독인지 걱정이에요. 요즘은 인스타랑 유튜브도 틈만 나면 하던데, 금지시켜야 할지 조금씩이라도 시키게 내버려 둬야 할지…"

"영어시험 100점은 둘째치고, 영어성적 떨어질까봐 걱정이에요. 게임 못하게 하면 그마저도 못하게 한다고 비뚤어질까봐 조심스럽네요. 애 키우기 너무 힘들어요."

2006년부터 수많은 대치동 금쪽이들을 지도해 오며 빠뜨릴 수 없는 내용이 바로 게임 중독, 스마트폰 중독이다. 이 문제는 대치동 뿐만 아니라 지역과 나라를 불문하고, 어찌 보면 전자기기의 수혜를 누리고 있는 전세계 아이들이 당면한 문제이지 않을까 싶다. 아이들이 게임과 SNS에 빠지는 이유는 너무나도 당연한 건지 모르겠다.

아이들 뿐 아니라 어른들 중에도 상당할 거라 생각되는 이유는, 이제 스마트폰은 우리의 일상 속에서 없어서는 안 될 매우 중요한 존재가 되어버렸기 때문이다. 정보 탐색, 인적 네트워크 형성, 오락뿐만 아니라 원하는 건 뭐든지 내 눈앞에 펼쳐지게 하는 요술램프 지니 같은 존재이다.

학습에의 몰입을 위해 아이들은 학원에 등원하자마자 휴대폰을 제출하게 한다. 하지만, 우리 대치동 금쪽이들은 언제나처럼 선생님의 말을 순순히 듣지 않는다. 제출한 휴대폰도 어떤 마법을 부렸는지 눈앞에서 사라지는 신기한 일도 심심찮게 목격할 만큼 1분 1초도 눈을 떼서는 안되는 청개구리들이기 때문에, 선생님의 눈만으로는 완벽한 감시가 힘들다. 더욱 삼엄한 경계와 감시가 필요하다.

잠깐의 틈도 주어서는 안되는 아이들이기에, 이런 아이들의 집중력

향상을 위해 더욱 세심한 신경을 써야 한다. 그래서 등장한 해결책은 바로, 아이들이 "크크티비"라고 부르기도 하는 CCTV이다. 나는 이 고마운 기기를 전천시라고 부른다. 바로 전지적 천장 시점. 내가 보지 못하는 부분까지 보고, 심지어 과거의 모든 장면들까지 기록하기 때문에 언제든 과거의 원하는 순간으로 되돌아갈 수 있다. 크크티비는 모든 것을 다 기억하는 정의의 심판자이기 때문에 지각하지 않았다고 우겨도, 컨닝하지 않았다고 우겨도 소용없다.

제아무리 말 안 듣는 아이들이라도 이러한 크크티비라는 물증 앞에 선 순한 양이 된다. 왜냐하면, 매일 같이 학부모님들께 수업 사진과 함께 수업 내용을 자세하게 피드백하고 있기 때문이다. 이 전지적 천장 시점에서 내려다본 몰폰과 게임 현장 녹화 캡쳐 물증은 고스란히 부모님께 빛의 속도로 카톡 발사 된다는 것을 우리 학생들은 너무도 잘 알고 있다. 전천시는 학원 내부 뿐만 아니라 복도까지 기억하고 있기 때문에 복도에서도 찍히면 안된다. "아닌데요?", "안 봤는데요?" 이렇게 오리발 내미는 아이들도 어쩔 수 없다. 전지적 천장 시점은 모든 과거를 다 기억하고 있다는 것을 이젠 아이들도 알기 때문에 요즘은 물어보면 순순히 자백(?)하고 있다.

그렇다면 게임에 빠져서, 인스타와 유튜브 등 각종 SNS에 빠져서 중독까지 간 아이들의 학업은 어떻게 돌봐야 할까? 아무래도 집중력 저하가 가장 큰 걱정이 된다. 이젠 유튜브 같은 경우도 긴 영상은 잘 보려 하지 않는다. 쇼츠 같이 짧고, 내용도 더 자극적인 것을 원한다. 그런 판국에 빼곡한 글자에 내용도 재미없고, 관심이라곤 1도 없는 공부 관련 책을 과연 아이들이 보고 싶어 할까? 너무나 당연한 얘기겠지만, 아이들은 뭐든 재미가 있어야 빠진다.

그래서 게임 중독, SNS 중독이 의심되는 아이들은 그 자체에 초점을 맞추어 질책하기보다는, 오히려 해야 할 공부를 위한 도구로 활용하여 동기부여 자극제가 되도록 해보는 것도 효과적인 방법이 될 수 있다. 특히 사춘기 아이들은 자신이 왕이라는 심리가 있기 때문에, 논리적이고 타당한 이유가 있지 않으면 어른들의 제안이나 권유에도 고개를 갸우뚱하거나 오히려 삐딱선(?)을 탈 수도 있다. 더 심한 경우엔 반항 심리도 작용하기 때문에 돌발행동이 나타날 수도 있다.

남학생들뿐만 아니라 여학생들도 적지 않게 게임중독, SNS중독에 빠진 경우가 많다. 이런 학생들은 학습량과 학습 시간을 정해서 그에 대한 보상으로 핸드폰을 허용하는 것도 하나의 방법이 될 수 있다. 아이들도 무엇이 맞고 본인에게 득이 되는지에 대해 판단할 이성 정도는 있기 때문에, 아이들과의 소통에서 해결책을 발견할 수 있을 것이다. 핸드폰 사용 시간제한을 두거나 학습 결과에 대한 보상으로 사용 시간 정도를 조절하면, 학습에 대한 집중력과 성적 관리가 더 효과적인 경험을 수없이 해봤기 때문이다.

그렇게 목표 대학에 입학한 제자들도 지나고 보면 그땐 그랬지, 하며 열심히, 사회 생활을 이어나가는 모습을 지켜보게 된다. 솔로몬의 "이 또한 지나가리라"는 바이블 속 명언처럼, 좋은 일이든 안 좋은 일이든, 세상만사 무엇이든 지나간다. 아이들의 심각해 보이는 언행일지라도 애정 어린 관심과 충분한 소통으로 반드시 해결되고 원하는 좋은 방향으로 발전할 수 있다고 믿는다. 왜 그런지 모르겠다, 왜 너는 그러냐 라는 식인 어른 입장에서의 일방적인 질타나 꾸지람보다는 왜 그런 행동을 보이고 있는지 아이 눈높이와 시선으로 한 번 더 생각해 보고 가까이 다가가서 소통한다면, 분명 소중한 아이의 인생을 더 바람직한 방향으로 인도해줄 수 있을 것이라고 믿는다.

만행을 저지르는 미남방 X랄방 빌런들과 영어 100점 만들기

"대치동에서 뛰어난 아이들을 오랫동안 가르쳐 오셨다고 들었는데, 대치동 학생들은 영어 공부를 어떻게 하나요?"

"서울대 합격한 제자들은 대체 하루에 영어 공부를 몇 시간씩 하나요?"

"얼마나 일찍 영어공부를 시작해야 중·고등학교때 영어 시험 100점을 맞을 수 있나요?"

"다들 선행 속도가 엄청난 것 같은데, 지금 시작해도 늦은 건 아닌지 모르겠어요"

많은 학부모들, 언론사 취재 기자들이 묻는 질문들이다.

대치동엔 천재들만 모여 있는 줄 아는 사람들이 많다. 상대적으로 다른 지역에 비해선 공부를 열심히, 그리고 잘하는 학생들이 많은 건 사실이다. 하지만 다 그런 건 아니다. 공부를 잘하는 학생들이나, 모범생하면 떠오르는 그런 전형적인 이미지의 학생들만 있는 건 아니다. 말 잘 듣고 예쁜 아가아가한 아이들도 있는가 하면 지도 학생들 중 유난히 "극 N" 학생들이 많아서 항상 현실과 가상을 넘나드는 언행에 곤혹을 치를 때가 많다.

그러다 보니 거의 매일이 사건 사고 수습의 연속이고, 때론 학부모님들, 학생들 사이에서 정의로운(?) 판결을 내려야 하는 순간들도 있다. 자기들끼리 이상한 카톡 단톡방을 만들고 나에게 통보하기도 하는데, 스트레스를 이렇게라도 풀어야 한다는 잼민이들의 강력한 주장에 "랄지"방을 폐쇄하지 못하고 있다. 청소도구들로 무장하고 고글을 쓰고 나타나서 결전의 순간이 다가왔다며 어린 시절 총싸움을 하고 놀 듯, 이상한 기행을 발견할 때도 많다. 이런 학생들을 가르치다 보면 하루에도 몇 번씩 어질어질하기 때문에 더 체력 소모가 큰 것 같다.

조용히 하라고 해도 말을 안 듣고, 집중 안 하고, 딴생각하는 게 얼굴에 나타나는데 어떻게 지식이 머리에 들어가서 결과로 도출될 수 있을까. 조용히 안 할 땐 녹음기를 켜고, 그래도 공부 안 하고 몸개그를 남발하며 장난치는 아이들을 향해선 동영상을 켠다. 그렇게 엄마한테 보내는 "협박 증거물"을 확보하면 순한 양으로 둔갑하긴 하지만 그렇게 공부시킨들 얼마나 능률이 오를 수 있을까.

잠깐의 틈만 보여도 장난기가 발동해서 온갖 기행을 일삼는, 상상을 초월하는 저세상 텐션의 아이들까지 다 아우르려면 해박한 영어 지식만으로는 충분하지 않을 수 있다. 아이들을 공부하게끔 만드는 것이 공부 내용 자체를 지도하는 것보다 훨씬 힘들고 어려운 일이다.

"영어 공부 방법은 하도 많이 들어서 다 알거든요? 그런데 공부하기가 싫어요."

"영어 공부 방법에 관한 책은 많이 읽어봤어요. 그런데 정작 제게 맞는 방법인지는 모르겠어요."

"공부를 잘하고 싶은데 공부하긴 싫고 귀찮아요. 그런데 게임은 하루 종일 하라고 해도 밤새서 하겠어요. 학원은 다니니까 그래도 어떻게 잘되지 않을까요?"

이런 생각을 하고 있는 우리 아이들에게 "이게 맞으니까 무조건 이렇게 해"라는 말이 얼마나 설득력이 있을까?

자기 주도 학습을 할 수 있는 학생이 되느냐 아니냐에 따라, 일단 학생들의 학업성취도는 한번 체로 걸러지는 듯하다. 스스로 파고들어 공부하는 학생들은 결과도 그만큼 좋을 수밖에 없다. 시켜서 하면 그나마 다행인데 시켜도 공부시키기 힘든 아이들이 있다. 그런 아이들에게 영어교육 방법론은 또 다른 의미를 갖는다.

영어를 스스로 잘하는 아이들은 자기만의 방법을 만들어서 활용할 줄 안다. 소위 극상위, 최상위 학생들, 꾸준히 공부 잘하는 아이들이 그렇다. 이런 학생들은 자기가 잘하고 있는지에 대해 확인받고 싶어서 학원 문을 두드리는 경우가 많다. 하지만 대부분의 학생들은 그렇지 않다. 그렇기 때문에 교사나 부모의 조력이 필요하다. 집에서 홈트로 건강한 몸과 멋진 몸매를 만들 수 있는 사람은 무슨 걱정이 있을까? 대부분 그게 힘들기 때문에, 그리고 내가 하고 있는 이 방법이 맞는지 확인받고 싶어서 헬스장을 찾고, 개인 트레이너를 찾는 것이고, 영어 공부도 같은 이치가 통한다.

한마디로, 이 방법이 맞는지 확인해야 하고, 올바른 방법이라고 확인해도 정작 실천이 힘들기 때문에 아이들은 영어를 잘하지 못한다. 실행이 없으면 결과도 없는 법. 이 부분에 대한 조력자의 역할이 매우 중요하다는 것을 그동안 현장에서 절실히 깨닫고 수없이 확인해 왔다. 꾸준히 결과를 내도록 실천하게 만드는 것, 이 부분이 영어 교육 방법론보다 항상 선행되어야 한다고 생각한다. 이런 의미에서 아이들에게 학습 동기 부여, 학습 멘탈과 마인드 점검은 매시간 이루어져야 한다. 잠깐 한눈파는 사이, 아이들은 화성으로, 금성으로 우주여행을 떠날 수 있다.

생각하는 개구리

그럼에도 불구하고, 아이들을 지도하며 드는 많은 생각들 중에 잘하고 싶고 인정받고 싶어하는 아이들의 심리는 거의 모든 아이들에게 공통

된 심리라는 생각이 있다. 귀차니즘 때문에 열심히 하긴 싫어도, 잘하고 싶어하는 마음은 있다. 목표 달성이 지금 당장은 힘들지라도, 선생님으로부터 부모님으로부터 칭찬받고 인정받고 싶어하는 심리가 있다. 공부로 안되면 다른 면으로라도. 그래서 관심과 칭찬은 교육의 필수사항이라고 생각한다.

변하지 않는다고, 이젠 희망이 없지만 마지막 카드라고 아이 손을 잡고 찾아오시는 학부모님들도 기적이라며 홍보대사로 활약하시는 것은 바로 남다른 관심에 비결이 있던 것 같다. 남다른 관심과 남다른 애정. 별것 아니라고 생각할 이도 있겠지만, 난 그렇게 생각하지 않는다. 세상을 바꾸는 에너지는 의외로 아주 보잘것없어 보이는 하찮은 것에 있을 수도 있다고 믿는다. 눈에 보이진 않지만 세상을 움직이는 엄청난 에너지는 나비의 작은 날갯짓일 수 있다.

늘 마음속에 갖고 있는 철칙이 있다. 바로 사랑과 관심이 아이의 마음을 바꿀 수 있다는 생각, 변화된 아이 한 명이 세상을 바꿀 수 있다는 생각, 그리고 그 변화는 지극히 긍정적이고 발전적이어야 한다는 생각이다. 세상에는 내가 어찌할 수 없는 영역도 있지만 내가 바꿀 수 있는 영역도 있다. 전자에 대한 미련을 버려야 후자에 대한 눈이 밝아진다. 내 마음을 바꾸면 나로 인해 내 주변의 많은 것들을 바꿀 수 있다. 이 세상 모든 사물들도 사람의 마음이 물질 세계로 발현된 것이라고 생각하기 때문이다.

좋아하는 책 중에 이와무라 카즈오의 〈생각하는 개구리〉 라는 책이 있다. 책 속에 등장하는 개구리와 두꺼비, 지렁이 등 꼬물꼬물 귀여운 동물들의 대화를 읽다 보면 기분이 좋아진다. 바쁜 일상 속에서 지나치고 있었던 사소하고 지극히 당연한 것들에 대해 다시 생각하게 될 뿐만 아니라, 그러한 것들을 다른 관점에서 바라보게 해준다. 그리고 자화자찬하는 주인공 개구리의 모습은, 관심과 칭찬을 원하는 아이들과의 공통 분모가 아닐까 생각한다. 아이들의 관점도 이 책의 개구리나 동물들의 관점과 같지 않을까 하는 생각에서이다.

그래서 나는 어른들의 생각과 관점이 언제나 옳다는 생각을 버리려고 노력한다. 아이들의 생각이 어떨 땐 나름의 일리가 있고 타당할 수도 있다고 본다. 아이들에게 열린 마음으로, 아이들과 같은 눈높이로 대하는 것은 과목을 초월해서 교육에서 매우 중요한 사항이다. 입체적인 생각과 무한한 상상력이 주체를 못 하는 에너지와 결합해서 신만함으로 표출되는 아이들. 그런 아이들의 특성을 이해한다면 공부할 때 집중하지 못하는 건 어찌 보면 당연한 일이 아닐까. 집중을 잘하는 아이들이 오히려 대단한 걸지도 모르겠다.

아이들이 공부와 무관한 생각을 많이 한다고, 그로 인해 집중력이 떨어진다고 너무 조급해 하지 않아도 된다. 생각이 넘쳐나는 아이들의 상태를 산만함으로 보기보다는, 창조적인 상상력이 많다고 긍정적으로 볼 수 있다. 문제는 생각이 많은 것이 아니고 그 생각들을 통제하는 몰입력에 있다고 본다. 그러니 왜 공부할 때 그런 생각을 하냐고 질책하기보다는, 그런 생각까지 할 수 있는 사고력과 상상력을 칭찬해 준 후, 공부할 때 집중력과 실천의 중요성에 대해 꾸준히 인지시키고 점검해줄 것을 당부한다.

하고 싶은 것 많고 이루고 싶은 것 많은, 꿈 많은 아이들의 마음이 조급한 어른들로 인해 도전도 안 해보고 위축되거나 병들까 걱정이 든다. 영어 학습 능력 향상에 있어서도 자신감과 열정이 매우 중요한 심리적 기제지만, 이점은 비단 영어에만 국한된 얘긴 아니라고 본다.

제 5부

5. 자본주의와 성장

: 자본주의 사회에 살면서도 소홀히 하는 자본교육

내 꿈은 그냥 부자 – 나는 돈이 좋아, 교사는 응 아니야

나는 학생들에게 항상 공부 이전에 공부의 이유를 묻는다. 아무 생각 없어 보이는 아이들이 많지만 그래도 묻는다. 머릿속에 안테나가 너무 많아서 자기가 누구인지도 모르는 아이들일지라도 공부의 이유에 대해선 생각하게 만든다. 그렇지 않으면 수동적이고 일방적인 공부에 대해 크게 삐뚤어질 수 있기 때문이고 그런 경우를 심심찮게 봐왔다. 뒤늦은 슬럼프는 더 깊고 오래갈 수 있다고 생각한다. 오랫동안 쌓인 분노나 한이 폭발하면 무섭듯, 감정이든 생각이든 바로바로 해결하는 습관이 매우 중요하다고 생각한다. 그리고 또 한 가지. 공부는 하면 해결되지만, 문제는 그렇게 만드는 학습 동기 부여이다. 가슴이 뜨거워지고 웅장해지면 실행은 시간 문제이기 때문이다.

세상만사 인과관계가 존재한다. 직업병인지도 모르겠다. 영어 지문 독해를 할 때 문장 간, 단락 간, 전체 글 속에서의 논리적 관계와 키워드, 주제 파악을 늘 부르짖는 나이다. 그래서 늘 일상이 논리와의 싸움이고 학생들에게 "왜?"라는 이유를 끊임없이 묻고 답하게 한다. 그렇지 않으면 느낌에만 의존하기 쉽고 문제에서 요구하는 정확성이나 논리적 문제 해결의 과정에서 이탈할 가능성이 커진다.

그래서 학생들에게 왜 공부하냐고 묻는다. 그러면 대부분의 학생들 입에선 잘 살기 위해서 또는 모르겠다는 답변이 나온다. 하긴 어른이 되어서도 대단히 답하기 어려운 질문이긴 하다. 우리가 잘 살기 위해 공부하는 건 맞다. 하지만 그 기준이라는 것은 절대적이지 않다. 사람마다 성공한 삶, 풍요로운 삶, 행복한 삶의 기준이 다르기 때문이다. 그럼에도 아이들의 입에서 나오는 잘 사는 의미에 대한 대부분의 구체적인 답변은 바로 부이다. 부자가 되고 싶다고 말한다. 자본주의 사회에 살고 있는 우리에게 그것은 누구나 갖고 있는 꿈이 아닐까.

어디로 튈지 모르는 엉뚱한 아이들이지만 나름의 생각 정도는 하고 산다. 그래서 아이들은 늘 화성 이야기, 스페이스X 이야기가 나오면 흥분한다. 일론 머스크가 인기 있는 이유는 아이들의 취향 저격 대상이기 때문이라고 생각한다. 단순히 돈이 많아서, 유명해서가 아니다. 4차원, 8차원 이상의 아이들의 상상력과 창의력을 현실 속에서 실현시켜 주는 인물이기 때문이다. 돈이 얼마나 많으면 만족할까에 대한 열띤 토론을 자주 벌인다. 그러면 아이들은 답한다. 6만 층의 초고층 아파트에서 전기비행기로 날아 학원에 올 정도로 부자가 될 거라고. 정말 초현실주의자들 같지만 돈에 대한 애정은 그 이야기 속에서 고스란히 느껴진다.

초등학생들도 서로 어떤 브랜드의 아파트에서, 얼마나 큰 면적에서 사는지 얘기한다. 십 억단위 차가 아니라면 강남에서는 워낙 억 단위의 비싼 차들도 많아서 어떤 차를 타는지는 대수롭지 않은 아이들이다. 어떻게 부자가 되는지에 대해서는 관심도 없고 잘 모를지언정 얼마나 돈이 많아야 부자인지에 대해서는 대단히 관심들이 많다. 영어 공부 얘기보다 돈 얘기를 너무 많이 해서 돈 이야기나 돈 자랑에 대한 대화 금지령을 내린 적도 많다.

얼마 전 초등학교 선생님이 되려고 입학하는 교대의 입학 커트라인이 많이 낮아졌다는 뉴스를 접한 적이 있다. 학원에서 근무하면서 교사들의 고충에 대해서는 현장이나 매스컴 보도를 통해서 알긴 했지만 이번 뉴스 보도는 더욱 충격적이었다. 교대 입학이 얼마나 어려운 건데 3등급도 교대 입학이 가능하다는 뉴스를 보고 다시 한번 생각에 잠겼다. 과거에는 교대 들어가기가 얼마나 어려웠는지 봐왔기 때문이다. 중학교 때 항상 전교 1등을 맡아놓고 했던 언니가 서울대를 가지 않고 서울교대를 가는 것을 보면서 교대 입학이 얼마나 어려운 것인지 새삼 실감했었다. 친구들 중에도 학교 선생님인 친구들이 몇 명 있다. 그 친구들은 안정적인 자신의 직업에 만족하는 것으로 알고 있다. 크게 물욕이 없기도 하다.

하지만 요즘 학생들은 그렇지 않은 것 같다. 자본이 있어야 편하게 산다는 것을 알기 때문에 돈을 많이 벌 수 있는 직업을 갖기를 원한다. 부자가 되어야 그만큼 사회에서 자신의 영향력을 크게 미칠 수 있는 건 당연한 이치이다. 영향력이 있어야 부자가 될 수 있기도 하고. 그래서 가치의 영향력과 물질적 풍요로움은 동전의 앞뒷면과 같다는 생각이다. 눈으로 볼 수 없는 사람의 가치는 얼마나 파급 효과가 있는가에 비례하여 자본이라는 보상으로 돌아오기 때문이다. 삶에서 돈이 전부는 아니지만 거의 전부라 할 정도로 매우 중요한 부분을 차지하는 것은 부인할 수 없다.

'나는 돈이 좋아'라는 노래 가사가 있다. 아이들이 부르는 노랫소리에 돈에 대해 생각한다. 돈을 좋아하는 것에 대해 이러쿵저러쿵 말할 필요가 있을까. 자본주의에 살면서 많은 자본을 가지고 싶어하는 것 자체는 너무도 당연한 생각 아닐까. 그 방법이 문제이고 중요한 부분이라고 생각한다. 개인이 원하고 만족하는 자본의 크기는 사람마다 다르다. 생활이 불편하지 않을 정도의 생계가 유지된다면 만족하는 사람이 있겠다. 반면에 써도 써도 늘어날 만큼 넘치는 부를 소유하고 싶어하는 사람도 있겠다. 그 어떤 사람의 생각에 우리는 이렇다 저렇다 말할 자격은 없다고 생각한다.

세상에 공짜는 없기 때문이다. 많이 가진 자는 그만큼 풍요로운 생활 속에 근심도 많을 수 있다. 또 그런 풍요를 누리기까지 남모를 고통이나 번뇌와의 치열한 싸움이 있었으리라 생각한다. 아직까지 내가 겪어본 자본이라는 세상은 그렇다. 10원만큼의 노력으로 10원이 벌리더라. 출근길에 횡단보도를 건너가다 만 원을 주운 적이 있다. 정신없이 하루를 보내고 집으로 돌아왔는데 방문을 안에서 잠그고 나온 것을 알게 되었다. 열쇠 수리공을 불렀는데 정확하게 만원을 부르길래 같은 금액을 지출한 적이 있다. 인생은 빈손으로 왔다 빈손으로 간다. 죽을 때 입는 수의엔 호주머니도 없듯, 모든 것을 다 놓고 가는 게 인생이다. 그래서 사람은 죽어 이름을 남긴다고 하나 보다. 제아무리 많은 돈과 명예, 권력을 얻어도 인생은 어찌 보면 헛된 면이 있다.

하지만 이렇게 생각하면 어차피 죽을 것을 왜 사냐고 묻는 것과 같다. 나를 데리고 사는 동안만큼은 내가 나 자신에 대해 전문가가 되어야 한다. 내가 무엇을 좋아하고 무엇을 할 때 행복한지 알아야 한다. 어떤 일을 하며 어떻게 살아야 하는지는 즉, 얼마나 돈을 벌어야 하고 어떻게 돈을 벌어야 하는 문제와 불가분의 관계이다. 하루의 생활을 돌아보면 우리는 수입과 지출의 관계에서 분리될 수 없다는 것을 알 수 있기 때문이다. 세상은 호락호락하지 않다. 쉽게 얻은 것은 쉽게 잃는다. 뭐든 노력해서 땀 흘려 일한 대가가 큰 성장의 씨앗이 되는 법이다. 그래서 어릴 때의 돈 교육이 매우 중요하다고 생각한다. 돈의 가치를 작은 돈부터 알게 해줘야 돈에 대한 생각이 건강하게 성장할 수 있기 때문이다.

선생님 100원만 빌려 주세요

학원엔 10가지 규칙이 있다.

☆문경희영어학원에서 함께 영어성적 올리기 위해 꼭 지켜야 할 규칙☆
*지키지 않을 시에는 부모님께 통보하고 2시간 보충수업 필수

1. 수업시간을 준수한다(매시간 정각~50분)
  수업시간에 화장실이 급한 경우에는 선생님 허락을 받는다
2. 쉬는시간을 준수한다(매시간 50분~정각)
3. 등원 즉시 휴대폰을 반납한다.
  쉬는 시간에 휴대폰을 사용한 경우에는 수업 시작할 때 반납한다.
  단, 급한 용무가 있을 경우 선생님 허락 받고 사용 가능
4. 수업시간 중에 떠들지 않는다
  수업시간 중에는 영어와 관련된 질문만 가능
5. 물총과 전기채, 인형 등 장난감으로 장난치지 않는다
6. 학원에서 욕하거나 험담(남에 대한 안좋은 얘기)을 하지 않는다
  단, 학습에의 집중을 방해한다고 생각되면 선생님께 개인적으로 상담 요청하기
7. 다른 친구들이나 선생님의 식사나 간식을 뺏어먹지 않는다
8. 간식은 쉬는시간에만 먹는다(음료는 제외)
9. 식사는 학원 등하원 전후에 하되, 피치 못할 사정으로 식사를 해야 하는 경우에는 20분 시간을 엄수한다. 단, 식사시간을 갖은 경우에는 별도의 쉬는 시간 없음(1일 3시간 수업시간 기준. 1일 2시간 수업하는 학생은 해당사항 없음)
10. 칠판에 낙서하지 않는다

♡우리 다같이 빡공 제대로 해서 영어성적 100점 맞자 화이팅!!♡

이 규칙엔 수업 시간 및 쉬는 시간 엄수라는 시간 개념에 대한 항목부터 남의 간식이나 음식을 뺏지 말라는, 남의 음식을 탐하지 말라는 항목을 포함하여 다양한 규칙이 적혀 있다. 하루 종일 먹어도 먹어도 배가 고프다는 성장기의 학생들이기 때문에 먹는 것에 대한 규칙이 필수이다. 공부할 때 음식이나 간식을 먹으면 그만큼 집중도가 떨어지기 때문이다. 그래서 물이나 음료 외에 입으로 들어가는 것 일체를 쉬는 시간에만 허용하고 있다. 옆에서 무언가 씹는 소리나 자율신경계, 침샘을 자극하는 냄새는 집중도를 떨어뜨리기 쉽다. 공부에 대한 집중을 잘하는 학생들이 아닌 이상 웬만한 학생들에게 음식 냄새와 소리는 매우 큰 고문 수준이라고 얘기들 한다.

그래서 쉬는 시간에만 먹으라고 하는데 용돈을 받아서 생활하는 학생들이기 때문에 늘 돈 이야기가 끊이지 않는다. 부모님에게 전화해서 돈 보내달라는 전화부터 내게 와서 돈을 빌려달라는 학생들도 적지 않다. 냉정하게 보일지 모르겠지만 10원이던 1000원이던 나는 학생들에게 돈을 주면서 얘기한다. 아주 큰일 날 일 급한 일 아니면 돈을 빌려주고 갚는 거래는 하지 말라고. 돈을 빌려줄 땐 받을 생각하지 말라고도 얘기한다. 부를 일군 사람들의 자기계발서를 보면 나와 같은 경험을 통해 같은 생각을 가진 사람들이 대부분인 것을 확인할 수 있다. 사람을 너무 쉽게 믿어서 믿는 도끼에 발등 찍혀본 경험 말이다.

돈은 없다가도 있고 있다가도 없을 수 있는, 잠시 내가 이 세상에 와서 관리하다 가는 도구이다. 잠시 갖고 있다 놓고 가는 돈이지만, 돈은 자본주의 사회에서는 가장 중요한 수단이기에 제대로 알아야 한다고 생각한다. 나는 초등학교에 들어가기 전부터 아버지의 담뱃갑에 동전 구멍을 뚫어 저금하고, 엄마 몰래 문방구에 가서 돼지 저금통을 사와 저축하는 습관을 길렀다. 은행에서도 적지 않게 일해본 나여서 더욱 돈에 대한 생각은 견고하다. 믿는 사람, 가족 간에도 돈거래는 하는 게 아니다. 돈을 잃는 것 이상으로 사람을 잃을 수 있기 때문이다. 건강했던 관계마저도 그르칠 수 있다. 그렇게 돈의 위력이 대단하다는 것을 겪어봤기에 나는 학생들에게도 절대 사람들과 돈거래는 하지 말 것을 강조한다. 대가를 바라지 않고 기부하고 주는 건 몰라도, 다시 받을 것을 염두하여 주지 말라고 한다.

100원이던 1000원이던 더 큰 액수의 돈이든, 아이들에게 돈 자랑 하지 말고 돈거래 하지 말라고 늘 당부한다. 돈에 대한 마음도 그렇지만 사람들 앞에서도 늘 겸손한 마음을 잃지 않아야 한다. 겸손은 여유 있는 마음에서 나온다. 겸손의 미덕은 돈 문제에 있어서도 예외는 아니다. 아이들에게 자본주의 사회에서 멋진 부자로 살아가기 위해서는 건강한 돈 공부가 필수라고 얘기한다. 하지만 영어 선생님인 나로서 돈에 대한 교육은 자칫 TMI(too much information; 너무 많은 정보, 굳이 알려주지 않아도 될 정보)가 될 수 있기에 그정도까지만 얘기하고 있다.

자본주의, 경제교육, 성장

그럼에도 돈 이야기에 대해 궁금해하는 아이들에겐 조금 더 많은 것들을 이야기해 주고 있다. 부자가 되고 싶어 하는 호기심 천국인 아이들이 많아서 늘 돈에 대한 질문이 많다. 그중에서도 뭘 해야 돈을 많이 벌 수 있냐는 질문이 압도적이다. 그러면 나는 학생들에게 역으로 가장 잘할 수 있는 것, 오랫동안 즐길 수 있는 것에 대한 질문을 한다. 내가 고등학교 1학년 때 음대를 갈지 문과로 공부를 해서 영어를 전공할지에 대한 극심한 고민을 한 적이 있다. 어려서부터 영어와 피아노 두 가지를 모두 다 열심히 잘 해왔다고 생각했기 때문이다. 피아노 대회에 나가면 1등을 하고, 대상을 받아오면 얼마나 더 잘할 수 있을지 생각했다. 영어 100점을 맞아도 같은 생각을 했다.

학교 음악 선생님이 작곡 공부에 대한 얘기를 꺼내셔서 많이 흔들렸었다. 피아노 재능을 살려서 공부도 잘하니 필기 성적이 많이 반영되는 작곡과는 어떠냐고 제안하셨기 때문이다. 그러다 나 자신을 깊이 들여다보게 되었다. 내가 둘 중에 무언가 하나를 포기할 때 그 기준을 어떻게 해야 할까에 대한 고민이었다. 그것은 비단 진로의 문제에만 해당되는 것은 아니었다. 그 후 인생 살면서 부딪치는 크고 작은 기회비용에 대한 훈련이자 연습이었다.

둘 다 가지려면 둘 다 놓칠 수 있다. 매우 어려운 둘 중 한 가지의 선택이라는 문제를 해결할 때의 내 판단의 기준은 이랬다. 고1이라는 어린 나이였지만 지금 생각해도 참 지혜로웠던 것 같다. 자화자찬이겠지만 말이다. 단위 시간당 내가 더 많은 생산, 더 좋은 결과를 낼 수 있는 것을 선택하는 것이 나의 기준이다. 예를 들어 "영어 공부와 음악 공부 둘 다 한 시간을 투자해서 내가 어떤 것에서 더 많은 보상을 받을 수 있을까?"라고 스스로에게 물어본다 치자. 그 보상이라는 건 여러 가지를 아우르는 개념이다. 자본의 크기뿐 아니라 자존감과 내적 자아의 성장, 사회적 평판과 지위에 이르기까지. 그리고 그 개념의 내용은 사람마다 다를 수 있다.

나는 단위 시간당 내가 여러 면에서 더 성장할 수 있는 것을 선택했다. 그것이 영어였다. 또 한 가지 여기에서 짚어볼 기준이 있다. 바로 직업과 취미라는 기준이다. 직업은 자본과 불가분의, 적어도 밀접한 관련이 있다. 즉, 그 일을 해서 생계가 되어야 함을 의미한다. 내가 단위 시간당 더 많은 돈을 벌 수 있는 것을 직업으로, 덜 벌 가능성이 있는 것은 취미로 세팅한다. 그러고 나서 취미로 선택한 것이 더 좋다면 직업으로 선택한 일을 통해 경제적 자유를 실현한 후 그 취미를 직업으로 변환해도 좋다.

나는 그 개념에 대해 초등학교 중학교를 거쳐 고등학교 1학년이 될 때까지도 끊임없이 고민했다. 그리고 그때 스스로 내렸던 결정에 대해 한 번도 지금까지 후회한 적이 없다. 지금의 내 모습과 현실에 감사하다. 그래서 학생들에게도 지혜로운 선택에 대한 언급은 항상 하는 편이다. 인생은 스스로 개척해 가야 하는 여정이다. 끊임없는 선택의 과정을 만나야 하고, 그때마다 부딪히는 기회비용과의 조우 또한 우리가 풀어가야 하는 숙제이다. 돈에 대한 개념, 교육은 그래서 초등학교 때부터 학교 프로그램에서 중요하게 다뤄져야 한다고 생각한다. 돈이 중요하다는 메시지에 대해 초점을 맞추기보다는 돈에 대해 건강한 경제 관념을 갖게 하는 교육 말이다.

돈에 대한 어른들의 관심과 열정을 부디 아이들에게 건강하게 전해 줬으면 하는 바람이다. 내면의 성장 과정에서 돈에 대한 생각의 확장과 부를 키우는 생활의 실천 부분은 필수요소라고 생각한다. 그래서 아이들이 어려서부터 생각의 풍요, 감정의 풍요만큼이나 돈에 대한 풍요의 씨앗도 잘 심고 키워갔으면 한다. 부는 남의 것을 빼앗는 것이 아니라는 것도, 부를 통해 무한대의 부를 창조할 수 있다는 개념 또한 알았으면 한다. 그만큼 자신의 가치를 키워야 하고. 그 가치의 제공에 대한 보상으로 주어진다는 건강한 부의 개념이 아이들과 함께 성장해 가기를 바란다.

일주일에 120시간 일하는 일론 머스크와 경제적 자유

자산의 크기와 노동시간은 반비례한다고 생각하는 사람들이 많은 것 같다. 그렇다면 천문학적 자산을 보유한 투자의 구루(Guru)인 워렌 버핏과 디지털 시대의 거인 빌 게이츠는 왜 아직도 일을 하고 있을까? 테슬라, 스페이스X 등 다수의 기술 기업을 경영하고 있는 세기의 혁신가 일론 머스크는 일주일에 120시간 일한다고 한다.

물론 모든 부자들이 그렇게 일을 하는 것은 아니다. 자본소득을 통한 소득의 자동화 비율이 높을수록 노동시간은 감소될 수 있다. 하지만 노동시간의 감소는 어디까지나 개인의 가치관에 따라 달라질 수 있는 영역이다. 경제적 자유를 이룬 자일수록 시간의 자유도 더 누릴 수 있기 때문이다. 그 자유 시간을 노동에 더 투입하느냐 아니냐는 오롯이 개인의 선택이다. 일이 좋아서 또는 추구하는 더 큰 목표가 있어서 일을 할 수 있는 것이다.

획득한 시간 자원, 확보된 시간은 시스템화된 자동 수익에 의해 개인에게 자유를 가져다준다. 따라서 자본은 시간 자원을, 그 시간 자원은 또 더 많은 자본을 가져다주는 선순환의 구조가 된다. H은행에서 근무하며 만나본 수많은 자산가들은 돈의 가치를 체득한 사람들이었다. 나는 영어 특기를 살려서 외환 파트나 해외이주자 관련 업무, 고객 자산관리 업무, 세금 환급Tax Refund, 외신실에서 환거래 체결을 맺은 해외 은행들과의 교신 업무를 담당하는 일 등을 했다. 남의 돈이지만 신나게 만져볼 수 있었다. 그러면서 돈에 대한 가치관을 정립하는 시간을 보냈다. 취업하기 전에는 음식점이나 카페에서 아르바이트를 해보기도 했고, 백화점 교복 코너에서 판매 및 관리 아르바이트 일을 해보기도 했다. 과외 아르바이트가 주였지만 학교 내 행정조교 업무부터 통번역 아르바이트, 결혼식 축가 피아노 연주 등 시간을 쪼개 나름 다양한 경험을 하려고 동분서주하였다. 돈의 가치를 체득하려면 현장에서 직접 부딪혀 경험해 봐야 한다.

내가 만나본 자산가들은 드라마에서 보여주듯 손에 물 한 방울 묻히지 않는 고상한 사람들이 아니었다. 푼돈을 아끼고 근면 성실하게 일해서 한 분야에서 오랫동안 신뢰를 쌓아온 사람들이었고, 돈 공부도 열심히 했던 사람들이었다. 돈에 대해 해박한 지식이 있든 없든 적어도 돈에 대한 마인드가 남달랐다. 물건 하나를 사더라도 충동구매를 하거나 타인의 의견에 휘둘려 쓰지 않았다. 힘들게 일하지 않아도 되는데도 불구하고 자녀에게 노동의 가치를 깨닫도록 힘든 회사 생활을 하게 하는 자산가도 있었다. 반면에, 은행 직원들 중에는 주식으로 거의 모든 재산을 다 날리고 빚을 갚기 위해 일하는 사람도 있었다. 대기업 직원들이었지만 회식 자리에서 속 얘기를 털어놓다 보면 다들 저마다의 힘든 사연과 고충은 있는 것 같았다. 아무리 대기업이라고 해도 만년 직장은 되지 못하니 말이다. 신입사원으로 입사해서 대게 3년에서 5년 사이에 이직을 하거나 퇴사해서 사업을 하는 경우가 많았다.

회사에 남겨진 사람들은 회사를 떠나는 사람들을 부러워했다. 믿을 구석이 있어서 떠난다고 생각하기 때문이다. 이직은 지금 다니고 있는 회사보다 근무 여건이 더 좋기 때문에 떠나는 경우가 대부분이다. 아니면 자신의 가치관이나 목표와 더 적합하다고 생각하기 때문에 이직하는 경우가 많다. 대학교를 졸업한 후 바로 사업을 하는 사람도 있지만 회사 생활을 거친 후 사업을 차리는 경우도 있다. 어떤 경우든 장단점은 있지만 기회가 된다면 한 번쯤은 조직 생활을 해보는 것도 좋은 경험이 될 수 있다고 생각한다. 얼마나 많은 사람들이 나와 다른 생각을 갖고 살고 있는지 가까이에서 배울 수 있기 때문이다. 하지만 조직 생활을 하면서 직원들이 가졌던 불만들 중 하나는 바로 회사 내 대인관계에서 온다는 것을 알게 되었다. 특히 맞지 않는 상사와의 부딪힘은 업무로 인한 스트레스 이상의 정신적 고통을 줄 수 있다.

회사에서 가장 잘 되었을 때의 모습과 회사를 떠나 내 사업을 했을 때 가장 잘 된 모습 이렇게 두 가지를 비교해 보았다. 어떤 길이 더 내게 맞는 옷일지. 100프로 만족할 수 있는 일이 있을까 마는, 그래도 최선의 선택은 있기 마련이다. 그 기준은 사람마다 다르다. 안정성을 선택할지, 위험 요소나 업무의 강도가 있더라도 고액의 소득을 선택할지는 어디까지나 본인의 몫이다. 어떤 길을 선택하든, 선택하지 않은 길에 대한 미련은 남아 있게 마련이다. 영어 실력을 키우는 것도 그렇지만 자산을 키우는 방법은 다양하기에 어떤 한 가지 방법이 절대적이라고 볼 수 없다. 하지만 두 가지 모두 공통점은 있다.

바로 마인드셋이다. 영어 실력을 키우는 것도, 자산을 키우는 것도 자신을 사랑하고 소중하게 생각하는 마음에서 시작된다. 때문에 그만큼 정성을 기울여 키워야 한다. 매일 건강하게 성장해야 하는 것은 나의 내면만이 아니다. 내면에서 시작한 성장은 내가 관리하고 머물고 있는 모든 물질세계에서도 일어나야 한다. 자산도 마찬가지이다. 부자는 남의 것을 빼앗는 사람이라는 이상한 생각을 하는 사람들이 있다. 나는 그렇게 생각하지 않는다. 물론 부정한 방법으로 남에게 크고 작은 피해를 끼치며 부를 움켜쥐는 사람도 있을 수 있다. 하지만 그렇지 않은 선하고 지혜로운 부자들이 더 많다고 믿는다.

부는 고갈되는 개념이 아니라고 생각해서이다. 영어에서도 코인과 지폐는 셀 수 있는 명사의 개념이지만 돈은 셀 수 없는 명사로 분류된다. 학생들이 묻는다. 왜 돈을 못 세냐고. 돈의 종류는 지폐나 동전만 있는 것이 아니기 때문이다. 부동산이나 전자화폐, 주식, 펀드, 적금 등등 다양한 방식으로 존재하며 손으로 잡을 수 없는 무형의 개념까지 아우른다. 어쩌면 자본주의 사회에서 자산가가 된다는 것은 나의 꿈을 실현시키기 위한 거의 유일한 방법이 아닐까 생각한다. 돈이 전부는 아니지만 전부라고 생각하는 어떤 것이 이루어지도록 돕는 가장 스마트한 도구이다.

따라서 돈의 중요성을 깨닫는다면 어려서부터 건강한 돈 공부를 해야 한다고 생각한다. 은행에서 근무할 때 어린이들이 저축하려고 들고 온 동전에서부터 엄청난 재력가들의 수표와 계좌에 이르기까지 다양한 돈에 대한 사람들의 마인드와 실천력을 봐왔다. 부자는 하루아침에 되는 것이 아니다. 매일의 습관, 매일의 성장이 모여 기적의 결과를 불러오는 것은 자산에서도 예외가 아니다. 매월 적금 통장을 가입해서 1년 만기로 적금 풍차를 돌려 다시 자산을 불리든, 주식으로 불리든 꾸준히 성장을 관리해야 한다. 특히 일정하게 들어오는 돈은 엄청난 위력을 갖는다. 티칭 포인트를 만나면 어느 순간 눈덩이처럼 불어난다.

나는 편의점이나 주변 마트에서 물건을 구입할 때에도 항상 영수증을 챙긴다. 어플에 영수증과 물건의 바코드를 찍으면서 10원의 기쁨을 느끼는 모습을 아이들이 본다. 따라하는 아이들도 있다. 10원 버는 것보다 그 숫자가 늘어날 때, 천원의 기쁨을 느끼러 "ㄷ" 매장에 가는 아이들처럼 내가 돈에 대한 기쁨과 소중함, 초심을 잃지 않기 때문이다. 얼마 전 학원 건물 지하에 "ㄷ" 매장이 크게 들어왔다. 쉬는 시간마다 아이들이 가서 쇼핑을 하거나 구경을 한다. 경제적 자유는 누구나 원하는 꿈일 것이다. 돈으로 시간을 산다는 점이 얼마나 흥미롭고 매력적인가. 돈에 구애받지 않고 모든 면에서 자유로운 삶을 살 수 있다면 얼마나 신날까. 하지만 모든 자유에는 책임도 함께 한다는 사실을 안다. 그렇기에 우리는 매 순간 배우고 성장해야 한다.

착한 사교육 - 공과 사 사이에서

나는 늘 어떤 대상을 접하면 그 이름과 개념에 대해 생각한다. 이름의 중요성을 알기 때문이다. 직업병일지는 몰라도 영어든 한글이든 새로운 개념이든 익히 알고 쓰던 개념이든 사전 찾는 것을 즐기는 편이다. 당연시 여기던 것들에서 새로움을 느끼거나 깨달은 경험을 많이 해봐서이다. 예를 들어, 아이들에게 영문법을 가르칠 때 가장 먼저 등장하는 단어가 명사Noun이다. 사람이나 사물의 이름을 뜻하는 명사가 왜 가장 먼저 등장할까. 모든 존재에는 그 핵심 정보나 특징, 소망을 담는 이름을 부여한다. 아무렇게나 부르지 않는다. 태어나면 예쁜 아가에게 지어줄 이름을 고민하게 된다. 태어나기도 전에 미리 지어놓을 정도로 평생 따라다닐 이름을 짓는다는 것은 매우 신중한 일이다.

한번 결정하면 계속 부르고 따라다니게 될 존재의 상징이 되기 때문이다. 그 상징 속에는 존재의 특징과 소망이 담겨 있다. 영어독해 문제에서도 제목을 찾을 때 항상 언급하는 부분과 같은 맥락이다. 글 전체의 내용을 대표할 수 있는 상징적인 제목이 답안이라고 한다. 함축적이고 상징적인 만큼 주장에 비해 다소 추상적인 특성이 있다고 말한다. 영어식 표현 방식은 한글에 비해 매우 구체적이며 수식의 길이가 긴 편이다. 그래서 짧게 표현해도 될 것을 길게 돌려서 우회적으로 표현하는 특징이 있다. 그래서 이런 만연체를 학생들이 싫어한다. 사람들은 대부분 무엇이든 짧고 쉽고 간단한 것을 찾는 습성이 있기 때문이다.

쇼츠Shorts, 틱톡Tiktok, 인스타그램Instagram 등 소셜 네트워킹 서비스SNS(Social Networking Service)도 시간 분량이 짧은 특징이 있다. 단 몇 초 간의 짧은 영상에 영화 한 편을 모두 담을 수가 없다. 그러니 TV 광고처럼 사람들의 이목을 한눈에 끌 수 있는 매우 특이하고 상징적이며 호소력이 있어야 한다. 그래서 여러 면에서 자극성을 띠기가 쉽다. 사람이나 사물의 이름이든 영상물이든 이미지든 우리는 짧은 시간에 각인될 개념과 방법을 찾는다.

이름과 개념은 가장 작은 단위로 존재의 특성을 표현하는 방식이다. 그렇기 때문에 개념은 늘 나의 눈과 레이더에서 확인 점검의 대상이다. 개념에 대한 새로운 발견은 그 존재에 대한 무한한 지식의 창고로 들어갈 수 있는 또 다른 문을 열어준다. 문이 하나인 줄 알았는데 알고 보니 또 다른 문, 아니 더 많은 문이 있는 것을 살아가며 새삼 깨닫고 있다. 그리고 경로도 다양하다. 그래서 배움은 늘 새롭다. 수학도 그렇지만 영어도 그렇고 어떤 것을 배울 때 개념이 매우 중요하다. 기초라고 무시하면 안 된다. 응용의 난이도가 올라가고 내용이 깊게 들어갈수록 개념은 더욱 중요한 반석이 된다. 모든 영감의 출발은 개념에서 시작된다.

학생들에게 늘 이전 시간에 배운 내용에 대해 질문한다. 그리고 그 질문은 학생들 입장에선 의아할 만큼의 개념으로 소급된다. 늘 철저히 개념으로 회귀하는 응용의 확장은 배움에서 느끼게 해주는 안정성이자 매력이다. 이런 연계성의 순환이 확장을 풍성하게 해주고 더 정교하게 성장시킴을 안다. 그래서 나는 늘 개념에 의문이 많은 사람이다. 오랜 시간 사교육이라고 불리우는 대치동에 몸을 담아 왔다. 사람들이 얘기한다. 공교육과 사교육에 대해 이러쿵저러쿵 얘기하는 것을 들을 때마다 나는 또다시 그 개념에 대한 생각으로 빠져든다.

어디까지가 공이고 어디까지가 사인가. 공적인 것과 사적인 것, 공적인 일과 사적인 일을 구분하는 기준은 절대적인 것인가. 상대적인 것인가. 공과 사를 구분한다는 말을 우리는 일상에서 친숙하게 듣고 사용한다. 우리가 사회인으로 살아가면서 공과 사를 구분해야 하는 상황이 많다. 그래야 서로 어울려 사는 사회생활에서 예의를 지킬 수 있고 최소한의 민폐라도 끼치지 않게 된다. 그래서 개념이 존재하는 것이 아닌가. 개념은 곧 존재를 뜻한다. 존재하지 않는 비현실적인 것조차 존재로 본다면 말이다. 그렇다면 공과 사를 구분해야 하는 많은 경우와 달리 공교육과 사교육를 구분하는 기준은 무엇일까.

물론 그 개념은 존재한다. 공립학교와 사립학교는 설립 및 운영 주체에 따라 달라진다. 국가가 설립 및 경영하는 학교를 국립학교, 특별시 및 광역시를 포함하여 도와 시 또는 군이 설립하고 경영하는 학교를 공립학교, 법인 또는 개인이 설립 및 경영하는 학교는 사립학교로 규정하고 있다. 그리고 학원은 학교와 또 다르다. 학원은 학교 설치 요건에 비해 상대적으로 자율적이며 개인적인 편이다. 개인이 학교를 차리든 학원을 차리든 어디까지나 사립학교이고 사립학원이지만 학원은 사립이라는 말을 굳이 붙이지 않는 이유도 여기에 있다. 학교는 공립과 사립으로 구분되지만, 학원은 당연히 사립을 전제로 하기 때문이다.

여기에서 한 가지 궁금증이 생기기 시작한다. 대학교에서 학원 선생님들을 상대로 교육시키는 수업이 있다면 이것은 공교육인가 사교육인가. 학원에서 공교육 선생님들이 수업을 듣는다면 이것은 공교육인가 사교육인가. 수업을 개설하는 주체로 본다면 전자는 공교육이고 후자는 사교육이다. 그렇다면 사립학교에서 학원 선생님이 방과후나 기간제 교사로 겸직한다면 학원 선생님은 공교육과 사교육을 모두에서 일하고 있는 것인가? 어디까지가 공이고 어디까지가 사인지 생각하게 된다. 단순히 학교와 학원이 아닌 가르치는 내용을 보면 다를 게 없는데 말이다. 같은 수능 독해를 학교에서 다루던 학원에서 다루던 장소와 선생님만 다를 뿐, 교재도 같고 내용도 같은 경우가 많다.

하지만 대치동 뿐만 아니라 전국적으로 학원이 이렇게만 많다는 것은 학교에서 충족되지 못하는 배움이 있다는 것을 의미한다. 수요는 공급을 만들기 때문이다. 그리고 수요는 공이 아닌 사의 영역으로 들어가면 더욱 세분화될 수 있다. 그래서 맞춤식 개별지도가 가능한 것이고 그만큼 학원의 종류와 수가 늘어나게 된다. 대부분의 교사와 강사가 그렇겠지만 누군가를 가르친다는 일은 사명감을 가지고 하더라도 쉬운 일이 아니다. 어떤 일이든 쉬운 일은 아니겠지만 사람을 계몽해서 배움으로 변화를 일으킨다는 건 보통 일이 아니다. 그렇기에 매일 마인드셋과의 전쟁이다.

공교육이든 사교육이든 내가 만나본 선생님들은 적어도 학생들에게 최선을 다하는 분들이었다. 공교육이든 사교육이든 교육 분야에

종사한다는 것은 지도하는 학생들 앞에서 스스로 배움의 자세가 되어야 함을 뜻한다고 본다. 학생들 위에 군림한다는 생각이나 오만함으로 내려다보는 시선으로는 오래 몸담기 힘들다. 특히 대치동에선 더욱더 그렇다. '대치동'하면 사람들은 으레 선입견을 가지곤 한다. 무언가 대단히 잘난 사람들이 그들만의 리그를 만든 곳이라는 생각에서 비롯된 편견이다. 그런 사람들이 없진 않다. 하지만 이곳에서 오래 머물면서 느낀 건 그 어떤 곳보다도 적어도 배움에 대한 열정과 투지는 남다르다는 점이다.

그렇지 않고선 100점을 맞고도 동점자들이 많아 1등급이 안 나올 정도로 공부 벌레들이 많은 곳에서 살아남기 힘들다. 가르치는 선생님들의 학구열과 실력은 전교 1등 하는 학생들이 감동할 만한, 소위 말해서 저세상 텐션이어야 한다. 감동을 넘어선 충격이어야 한다. 그렇게 스스로를 단단하게 만들기 위해 보이지 않은 곳에서 얼마나 오랜 시간 인내하며 피눈물 나는 투혼을 하는지 나는 겪어봤고, 또 잘 알고 있다. 매 순간 총알만 날아다니지 않는다할 뿐이지 전쟁이 따로 없다. 이런 최고의 학구열과 실력들이 모여 수많은 대한민국의 인재들이 탄생되고 세상에 선한 영향력을 끼치도록 돕고 있는 것이다. 선생님들끼리도 협력한다. 학생들의 모든 교과목 실력이 고르게 완벽해지도록 대치동 내에서 나름 고인물인 선생님들끼리도 네트워크를 형성하는 경우가 많다.

나부터가 우선 가슴이 뜨겁고 순수한 사람이길 원한다. 그래야 같은 에너지의 사람들을 더 잘 만나게 된다고 믿는다. 지금까지의 삶을 뒤

돌아봐도 나는 주변에 귀인이 많았다. 다른 건 몰라도 앞만 보고 내 길을 묵묵히 성실하게 걸어온 덕분이라고 자부한다. 나는 공립학교와 사립학교 모두에서 교육을 받으며 성장했다. 그리고 사립학교에서 강의도 해봤다. 그리고 지금은 대한민국 사교육 일번지인 대치동에서 공교육, 사교육을 망라하고 다양한 나라와 학교, 지역의 학생들을 지도하고 있다. 학교에서 충족되지 않는 그들의 배움에 대한 갈증을 해소해 주고 있다.

가끔 그런 질문을 하는 사람들이 있다. 지나친 사교육비 때문에 사교육은 줄여야 하지 않느냐고. 사교육에 대한 수요가 없으면 가능하다. 하지만 현실적으로 쉬운 문제가 아니다. 그래서 나는 거의 다 소개로 오랜 시간 끊임없이 내게 찾아왔던 학부모님들과 학생들의 수요에 감사해 왔다. 내가 그만한 가치가 있는가 매일 끝없이 반문하며 더욱 성장하고 발전하려고 단 하루도 나를 방치한 날이 없었다. 내가 걸어온 길이 공교육인지 혹은 사교육인지, 어떤 교육이었냐고 누가 묻는다면 나는 이렇게 말할 수 있다. 착한 사교육. 그리고 점차 사적인 교육의 영역이 공적인 영역으로 확장되도록 나는 지금도 학교에 배우러 간다. 배움은 성장을 촉진시킨다. 사교육이든 공교육이든 교육자는 배움의 자세로 가르쳐야 한다고 생각하기에 나는 늘 배움을 게을리하지 않는다.

행복한 기버를 꿈꾸며 – 자족과 욕심 사이에서

나는 어려서부터 형제들 사이에서 나눠 쓰는 것에 익숙했다. 지독하게 알뜰하신 어머니의 영향으로 나는 전화기가 터지지 않을 때까지 쓰고, 일회용품을 쓰지 않는다. 종이컵을 쓰게 되면 찢어질 때까지 쓰고 페트병도 절대로 한번 쓰고 버리지 않는다. 그래서 집에는 온갖 골동품들이 난무한다. 자린고비 어머니께서 대단하다고 하실 정도이다. 남한테 좋은 모습 보여주는 것과 알뜰한 게 무슨 상관이던가. 비싼 명품을 나도 좋아한다. 하지만 분수에 넘치게 충동 구매하지 않는다.

어려서부터 근검절약의 교과서인 어머니의 영향, 종이 박스를 저금통으로 만들어 주신 아버지 덕택이기도 하지만 은행에서 자산가들의 자산을 관리해 주며 더욱 굳힌 나의 경제관념 덕택이다. 눈만 뜨면 통장에 돈이 입금되었던 학원 운영 초창기에는 잠깐 정신을 못 차린 적도 있었다. 한 달에 한 번 정해진 월급 날짜에 맞춰 따박따박 월급을 받던 아르바이트와 직장생활을 한 직후였다. 사업은 운영자 권한이기에 월급일이 따로 없다. 자기가 원하는 날로 조정 가능하다. 학원비도 그렇다. 자산 위험관리만 잘 할 수 있다면 사업의 매력이 거기에 있다. 아침에 눈 뜨면 항상 입금 후의 상태를 확인할 수 있으니 그동안 사고 싶었던 것들을 신나게 살 수 있었다.

물론 꼭 사야 하는 물건은 계획을 세워 분수에 맞게 사면 된다. 부자가 돈 쓰는 것에 뭐라 하는 사람들이 있는데 나는 생각이 다르다. 돈은 돌아야 한다. 부자들도 명품 좋아하는 사람들 많다. 자신이 열심히 일해서 사고 싶은 것 사는 것에 대해 제 3자가 그것에 대해 뭐라 할 자격은 없다고 생각한다. 문제는 자신의 분수에 맞는 지출인지이다. 영수증을 보면 그 사람의 생활, 나아가서는 취향, 가치관까지 엿볼 수 있다. 마음 가는 곳에 물질이 가기 마련이다.

나는 선물할 때에는 받는 사람이 정말 좋아할 만한 최상의 것을 선택한다. 하지만 나 자신에게는 인색한 편이다. 예전에는 나만의 교복이 있었다. 학생들이 매일 똑같은 옷만 입고 다닌다고 나의 학원 교복에 대해 지적하는 시어머니들이 되었다. 같은 옷을 여러 벌 사놓고 요일마다 돌려가며 입었기 때문이다. 좋아하는 일에 파묻혀 사느라 옷에 신경 쓸 시간까지 아껴 쓰던 나날들이었다. 오죽하면 집에 다녀오는 시간조차 아까워서 학원에 접이식 침대를 놓고 자는 날들도 많았다. 밤에 귀가하는 학생들이 침대를 펴주고 가는 경우도 있었다. 라이프 스타일을 미련할 정도로 단순하게 만들었는데 그렇게 치열하게 일 분 일 초 아껴서 살아왔으니 그나마 이 정도로 잘 버티고 있다고 생각하고 있고 매일 감사기도를 드린다. 하지만 이제는 나 자신에게 여러 가지로 좋은 선물을 주기 위해 노력하고 있다. 소소한 음식 선택에서부터 화장품 하나를 살 때에도 내게 가장 어울릴 만한 것을 신중하게 선택한다.

나의 영수증을 들여다보며 어디까지가 자족이고 욕심인가에 대해 생각한 적이 많다. 수입과 지출이 물 흐르듯 원활한 흐름인가, 그러면서도 풍요로움은 더욱 견고하게 안정되어 가고 있는가 살피고 또 살핀다. 자본주의에서 자본은 물질세계에서 가장 중요한 도구이다. 돈은 많을수록 좋다. 그만큼 내 그릇을 키우고 보다 많은 영향력을 끼칠 수 있게 해주기 때문이다. 많은 사람들이 선한 영향력에 대해 얘기한다. 나도 그런 영향력을 끼칠 수 있는 기버가 되기를 간절히 바라고 있다.

풍요로움은 잠재의식에서 생겨난다. 의식의 세계는 빙산의 일각에 불과하다. 잠재의식 속에 각인된 부는 우리의 뇌를 시스템화한다. 의식하지 않아도 항상 가던 길을 가고 있듯 우리는 관성의 법칙을 따른다. 우리의 잠재의식에는 무한한 에너지가 잠들어 있다. 그리고 그 에너지는 우리가 인풋하는 내용에 따라 달라진다. 풍요로움은 물질 세계에만 국한된 이야기가 아니다. 영적, 정신적, 물질적 모든 세계의 풍요로움을 향유할 수 있는 그릇이 되어야 한다. 그러기 위해선 매일 1분이라도 시간을 내어 꾸준히 나의 잠재의식을 풍요로움으로 채워넣는 습관을 들여야 한다.

나는 조셉 머피의 부의 확언같이 나만의 부의 확언을 만들어 녹음해서 매일 틈틈이 반복 재생하여 듣는다. 끊임없이 뇌가 현실과 미래를 동일시하도록 속이기 위함이며 잠재의식의 힘을 지혜롭게 활용하기 위한 나름의 몸부림이다. 마음의 풍요로움이 물질의 풍요로움으로 발현된다고 믿는다. 진짜 부자는 자산의 부자를 넘어 마음의 여유와 부를 누릴 줄 아는 사람이다. 부를 제대로 쓰지 못하고 죽는다면 무슨 의미가 있는가. 모으는 것 자체가 행복해서라고 말한다면 할 말이 없겠다. 하지만 좀 더 큰 그릇이 되어 모으고 나누며 더 그 풍요로움을 키우는 데에 관심을 갖는다면 행복도 그만큼 더 커지지 않을까 생각한다.

행복추구권은 대한민국 헌법 제10조에 명시된 국민의 권리이기도 하다. 자본은 한 인간이 행복하기 위한 최소한의 도구에서 그치는 개념이 아니다. 함께 그 행복을 나눠주고 받으며 서로의 성장을 촉진시킬 수 있는 공명과 동행에 필수적인 매개체가 바로 자본이다. 행복해지고 싶다면, 그 행복을 더 키우고 싶다면 자본을 공부하고 성장시켜야 한다. 그래야 행복한 기버로서 실천하는 삶을 살 수 있고, 더욱 많은 사람들이 함께 행복을 추구하고 실천하도록 도울 수 있다.

본질과 마케팅, 본질과 매스컴

초등학교 시절, 뭐든 열심히 하는 모범생으로 학교 선생님들의 관심을 한 몸에 받았던 나는 교내 뿐만 아니라 교외의 다양한 행사와 대회에서도 많은 상장을 받았다. 아버지의 직업으로 이사를 자주 다녀 초등학교를 네 군데나 옮기긴 했지만 말이다. 친구를 사귈 만 하면 또 전학을 가야 했기 때문에, 성장기 시절 속마음까지 털어놓을 수 있는 가까운 친구를 사귀기 힘들었다. 그래서 오히려 그 점 때문에 일기를 친구삼아 꾸준히 기록하는 습관이 자리잡혔다. 하지만 난 그 와중에도 열심히 살았던 잼민이였다. 다양한 학교를 다니면서 나는 그만큼 다양한 경험도 할 수 있었고, 그 중 하나가 바로 방송과의 인연이었다.

오래전 일이지만 방학이 되기 전 나눠 줬던 방학 숙제 중에 탐구생활이라는 교재가 있었다. 과학과 관련된 내용을 절반 이상 배정하여 자연 속에서 동·식물을 탐구하고 자발적으로 학습할 수 있도록 방학 과제물로 배포하던 학습 교재였다. 한국교육개발원에서 개발한 이 교재는 매일 학습하도록 내용이 구성되어 있었고, 라디오의 〈학교 방송〉에 맞추어 진도를 나가도록 짜여져 있었다. 학교에 나오지 않는 방학 동안에 교재에 적힌 다양한 활동을 탐구하고 기록해야 한다. 나는 어린이 진행자로 발탁되어 학교 선생님과 함께 KBS 방송국에 발을 디디게 되었다.

설레임과 기대감에 가득 차 처음 방문했던 방송국이었던 만큼 마이크 앞에 앉은 기분도 너무나 행복했다. 초등학교 저학년 때였지만 마이크 앞에서 떨지 않는다고 칭찬을 듬뿍 받은 이후 나는 나중에 꼭 방송 일을 하겠다고 마음을 먹었다. 열심히 공부해서 훗날 성공한 모습으로 방송을 통해 선한 영향을 끼치겠다는 마음을 품었던 어린아이였다.

그 후 많은 사람들에게 좋은 정보를 전해줄 수 있다는 방송의 매력에 푹 빠져서 나는 성인이 되어 MBC 방송문화원에서 제대로 아나운서 연수도 받았다. 연수 후 성우와 아나운서 일도 했다. 그때 함께 연수 받았던 방송문화원 동기들 중에는 지금 이름을 대면 누구나 알만한 유명인들이 꽤 있다. 중고등학교 시절 함께 공부했던 영어 스피킹 동호회 친구, 선배들 중에도 방송국 PD, 기자, 아나운서가 많은 편이다. 나름 학교에서 모범생으로 선생님들의 예쁨을 듬뿍 받았던 나는, 함께 활동했던 교외 영어 동호회 멤버들도 각 학교에서 유명한 수재들이었다.

하지만 나는 함께 연수받았던 방송 동기들, 학창 시절 친구들과는 달리, 20대 때 허약한 건강상의 이유로 최대한 정적인 공부와 일을 하게 되었다. 그래서 추후 단련된 심신으로 영어교육 전문가가 되어 조금 더 전문적인 모습으로 방송 일을 하자고 마음 먹었다. 그렇게 오랫동안 미뤄온 방송 일이기에 마음 한편에 늘 아쉬움과 미련은 남아 있었다. 대기만성이라고, 늦었지만 한 분야에서 더욱 단련된 후 언제든 멋진 방송인으로 다시 활동하리라 때를 기다리며 살아왔다.

하지만 방송 일을 하던 시절, 나는 나름의 고민이 많았다. 겉으로 비추어지는 모습 이상으로 내면의 허함에 대한 문제의식이었다. 화려할수록 그 이면엔 남모를 고충이 많은 것도 살면서 많이 느끼는 부분이다. 겉모습도 물론 중요하지만, 내면의 자아를 돌보지 않은 상태에서는 한계가 있다는 생각이다. 아무리 피부 관리를 해도 몸 안의 건강 상태가 좋지 않다면 한계가 있듯이 말이다. 내면의 보이지 않는 건강함이 밖으로 표출된다는 생각이다. 보이지 않는 에너지가 수많은 보이는 물질세계를 창조했듯이, 늘 자기관리는 내부에서 외부로의 방향이 옳다고 본다. 본질은 오랜 시간 그렇게 다져지기 때문이다.

방송이라는 매체를 통해 나는 내면의 자아가 어떻게 완성되어야 할지 깊이 고민했던 시기가 있었다. 나만의 스토리를 어떻게 완성해 가야 가장 완성도 있을까 하는 생각이었다. 요즘은 다양한 SNS를 통해 누구나 자기만의 목소리를 낼 수 있는 방법과 접근성이 확대되었다. 그만큼 편리하고 유익한 면도 있지만 가볍고 위험한 측면도 존재한다. 보여지는 게 전부라고 생각할 수 있기 때문이다. 본질에 대한 중요성과 의미 부여를 하는 나이기에 더욱 그렇다. 본질 중시에 너무 치우쳤기 때문에 답답할 정도로 고지식한 면도 있다. 그래서 학생들을 가르쳐 온 기간에 비해 홍보나 마케팅에도 거의 문외한이었다.

방송도 그렇지만 마케팅도 굳이 해야 하는가에 대한 의문이 강했던 것 같다. '입소문이 나면 알아서 오겠지' 하는 생각이 나를 동굴 속의 웅녀로 만든 것 같다. 하지만 학생들을 가르치며 보다 많은 이들에게 서비스를 공급하려면 조금 더 적극성을 띠어야 한다는 생각이 들었다. 대학교 입학 커트라인을 보면 점수가 높을수록 사회로 나왔을 때 어느 정도 보장이 된다는 뜻으로 볼 수도 있다. 예를 들어, 이과에서 의대 점수가 높은 이유는 의사가 되면 의사로서 가지는 사회적 지위, 경제적 풍요가 그만큼 좋다는 의미이다. 마찬가지로 문과에서 경영학과가 가장 들어가기 힘든 이유는 그만큼 수요가 많다는 뜻이다. 우리가 살고 있는 사회는 수요와 공급, 가격 결정이라는 경제 체제로 돌아간다. 사람들이 많이 찾는다는 건 그만큼 사람들이 필요로 하는 가치를 가진다는 뜻이다.

나는 사람들이 원하는 것을 제공해 줄 수 있는 무언가를 갖고 있는가에 대해 종종 생각했다. 그런 가치가 있는 사람인가. 물론 모든 사람은 그 존재 자체만으로도 귀한 가치가 있다. 그러나 사회인으로서 내가 다른 사람들과 함께 살아가면서 내가 받는 것처럼 줄 수 있는 무언가가 있어야 한다. 내가 갖고 있는 장점으로, 특별한 재능이 없더라도 내가 최대한 제공해 줄 수 있는 가치가 무엇인가 말이다. 그 가치를 보다 많은 이들이 찾는다면 그만큼 더 많은 자본을 보상으로 받는 것이다. 자본주의 사회에서 내가 보유한 자본의 크기가 커질수록 사회에 끼칠 수 있는 영향력도 커진다는 것은 너무도 자명한 사실이다.

그런 측면에서 경영학과 입학점수가 높은 것이다. 어떤 제품을 살 때 무엇을 살지 모른다면 제일 많이 팔리는 제품이나 비싼 제품을 사라는 말이 있다. 그만큼 많은 사람들에게 인정을 받았다는 것을 의미한다. 마케팅, 방송도 마찬가지이다. 좋은 제품, 서비스는 알려야 알 수 있다. 많은 사람들이 공유할 수 있도록 말이다. 아나운서announcer의 개념도 알리는 사람, 즉 '알리다' 라는 뜻의 announce에 접미사가 붙은 단어이다. 매스컴도 mass communication의 줄임말이다. 기술적인 매체를 이용해서 사람들에게 메시지를 조직적으로 전달하는 것을 뜻한다. 청중의 대중성이라는 특징 때문에 기술이 발전할수록 더욱 효과적인 매체들이 등장하고 있다.

나는 영어교육이라는 분야에서 누구보다 치열하게 살아온 건 사실이다. 그 방법에 있어서는 정답이 없다고 생각하지만 적어도 열정과 성실성 측면에선 자부한다. 하지만 이제는 앞서 언급한 관점에서 방법을 고민하고 있다. 나의 가치를 제공받길 원하는 사람들, 니즈가 있는 사람들에게 보다 효과적으로 그 가치를 제공해 주고 싶다. 그래서 훌륭한 마케팅 전문지식을 가진 분들에게서 마케팅 교육도 받았고 이제는 나노 단위의 시간쪼개기와 실행의 문제를 고민하고 있다. 뭐든 세상에 공짜는 없는 법. 누구에게나 똑같이 주어진 시간자원을 어떻게 쪼개서 체계적으로 쓰느냐가 가장 일상의 중요한 숙제이다.

나의 가치가 얼마나 성장했는지는 자신이 알 수 있지만 시장의 반응을 통해 더 정확히 확인할 수 있다. 자본주의에서 가치와 자본은 매우 우호적인 교환관계이다. 따라서 자본주의 사회에서 우리는 성장한 자신의 가치만큼 자본의 크기도 함께 성장한다는 사실을 잊지 말아야 한다. 가치의 성장에 몰입하다 보면 자본이 뒤따라 오게 되는 것을 알 수 있다.

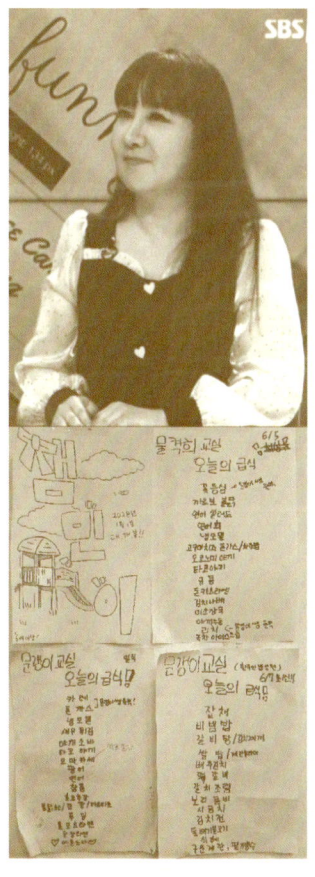

제 6부

6. 마인드 셋팅편

: 아직의 힘 Not Yet, 그릿 Grit 그리고 성장지능

세종대왕과 영어, 그리고 챗GPT

한국에 태어나 왜 영어를 배우냐며 한글만 쓰겠다는 학생들이 있다. 사실 나는 초중고 재학시절 외국어인 영어보다 모국어인 국어가 더 어려웠다. 국어에는 한자가 상당히 많다. 한자의 수많은 획을 보며 무슨 글자가 이렇게 복잡하게 생겼나 신기해 했다. 순수한 한글로만 이루어졌다면 체감상 난이도가 덜 어렵게 느껴졌을 것 같다. 하지만 그래도 국어는 맞춤법도 그렇고 띄어쓰기도 늘 쉽지 않다. 대치동 어느 중학교 국어시험에 "해질녘"을 띄어쓰기까지 정확하게 써야 하는 시험이 나왔다고 한다. 지도하는 학생이 와서 말하기를 대부분의 학생들이 오답을 제출했다고 하던 그 문제의 정답은 바로 해 띄우고 질 띄우고 녘이란다.

이렇게 까다로운 띄어쓰기를 어떻게 맞춘단 말인가. 한글의 맞춤법도 그렇지만 특히 경어체는 외국인 입장에서 한글을 배울 때 가장 어려운 부분 중의 하나이다. 어려서부터 영어권 국가의 원어민과 함께 지내며 일해오고 있는지라 그들이 한글을 배울 때 어떤 점이 고충인지 자세히 듣는 편이다. 또한 모국어도 아닌 영어는 도대체 누가 만들었냐는 질문들도 학생들에게서 수없이 듣는다. 내가 만든 것도 아닌데 왜 나한테 불만을 이야기 하냐며 웃으면서 되묻곤 한다. 영어는 만국 공용어이기에 영어를 알면 사회에 나아가 더 쓸 일이 많을 거라고 얘기한다. 사회에 나가서 영어 활용할 일을 하지 않더라도 입사, 승진, 유학, 대학원 진학 등에 공인 영어 성적표가 들어가는 경우가 많다. 하지만 그것과는 별개로 일단 눈앞에 닥친 입시에서 시험에 영어 들어가지 않는 학교가 거의 없기 때문이라고 얘기한다. 주요과목인 영어를 잘해야 입시에서 유리해지는 건 학생들도 잘 알고 있다.

교육현장에서 교육과정을 만들고 운영하는 사람들이 다 머리가 있는 사람들이기에 과목별 시수나 비중을 계획할 때 매우 고심해서 만든다. 입학점수 커트라인이 높을수록 들어가기 힘든 대학교와 학과이다. 그런 곳은 대부분 영어는 필수과목으로 비중도 높다. 현실적으로 영어는 피할 수 없는 운명공동체이다. 그러면 대학 이후엔 어떠한가. 분야마다, 하는 일마다 다르겠지만 영어를 써야 하는 사람들이 많다.

시대적 화두인 인공지능AI가 등장했어도 영어에 대한 열정과 시간 투자는 필요하다. 챗GPT가 있더라도 영어를 알아야 결과물을 더 효과적으로 빠르게 얻을 수 있다. 그리고 인공지능의 힘을 빌리더라도 영어사용의 주체인 사람이 그 내용물을 검토하고 자신에게 맞는지 필터링할 줄 알아야 한다. 직원을 쓰더라도 사장이 일을 알고 쓰는 것과 그렇지 않고 쓰는 것에는 사업적으로 결과물이 다를 수밖에 없다. 사용의 주체자가 영어를 알고 사용할 때와 모르고 사용할 때 그 효과는 같을 수 없다. 영어의 모든 것을 인공지능에게 맡긴다기보다 영어에 대한 열정과 뜻을 가지고 인공지능을 활용한다는 마인드와 접근법이 옳다고 생각한다.

영어가 정말 좋아서 공부하는 학생들은 거의 없다. 모국어가 아니니 더 사용환경에의 노출에도 한계가 있다. 학생들 왈, 세종대왕이 아예 한글을 만들지 않았더라면 우리가 영어를 모국어로 쓸 수 있지 않았겠냐고도 묻는다. 가정법이다. 현실적으로 일어날 수 없는 일에 대한 상상은 어디까지나 미래라는 시간적 조건을 두고 하자 라고 얘기한다. 과거는 바꿀 수 없다. 우리가 바꿀 수 있는 시간은 현재와 미래뿐이다. 지금 이 순간 우리가 한글을 없앨 수 없다면 받아들여야 한다. 피할 수 없다면 즐기란 말이 있다.

영어도 마찬가지이다. 불평 불만해서 무슨 소용이겠는가. 한글을 쓰는 대한민국 국민으로 태어난 이상 모국어는 한글이고 영어는 외국어이다. 학생들이라면 적어도 이 두 개의 언어를 쓸 줄 알아야 한다. 영어는 한글과 어순부터 다르다. 그리고 같은 단어들이라 할지라도 그 단어들의 순서가 달라지면 뜻도 달라지는 언어이다. 그런 영어의 특성상 단어의 특징과 패턴, 구조에 대해 배워야 한다. 그래서 귀차니즘 일색인 학생들 불만이 많다.

영어의 구조와 규칙성을 영문법이라고 한다. 문법하면 딱딱하고 어렵게 느끼는 사람들이 많다. 하지만 영어를 떠나 '법'이라는 개념이 그렇지만 정해진 틀이란 게 있다. 그래서 더 내용을 들여다보면 깔끔하고 분명한 특징이 있다. 알수록 그 단순함을 알게 되므로, 완전히 이해가 갈 때까지 반복하기가 귀찮아서 그렇지 한번 확실히 이해를 하게 되면 문법만큼 또 쉬운 것도 없다. 이 부분은 〈성장영어, 실행편〉에도 언급되니 참고하면 좋겠다.

영어공부 왜 하세요?

영어공부로 원하는 목표를 달성하려면 무엇보다도 이 공부를 왜 해야 하는가에 대해 스스로 답을 할 수 있어야 한다. 야심차게 시작했던 공부가 얼마 가지 못하고 실패를 거듭하는 가장 큰 이유는 바로 이 질문에 대한 답을 명확하게 하지 못해서이다. 내가 왜 이 공부를 해야 하는지, 이 공부로 내가 얻을 수 있는 것엔 어떤 것들이 있는지, 공부를 안 하는 경우와 하는 경우 두 가지의 차이점엔 무엇이 있는지를 비교해 봐야 한다.

스스로 이 부분을 면밀하고 명확하게 따져보지 않는다면 공부의 지속성과 효력은 오래 가기 힘들다. 시험공부를 위해 단기간 집중해서 공부해야 하는 입시 영어도 있고, 외국인을 만나 원활하게 의사소통하고자 하는 목표도 있으며, 원서나 영어논문, 영자신문을 편하게 읽고 원하는 정보를 얻고 싶어 하는 목표도 있을 수 있겠다. 영어공부의 목적과 목표는 사람마다 너무도 다양할 수 있는데, 어떤 목표든 그 부분이 선행되지 않는 공부는 중간에 방향성이나 추진력을 잃기 쉽다. 어떤 일이든 마찬가지겠지만 말이다.

숱한 학생들을 지도해 오며 영어성적이 저조했던 학생들 대부분에게서 발견되었던 문제점은 바로 영어 공부법만큼이나 확신하지 못했던 영어공부에 대한 목표 상실이었다. 대부분의 사람들이 그렇겠지만 등 떠밀리듯, 학교 교육과정의 주과목이 영어이기 때문에 능동적인 선택의 주체로서가 아닌, 수동적 입장에서 영어를 접하고 공부한다. 그러다 보니 영어시험 앞에서 어쩔 수 없이 벼락치기를 하고,

또 하나의 시험이 끝나면 또 그 과정을 반복하게 된다.

피할 수 없는 상황, 즉 학교 교육과정에서 다루는 주요 과목으로서의 영어를 공부하는 학생이라면 일단 높은 성적을 목표로 하라고 얘기한다. 입시는 점수로, 결과로 진학 학교를 선택하는 제도이기 때문이다. 한번에 9등급이 1등급으로 퀀텀점프하기는 힘들겠지만 기간을 세분화해서 한두 등급씩 오르겠다는 목표는 설정할 수 있다. 어찌 보면 입시영어만큼 간단한 것이 없다. 공부하면 수치로 성적을 확인할 수 있기 때문이다. 생활영어나 원서 읽기는 좀 더 추상적이고 막연할 수 있지만 영어시험은 출제 범위와 출제 경향에 맞춰 준비하면 점수가 나오니 이런 면에서는 자신의 노력에 대한 결과를 확인하기 용이하다.

문제는 작심삼일에 있다. 목표는 1등급인데 노력은 8등급이라면 그 갭을 채워줄 방법은 오직 자신의 노력밖엔 없다. 1등급을 하고 싶다는 학생들이 단어 외우기 귀찮다고, 숙제 조금만 내달라고 할 때면 그런 학생들에게 되묻는다. 세상에 공짜 없는데, 네 목표가 1등급이면 적어도 1등급하는 학생들이 기울인 노력 정도를 너도 해야 하지 않겠냐고. 목표와 현실의 갭 차이를 좁혀갈 수 있는 방법은 오직 노력뿐인데 그 당연한 이치를 머리로는 알지만 가슴으로 절실히 깨닫지 못한다.

영원한 1등도 없으니 1등하는 학생도 늘 불안하고 초조한 건 마찬가지다. 대체로 성적이 높은 학생들의 노력의 강도가 더 세지는 것도, 공부를 얼마나 어떻게 해야 그 성적이 나올 수 있는지 겪어봐서 알기 때문이다. 어떤 일이든 고생을 해 본 이가 그 가치를 아는 것처럼 고생해 보지 않고서는 그것을 얻기 위해 얼마나 노력을 기울여야 하는지 모르기 때문에 가치에 대한 인지를 하기 힘들다.

영어는 만국 공용어이기 때문에 학교에서 주요 과목으로 다루는 것이다. 대학에 진학해서도, 사회에 진출해서도 끊임없이 따라 다니는 영어를 하기 싫다고 등한시 하면 그만큼 내게 오는 보상도 작을 것이다. 노력과 결과가 비례한다는 인식부터 해야 한다. 노력 없이 결과만 바라는 심리는 요행만을 바라는 것이나 다름없다. 스스로 그런 생각을 하기 힘들어서 학원을 찾는 학생들이 대부분이다. 끊임없는 자극이 필요하기 때문이다. 내가 스스로 찾아서 하기 힘드니, 어쩔 수 없이 할 수밖에 없게 만드는 환경 세팅을 하는 것이다.

원하는 학교에 가기 위해, 원하는 어떤 목표를 이루기 위해 하는 영어 공부는 그 목표가 구체적으로 어떤 것이든 내가 잘 되기 위해 하는 영어공부라는 공통점이 있다. 결국 내가 잘 되기 위해서이고, 내가 행복해지기 위해서이다. 행복을 추구할 권리는 누구에게나 있고 이는 한국의 현행 헌법 10조에도 행복추구권, 즉 '모든 국민은 인간으로서의 존엄과 가치를 가지며, 행복을 추구할 권리를 가진다'라고 규정되어 있다. 인간으로서의 존엄과 가치를 가지며 행복을 추구할 권리를 가진 우리가 그 도구로서 영어를 사용하는 셈이다.

영어는 궁극적인 인생의 목표나 목적이 아니며, 우리가 행복해지기 위한 하나의 도구이다. 그런 행복추구의 도구로서의 영어를 지혜롭고 야무지게 잘 활용하려면 우리의 멘탈이 우선 깨어 있어야 한다. 행복해지기 위한 영어로 인해 불행감을 느껴서야 되겠나. 행복감을 느끼기 힘든 상황에 놓여 있는 사람들도 적지 않겠지만, 그렇다고 언제까지 힘들고 불편한 상황과 환경 탓만 할 것인가. 내가 바꿀 수 있는 것이 무엇인가 차분히 골똘히 생각해 보고 따져 보자. 신체가 불편한 장애인들도 자신뿐만 아니라 세상을 바꾸는, 세상에 감동과 선한 영향을 미치는 경우들도 얼마나 많은가.

내가 가지지 못한 것에 대한 불만과 원치 않는 사람이나 상황에 대한 원망만으로 귀한 시간을 허비하고 있다면 얼마나 어리석은 일일까. 힘들다, 고통스럽다는 기준은 사람마다 다르기 때문에 그 정도를 가늠하긴 힘들다. 다만, 자신이 느끼고 있는 삶에 대한 무게와 감정은 스스로 통제하고 다스릴 수 있는 부분이다. 영어공부도 그렇지만 인생에 대한 관점도 비슷한 것 같다. 너무 애쓰지 않아도, 작은 부분부터 하루에 한 가지라도 내가 무언가 해냈다는 성취감을 얻게 된다면 시간들이 모여 반드시 그 성과를 보여준다. 쉽게 포기만 하지 않으면 된다. 그러니 나의 타고난 조건을 탓하기보다 나의 노력의 부족함을 부끄러워해야 한다. 여러 번 강조해도 지나치지 않는다. 성장지능은 나에 대한 사랑에서 출발한다. 나에 대한 믿음에서 기적은 시작된다. 캐롤 드웩 교수의 아직의 힘Not Yet처럼 내 안에 아직 잠자고 있는 무한한 지능을 계발해야 한다. 또한 미국의 심리학자인 엔젤라 더크워스가 개념화한 용어인 그릿Grit, 즉 열정적인 끈기의 힘을 갖고 자신의 지능을 성장시켜야 한다.

작은 성취감. 그로 인한 자신감과 뿌듯함. 영어지능 성장도 마찬가지이다. 단어 한두 개 외워보고 되면, 그다음에 하나씩 둘씩 암기량을 늘려가면 된다. 영어공부의 이유를 찾을 때도 그렇다. 내가 왜 공부해야 하는지 생각해 보고, 피할 수 없는 상황이라면 정면돌파해야 하는데 어떻게 해야 할지 방법을 찾아 봐야 한다. 거창한 목표와 무리한 공부량으로 쉽게 지쳐서 떨어져 나가지 말고, 내가 오늘 지금 감당할 수 있는 만큼만 하면 된다.

영어공부의 이유에 대해 생각해 볼 때 잊지 말아야 할 한가지는 앞서 언급한 것처럼 나의 행복이다. 좋아하는 과목이 영어가 아닐 수 있다. 그럼에도 해야 한다면, 높은 점수, 유창한 영어회화, 막힘없는 영어 원서책 읽기처럼 단순하게 생각하면 된다. 그리고 내게 맞는 구체적인 매일의 목표와 데일리 스케줄을 짜면 된다. 그래야 내게 좋은 것을 줄 수 있기 때문이다. 논리적으로 납득이 된다면, 머리가 인정한 것을 가슴이 받아들이도록, 그리고 이왕이면 좀더 기분좋게 받아들이고 느끼도록 끊임없이 주문을 외우자.

나는 잘할 수 있다, 나는 해낸다, 나는 나를 믿는다. 이렇게. 그리고 원하는 목표를 달성한 자신의 모습을 구체적으로 상상하며 현실화시키자. 오늘 하루 최선을 다하다 보면 거시적으로 조금씩 목표에 다다르는 자신을 발견하게 될 것이다. 나는 소중하므로, 그리고 내 인생은 행복해야 하므로, 내게 기쁨과 행복을 주는 영어라는 도구를 감사하게 생각하고 제대로 활용할 수 있어야 하겠다.

꿈을 이루어 주는 도구, 영어

학생들이 자주 묻는다. 선생님은 영어를 왜 좋아하냐고. 그러면 좀 이상하게 들릴지 모르겠지만 나는 학생들에게 이렇게 반문한다. 게임이 왜 좋냐고. 많은 학생들이 재밌어 하고 빠져있는 게임에 대해 나는 이상할 정도로 흥미를 못 느낀다. 사람이 이렇게 다른 거구나 하는 생각이 든다. 사람마다 흥미를 느끼는 대상과 포인트가 다르다. 게임을 좋아하는 사람도 있는가 하면 나처럼 전혀 흥미를 못 느끼는 사람도 있다. 휴식시간에, 휴가를 내어 즐기고 싶고 머물고 싶은 대상과 장소는 사람마다 다르다.

이름을 잘못 지었냐는 우스개소리를 많이 들어왔다. 글자를 보면 기분이 좋아지는 건 기분탓은 아닌 듯 싶다. 영어책을 보면, 독서를 하면 기분이 좋다. 뇌속에 쾌락과 보상시스템을 조절하는 도파민, 기분 조절과 감정상태를 관장하는 세로토닌이 분비되는 포인트가 사람마다 다를 것이라고 생각한다. 나는 새로운 정보를 만나거나 크고 작은 성취감이나 심미감을 느낄 때, 그리고 운동할 때 많이 분비되는 것을 알고 있다. 그래서 나의 뇌가 어떨 때 기쁨과 행복감을 느끼는지 알기 때문에 역으로 뇌의 착각을 일으키기 위해 일상에서 꾸준히 신경을 쓰는 편이다.

영어에 대한 생각도 마찬가지이다. 영어를 좋아하는 사람은 많지 않다고 생각한다. 내가 이루고 싶은 꿈, 목표를 위해 필요하니까 영어 공부를 하는 사람들이 대부분일 것이다. 영어가 좋진 않지만 나의 꿈을 이루어주고 행복하게 해주는 도구라는 생각을 하게 된다면 의무

감으로라도 마땅히 해야, 그것도 잘 해야 함을 인지하게 될 것이다. 학생들에게 얘기한다. 영어가 네 꿈에 날개를 달아줄 거라고. 예체능을 전공하는 학생들마저도 입시에 반영되는 주요과목인 만큼 영어는 잘할수록 좋은 거라는 말을 잊지 않도록 끊임없이 해준다.

영어 100점이어야 자존감도 인생도 100점일까. 영어를 잘해야 성공한 인생이라고 말할 순 없다. 하지만 잘해야 자신감, 자존감도 올라간다. 좋아하는 것을 잘하기가 쉽다. 선생님이 좋아서 과목이 좋아지는 경험을 해본 이들도 많을 것이다. 특히 초등학생들은 이성보다는 보다 감성에 따르기 때문에 더욱 칭찬과 보상에 신경 써줘야 한다. 잘한다는 칭찬 한마디에 아이들의 마음이 녹는다. 하지만 학년이 올라갈수록 내용도 어려워지고 공부량도 늘어나면서 영어에 대한 좋아하는 마음이 변하게 된다. 그럴 때 아이들에게 더욱 강조하는 내용이 바로 잘하면 좋아진다는 것이다.

공부를 별로 안하고 기대도 안했지만 시험에서 고득점을 맞은 과목이 있었던 학생들을 심심치 않게 본다. 그 학생들은 그 과목에 더 애착을 갖는다. 잘한다는 칭찬, 잠재력이 있다는 따뜻한 격려의 말을 들으면 관심이 없었던 대상도 애착이 생기기 쉽다. 어릴 적에 학교 앞 피아노 학원을 지나다니다 피아노 선율에 빠져들어 엄마를 졸라서 피아노 학원에 등록한 적이 있다. 그러다 이사를 가게 되어 다른 학원으로 옮겨야 했고, 여러 학원들을 다니며 테스트를 보고 상담을 받았다. 그때 나의 부족한 부분을 언급하며 매우 차갑게 보였던 선생님보다는 가능성에 대해 얘기하며 칭찬해 주었던 선생님에게 더 마음이 끌렸다.

자칫 늘어질까 싶어, 방심하지 않도록 엄한 선생님을 찾는 학생들도 있지만 나는 따뜻하고 자상한 선생님이 더 잘 맞는 성향이었다. 칭찬 한마디에 기분도 좋아지고 자신감도 생기기 때문이다. 특히 초등학교 때까진 중고등학교 때에 비해선 입시영어와 좀 거리가 있는 편이니, 이땐 장기적으로 접하게 될 영어에 대한 심리적인 애착형성이 되도록 하는 것이 매우 중요하다고 본다. 영어유치원이나 그 이전에 홈스쿨링 등 일찍이 조기영어교육을 받은 학생들 중에는 너무 빨리 시작해서 지치게 되는 경우도 존재한다. 무엇보다도 심리적인 부분이 중요하다.

뭐가 뭔지 모르는 학생들도 많다. 잘하고는 싶은데 공부하기는 귀찮다고 한다. 심지어 수업을 마친 후 집에 가기도 귀찮다는 학생들이 영어공부를 찾아서 열심히 하기가 쉬울 수 있겠나. 그래서 영어를 가르치는 사람으로서 나는 귀차니즘과 본능에 충실하고 싶은 학생들에게 작심삼일이 아닌, 작심일일, 작심 한 시간인 학생들에게 잊지 말라고 만날 때마다 얘기해 준다. 안되면 되게 만들어서라도 아이들이 행복해지길 원하는 절실함이 있기 때문이다. 아이들이 성장해서 성인이 되어 뒤돌아봤을 때, 한번 지나가면 다시는 돌아오지 못할 학창시절, 인생의 꽃다운 시절에 내게 남다른 관심을 주고 얘기를 해줬던 선생님이 있었음을 감사한 마음으로 돌아보길 원한다.

영어성적은 나에 대한 탐구성적

앞서 영어공부에 대한 이유와 목표는 나 자신에 대한 관심에서 시작되며, 행복추구권, 즉 행복해지기 위해 영어를 도구로 활용하여 개인의 목표를 달성할 줄 알아야 한다고 언급했다. 그리고 이것과 함께 깊이 살펴봐야 할 또 한 가지는 바로 인간애라고 생각한다. 이는 우리 삶의 근원적인 부분과도 연결될 수 있다. 우리는 누구나 사랑하고 사랑받을 가치가 있는 존재들이지만 이는 각박한 삶 속에서 의외로 놓치기 쉬운 부분이기도 하다. 일차원적인 생존을 뛰어넘어 보다 나은 삶의 질을 추구하는 사람이라면 그 근원적 이유엔 나에 대한 사랑이 있다는 것을 누구나 쉽게 발견할 수 있다.

자신을 소중히 생각하고 사랑하는 사람이 남도 사랑할 수 있다고 생각한다. 자신에 대한 사랑만큼, 그리고 받아본 사람이 더 잘 돌려주고 베풀어 줄 수 있는 것도 사랑이 아닌가 싶다. 사는 게 힘들고 고통스러운 사람이 영어공부가 눈에 보이고 귀에 들릴 수 있을까. 당장 내 앞의 수많은 크고 작은 문제점들이 크게 보이고, 남의 행복과 비교하여 상대적으로 본인의 삶은 초라하거나 불행하다고 생각하기 쉽다.

자신에 대한 애정과 긍정적인 에너지가 충만해야 남과의 비교마저도 생산적인 결과로 이어질 수 있다. 부정적이고 회의적이고 파괴적인 마이너스 에너지를, 긍정적이고 희망적이고 생산적인 플러스 에너지로 바꿀 수 있는 힘도 바로 자신에 대한 사랑에서 시작한다고 볼 수 있다. 그래서 매일 나 스스로에 대한 돌봄과 세심한 케어가 필요하다고 학생들에게 얘기한다. 건강한 나로서 매일을 살아가려면, 우선 자신에 대한 점검과 힐링을 해줄 수 있는 메타자아가 깨어 있어야 한다.

나를 객관화시키는 방법으로 힐링하는 메타자아 활용법. 나의 겉모습은 거울을 보며 피부를 관찰하고, 외모를 살피며 알 수 있다. 반면에 나의 안면체크는 휴식을 통해 나의 마음을 들여다보거나 기도, 명상을 통해 하는 경우가 흔하다. 그렇다면 메타자아 케어는 무엇일까. 바로 나의 감정을 객관화 시켜서 그 감정을 승화시켜 보는 것이다. 예를 들어, 슬픈 감정이 들면 "내 감정이 슬프구나." 라고 생각하고 말하는 것이다. 슬픈 것은 내 감정이지 내 자신은 아니라고 생각하고 말하는 방식이다. 마찬가지로 우울한 감정이 들면 "내 마음이 우울하구나.", 즉 내 마음이 우울한 거지 내 자신은 아니라고 생각하고 고백하는 것이다. 즉, 내 자신과 감정을 분리해서 누르고 있던 내 감정을 인정하고 어루어 만져주는 적극적이고 세심한 행동이다. 자기 자신에게 이런 감정이 있다는 것을 스스로 인정하고 어루만져 주는 것보다 더 좋은 것은 남에게 이를 고백하고 함께 공유하는 것이다.

누르고 또 누르면 스트레스로 적립되어 결국 언젠가는 터질 수 있다. 풍선 한쪽을 누르면 다른 쪽이 튀어 나오는 것처럼 승화되지 않은 감정은 내 몸 안에 병으로 쌓일 수 있다. 따라서 어떤 방법이든 자신에게 맞는 방법으로 스트레스가 내 몸의 병으로 귀결되지 않도록 그때그때 바로 해소해 줄 수 있어야 한다고 생각한다. 이런 메타자아 연습은 아이들에게도 훈련시키면 학습에의 집중에 도움을 준다.

아이들에게 직접 표현하도록 유도하는 구체적 연습법이 매우 효과적이다. 감정이나 생각은 표출하지 않으면 컴퓨터 화면에 둥둥 떠 있는 화면들처럼 정리가 안 된다. 수많은 자기개발이나 동기부여 인플

루언서나 석학들이 글쓰기를 강조하는 이유도 마찬가지이다. 글쓰기를 통해 머릿속에 잠겨 있거나 정리되지 못했던 생각이나 감정들이 질서정연하게 자신의 폴더, 즉 자기 자리를 찾아가게 할 수 있다. 그래야 내가 나를 더 잘 파악할 수 있고 나아가는 길에서 필요한 것이 무엇인지 무엇을 수정하고 강화해야 하는지 더욱 빠르고 명확하게 알 수 있다.

학생들에게도 늘 얘기한다. 고민하지 말고 종이에 써보라고. 그리고도 답답하거나 불안하면 쓴 내용을 타인과 공유해 보라고. 부모님이든, 선생님이든, 친한 친구이든 자신의 답답함이나 고민을 풀어보지 못하면 혼자서 끙끙 앓다가 마음의, 몸의 병으로 드러날 수 있기 때문이다. 그래서 나는 대학교 수능영역처럼 이러한 나에 대한 탐구영역을 메타자아 탐구영역이라고 부르며 이 영역에서 고득점을 받아야 영어 뿐 아니라 다른 영역에서도 원하는 성적을 확인하기 유리하다고 학생들에게 얘기한다.

나 자신에 대한 탐구와 분석이 깊고 정교할수록 성적도 안정감 있게 상승곡선을 그릴 수 있다. 공부를 잘 한다는 의미는 머리가 좋다, 교육환경이 좋다는 의미로 온전히 설명될 수 없다. 수많은 수재들, 목표성적과 대학 진학이라는 목표를 달성해낸 제자들을 지도해 오면 공부를 잘 한다는 의미는 자기관리, 자기통제를 잘한다는 의미라는 생각이 들었다. 일단 공부를 잘하려면 몰입력이 뛰어나야 하는데 몰입이라는 것은 내가 공부하는 과목에 제대로 푹 빠져 있어야 가능하기 때문이다. 아무 생각이 없어도, 잡생각들로 생각이 너무 많거나 산만해도 특정시간 내에 해내는 공부량이 많을 수 없다.

공부를 잘하는 학생들이 더 잘할 수밖에 없는 이유가 여기에 있다. 한 시간에 한 문제를 겨우 푸는 학생과 같은 시간을 주었음에도 세 문제를 푸는 학생이 있다고 가정해 보자. 보다 많은 문제를 푸는 학생은 시간이 갈수록 더 많은 문제를 풀게 될 것이고, 따라서 누적된 문제 수의 격차는 시간이 갈수록 더욱 그렇지 않은 학생과 벌어질 수밖에 없다. 이는 비단 영어에만 국한된 문제는 아니다. 어떤 공부를 하든 마찬가지일 것이다. 몰입을 잘 할 수 있으려면 나에 대한 성찰의 시간, 탐구하는 시간이 선행되어야 한다. 그래야 더욱 효율적으로 원하는 결과를 확인할 수 있다.

영어 공부방법, 일타강사 다 필요 없다 – 대치동 영어금쪽이들

영어공부에 관한 정보는 넘쳐난다. 아무리 훌륭한 공부법이라고 해도, 공부법이란 것이 모두에게 적용되기 힘든 이유는, 사람마다 개인의 특성이 있기 때문에 누구에게나 적용될 수 있는 방법이란 것이 있기 힘들다. 그럼에도, 최대한 보편적인 방법을 찾아 적용하면서 개별 특성을 고려하여 케어해 주는 방법이 가장 현답이라고 본다.

오랜 시간 학생들을 가르치면서 들었던 의문점은 바로 방법론이 최우선이 아니라는 점이다. 공부하겠다는 의지가 없으면 그 어떤 족보도, 일타강사의 강의도, 꼼꼼한 관리도 아무 소용이 없다는 점이다. 무슨 일을 하든 마찬가지겠지만 교육은 더욱 그렇다고 본다. 사람을 계몽시키고 깨우쳐 알게 하는 일이기 때문에 그 마음의 중심과 상태보다 더 앞선 내용은 없는 듯하다.

"영어공부방법은 하도 많이 들어서 다 알거든요? 그런데 공부하기가 싫어요"

"영어공부방법에 관한 책 많이 읽어봤어요. 그런데 정작 제게 맞는 방법인지는 모르겠어요."

"공부를 잘하고 싶은데 공부하긴 싫고 귀찮아요. 그런데 게임은 하루 종일 하라고 해도 밤새서 하겠어요. 학원은 다니니까 그래도 어떻게 잘되지 않을까요?"

기행을 일삼고 상상을 초월하는 저세상 텐션의 아이들까지 다 아우르려면 영어지식 만으로는 충분하지 않다. 아이들을 공부하게끔 만드는 것이 공부내용 자체를 지도하는 것보다 훨씬 힘들고 어려운 일이다. "이게 맞으니까 무조건 이렇게 해" 라는 말이 아이들에게 얼마나 설득력이 있을까. 조용히 하라고 해도 말을 안 듣고, 집중 안하고, 딴생각하는 게 얼굴에 나타나는데 어떻게 지식이 머리에 들어가서 결과로 도출될 수 있을까. 조용히 안 할 때는 녹음기를 켜고, 그래도 공부 안하고 몸개그를 하며 장난치는 아이들을 향해선 동영상을 켠다.

그렇게 엄마한테 보내는 "협박 증거물"을 확보하면 순한 양으로 둔갑하긴 하지만 그렇게 공부 시킨들 얼마나 능률이 오를 수 있을까.

그렇게 자기주도 학습을 할 수 있는 학생이 되느냐 아니냐에 따라, 일단 학생들의 학업성취도는 한번 체로 걸러지는 듯하다. 스스로 파고들어 공부하는 학생들은 결과도 그만큼 좋을 수밖에 없다.

시켜서 하면 그나마 다행인데 시켜도 공부시키기 힘든 아이들이 있다. 그런 아이들에게 영어교육 방법론은 또 다른 의미를 갖는다. 영어를 스스로 잘하는 아이들은 자기만의 방법을 만들어서 활용할 줄 안다. 소위 극상위, 최상위 학생들, 꾸준히 공부 잘하는 아이들이 그렇다. 이런 학생들은 자기가 잘하고 있는지에 대해 확인받고 싶어서 학원 문을 두드리는 경우가 많다. 하지만 대부분의 학생들은 그렇지 않다.

시켜서 잘하는 학생들을 더 많이 볼 수 있고, 이런 학생들은 교사나 부모의 조력이 필요하다. 집에서 홈트로 건강한 몸과 멋진 몸매를 만들 수 있는 사람은 무슨 걱정이 있을까. 대부분 그게 힘들기 때문에, 그리고 내가 하고 있는 이 방법이 맞는지 확인받고 싶어서 헬스장을 찾고, 개인 트레이너를 찾는 것이다. 한마디로, 방법이 맞는지 확인해야 하고, 올바른 방법이라고 확인해도 정작 실천이 힘들기 때문이다. 실행이 없으면 결과도 없는 법.

이 부분에 대한 조력자의 역할이 매우 중요하다는 것을 그동안 현장에서 절실히 깨닫고 수없이 확인해 왔다. 꾸준히 결과를 내도록 실천하게 만드는 것, 이 부분이 영어교육 방법론보다 항상 선행되어야 한다고 생각한다. 이런 의미에서 아이들에게 학습 동기부여, 학습 멘탈과 마인드 점검은 매시간 이루어져야 한다. 잠깐 한눈파는 사이, 아이들은 또 우주여행을 떠나기 때문이다. 화성으로, 금성으로. 잠깐 화장실 다녀오겠다고 나간 아이가 오지 않아 확인해 보니 집에 가있더라.

이런 돌발행동은 영어성적과는 무관할 때가 많으나, 학부모 입장에서는 애가 탈 수밖에 없다. 저러다 언제 성적이 떨어질지 모르기 때문이다. 그래서 항상 학원에선 이런 다양한 영어 금쪽이들을 상담하고 문제점들을 해결해 주느라 다방면에서 분주하다. 영어성적이 오르기 위해선 공부 자체를 파고들어야 하는데, 이를 위해서는 제대로 집중하고 몰입해야만 한다. 그러나 그 몰입이란 것이 매순간 공부 외에 궁금한 점이 많은 아이들에겐 그리 쉬운 일이 아니다. 그래서 공부하는 시간과 쉬는 시간의 명확한 구분과 이를 실천할 수 있도록 개별 맞춤지도가 중요하다.

그래서 나름 교육특구 대치동에서 산전수전 공중전 다 겪고 해탈의 경지에 오른 나이지만 아이들은 매 순간 긴장의 대상이 아닐 수 없다. 잠깐 한눈판 사이 어디로 튈지 모르기 때문이다. 곱등이처럼 정신없이 튀어 오르는 텐션이 갑자기 순한 양으로 변하기란 쉬운 일이 아니다. 그렇기에 그냥 놔두면 좋지 않은 습관과 가치관이 형성되어 나중엔 더 고치기 힘들어 질 수 있다. 사람은 사회적 동물이고 환경의 영향을 받기 쉬운 존재이다. 한 사람이 건강하게 성장하기 위해서는 그 주변 사람들과의 상호작용과 환경설정 또한 건강해야 한다. 이러한 건강한 성장을 위한 인적, 물리적 장치설정을 돕는 이가 바로 부모님이고 교사이다.

물고기를 잡아주기 보다는 잡는 법을 알려주고, 더 나아가 더 많은 물고기를 효과적으로 잡는 법을 스스로 터득해 가도록 지도해야 한다. 그러려면 늘 반복되는 이야기지만 아이가 스스로 어디에서 어떤 물고기를 얼마나 많이 잡고 싶은지 마인드셋 정비가 필요하다. 그리고 그 이전에 자신에 대한 사랑과 가치에 대한 인지가 되어 있는지 근본적인 엔진 정비가 무엇보다 중요하다는 점 염두에 두어야 하겠다. 더 멀리 더 오래 걸어갈 수 있도록 말이다.

공부에 있어 절대 대충이란 없다

영어를 왜 잘해야 하는지 이유와 목표를 점검하고 잘하고 싶다는 마음이 생겼다면, 이제 방법을 고민해야 할 단계이다. 그런데 그런 방법론에 앞서 한 가지 또 짚고 넘어가야 할 부분이 있다. 바로 공부 자체에 대한 마인드와 멘탈 점검이다. 소위 작심삼일이라는 말이 있다. 3일을 가면 초심이 흐려지거나 없어진다는 말인데, 그렇다면 3일마다 한 번씩 작심을 하면 된다고 나는 학생들에게 얘기한다. 혼자 하긴 힘들 수 있다. 그래서 많은 학생들이 꾸준한 자극을 줄 수 있는 선생님을, 학원을 찾는다.

자기주도력이 뛰어나 공부 꾸준히 잘하는 학생들은 이 부분이 훌륭한 경우이다. 스스로 자신의 부족함을 늘 체크하고 그 부분에 예민하다 보니 공부 안하는 학생들보다 늘 더 초조하고 불안하여 긴장의 끈을 놓지 않는다. 뭐든 한 분야에서 노력하는 사람이 더 노력하듯, 공부도 하는 사람이 더 하게 된다. 실제로 해보니 자신의 부족한 부분이 무엇인지 구체적으로 더 보이게 되고 그러니 더 파고들게 되기 때문이다.

하지만 대부분의 학생들은 스스로 공부하는 자기주도 학습능력이 부족하다. 혼자서도 잘하는 학생들은 무슨 걱정이 있겠나. 그렇지 못한 학생들이 스스로도 잘 할 수 있도록 돕는 것이 바로 부모님과 선생님들이 해야 할 중요한 역할이다. 유리 멘탈로는 학습목표가 뚜렷하고 공부 방법이 훌륭하다 해도 원하는 결과를 만들어내기 힘들다. 자신에게 맞는 학습목표를 설정했다면 내 몸에 맞는 옷을 입듯 나에게 맞는 공부법을 찾기에 앞서 절실함을 체크해 봐야 한다.

영어공부를 왜 해야 하는지 내 머리로 알고 있고 학습목표를 설정했다고 해도 온 마음을 다하지 못하면 효율성이나 효과 측면에서 기대에 못 미치기 쉽다. 즉, "기억하다"라는 영어 단어를 떠올리라고 하면 remember 만큼이나 학생들이 잘 알고 있는 숙이 – 2개 이상의 단어가 조합되어 하나의 의미를 지니어 한 단어처럼 사용되는 복합어, 관용어 – 가 있는데 바로 "keep in mind"이다. 사전을 찾아보면 "~을 기억하다, 간직하다, 명심하다, 마음에 담다두다" 등의 뜻을 확인할 수 있다.

마음 속에 간직하고 명심해야 하는 것을 기억한다는 의미로도 해석한다. 머리로만 기계적으로 외우는 건 쉽게 잊혀질 수 있고 그 지속성이 오래가기 힘들 수 있다. 하지만 마음에 간직한다는 의미는 그만큼 나의 특정 대상에 대한 간절함, 절실함이라는 플러스 에너지가 같이 작용한다는 의미이다. 어떤 일을 하든, 간절함으로 임해야 제대로 결과를 만들어 낸다고 믿으며 이것을 달리 표현하면 정성, 열과 성을 다한다는 의미가 된다. 그렇지 않으면 목표를 향해 달려가는 과정에서 회의감이나 열등감, 자기 의심 같은 부정적인 에너지가 고개를 들기 쉽다.

〈영어지능 계발을 위한 성장지능 계발 5단계〉

〈마인드 셋팅 1〉 자기애와 자신감 갖기: 간절함과 믿음 장착
〈마인드 셋팅 2〉 자신에 대한 탐색: 영어 공부의 이유 고찰
〈마인드 셋팅 3〉 목표 설정: 세부목표부터 최종목표까지 설정
〈실행력 셋팅 4〉 내게 맞는 공부환경 및 공부법 찾기: 보완점 발견 및 수정
〈실행력 셋팅 5〉 꾸준한 실행: 학습능력 및 효과 극대화 시키기

성장지능을 촉진시키는 몰입의 즐거움 – 몰입력을 키우는 7가지 방법

몰입의 영어표기가 왜 플로우flow 일까? 의문을 가진 적이 있었다. Flow는 흐른다는 뜻인데 깊이 집중하는 것과 무슨 상관이 있을까 궁금했다. 어찌 보면 물이 흐르는 의미와 빠져드는 몰입의 의미는 서로 대치되는 개념 아닌가? 이런 생각을 했는데 몰입 개념을 처음 언급한 긍정심리학자 칙센트미하이에 따르면 flow(몰입)는 무언가에 흠뻑 빠져 있는 심리적 상태를 의미한다고 한다. 그는 이러한 심리 상태가 행복한 상태라고 주장했다. 예컨대 삶이 고조되는 순간, 마치 자유롭게 하늘을 날아가는 느낌이나 물이 흐르는 것처럼 편안하고 자연스럽게 행동이 나오는 상태를 말한다.

집중과 몰입의 차이는 지속성에 있다. 집중은 영어로 immersion이라고도 하는데 비교적 단기간 내가 원하는 대상에 빠져 있는 상태를 의미한다. 반면에 몰입은 집중의 지속적인 상태를 의미한다. 오랜 시간 내가 원하는 무언가에 빠져 있는 상태이며 이러한 몰입능력의 계발은 후천적 노력에 의해 얼마든지 가능하다. 스키를 타거나, 막상막하의 테니스 경기를 펼치거나, 암벽등반을 하거나, 어렵고 위험한 외과 수술을 성공적으로 마쳤을 때 등 이러한 상황에서 플로우, 즉 몰입상태가 찾아온다.

이렇듯, 플로우는 지속적인 의식의 질서 상태를 뜻한다. 하지만 몰입 정도를 측정하기 위한 시간의 지속성이라는 변수에는 절대적 설정 값이 없다. 시간의 지속성 정도를 구체적으로 정량화하기에는 개인의 능력이 다르다는 요인을 고려해야 하기 때문이다. 그러나 우리는 한 개인을 놓고 볼 때 집중과 몰입을 구별해서 쓰는 것은 어렵지 않음을 알 수 있다. 예를 들어, 평소에 30분 이상 책상 앞에 앉아서 학습에 몰입하기 힘든 학생이 있다고 하자. 이 학생이 어느 날 컨디션이 좋아서 40분을 집중해서 어떤 학습을 마쳤다. 이런 경우에는 집중을 잘했다고 표현한다. 그리고 이러한 습관이 점차 자리 잡혀서 거의 항상 집중을 잘하게 되면 우리는 몰입을 잘한다고 얘기할 수 있다. 어쩌다 한두 번 집중을 잘 한 것에 대해 몰입력이 뛰어나다고까지 말하지 않는다는 것이다.

이런 관점에서 몰입은 엄청난 위력을 갖는다. 지속성이 주는 힘을 알기 때문이다. 세상은 에너지로 이루어져 있다. 그리고 이 에너지에는 관성, 즉 운동 상태를 유지하려는 경향 및 운동의 상태가 변할 때 물체의 저항력을 갖는 항변성이 있다. 관성은 일상의 성장에서 습관으로 대체될 수 있는 개념이다. 물체가 외부의 힘이 없으면 원래의 상태로 회귀되는 성향이 관성이다. 특별한 일이 없으면 원래의 상태를 유지하려는 성향은 우리의 몸에서도 알 수 있다. 몸의 생체시계에 각인되어야 자동화, 시스템화가 가능하다. 일상의 자동화, 시스템화가 바로 습관이다. 몰입도 마찬가지이다. 늘 눈뜨는 시간, 운동하는 시간, 일하는 시간, 휴식하는 시간, 잠자는 시간이 그렇다. 꼭 학습에의 몰입만 몰입이 아니다.

무언가에 지속적으로 빠져있는 상태를 뜻하는 몰입은 일상에서 다양한 곳에 적용될 수 있다. 사랑하는 사람과 함께 하는 시간도, 나 자신을 관찰하는 메타인지 레이더를 돌리는 시간도, 애정하는 유기동식물과 함께 하는 시간도, 플레이 리스트를 관리하며 음악으로 힐링하는 시간도 그 모든 집중의 지속적인 시간을 몰입이라 할 수 있다. 어떤 형태와 내용의 몰입이든 온전한 몰입은 사람에게 기쁨과 힐링, 행복감을 준다. 그래서 우리는 삶을 풍요롭게 하고 일상이 보다 생산적이고 활력과 기쁨이 충만하게 하기 위해 이러한 몰입을 똑똑하게 활용할 줄 알아야 한다.

학생들을 가르치며 느꼈던 몰입의 방법들 중에 가장 안정적이고 효과적인 몰입력을 키우는 방법 일곱 가지를 다음과 같이 정리해 보았다. 참고하면 몰입력 성장에 도움이 될 것이다.

〈몰입력을 키우는 7가지 방법〉

1. 항상 머릿속에 할 수 있다고 말하며 자신의 성공한 모습을 구체적으로 이미지화한다.

구체적일수록 좋다. 자기만의 비전보드를 만들어서 갖고 싶은 것, 닮고 싶은 롤모델 어떤 것이든 좋다. 내가 원하는 내 모습과 내 미래를 적거나 사진이나 그림을 붙이면 된다. 볼 때마다 우리의 뇌는 그 미래가 현실인 것으로 착각하게 되어 우리를 빠르게 원하는 미래로 데려다 줄 것이다.

2. 자기에게 맞는 목표를 정한다.

목표는 높게 잡는 것을 추천한다. 매일의 루틴과 목표는 현실 가능한 최대치를 적되 궁극적으로 실현하고자 하는 장기적인 목표는 비현실적일 정도로 높을 것을 권한다. 그렇지 않으면 만만하게 생각할 수 있어서 최선을 다하지 않을 수 있다. 마음에 긴장감이 고조되어야 속력이 붙는다.

3. 자기가 몰입할 수 있는 환경을 설정한다.

그 환경이 하나이든 여러 곳을 선택적으로 섞어서 활용하든 자기에게 맞는 곳이 있다. 찾고, 맞지 않으면 변경하라.

4. 걱정거리는 없앤다.

매우 힘든 점이겠지만 꾸준히 노력하면 점차 좋아질 것이다. 머릿속에 잡념이나 걱정거리가 있는 상태에서는 몰입이 힘들다. 집중을 방해하는 것들을 메모장에 모두 적어보고 하나씩 소거하면서 정리해 간다.

5. 다른 일을 섞어서 한다.

한 가지 일을 오랫동안 하다 보면 집중력이 약해질 수가 있다. 뇌가 상쾌하게 깨어 있을 수 있는 오전 시간대에 최고난도의 일을 배치한다. 그리고 비교적 가벼운 다른 일을 하다가 좀 더 에너지를 쓸 수 있다고 판단되는 시간대에 다시 높은 난이도의 일을 끼어 넣어 한다.

6. 기분 전환을 한다.

휴식은 뇌 건강에 필수적이다. 쉬지 않고 계속 달리다 보면 지쳐서 능률이 떨어지게 마련이다. 자신의 생체리듬을 관찰하며 수면시간과 휴식시간을 설정한다. 그리고 가장 힐링이 잘 될 수 있는 자기만의 기분 전환 방법을 찾는다. 단, 휴식도 시간을 정해서 몰입 휴식법을 체화하는 것이 중요하다. 그렇지 않으면 긴 휴식으로 몰입의 리듬이 흐트러져서 다시 원상태로 회귀시키는 데 적지 않은 시간과 에너지를 소모하며 우회할 수 있다.

7. 시간 개념을 갖자

무엇인가를 할 때 언제까지 끝낸다고 시간을 정해놓고 반드시 지켜야 한다. 혼자서 하기 힘들면 부모님이나 친구들에게 얘기하고 지키지 못할 경우에 패널티를 정해 놔도 좋다. 그렇게라도 해서 반드시 자기와의 약속을 지키는 습관을 기르면 더욱 강력한 자기주도력을 갖게 될 것이다.

세계 1% 천재 유태인들이 실천하는 영어공부법

미국 최대의 주간뉴스지 《U.S. News & World Report》가 뽑은 20세기 3대 위인은 아인슈타인, 프로이트, 마르크스인데 이 세사람의 공통점이 있다. 바로 모두 유대인이라는 사실이다. 구글 창업자 래리 페이시와 세르게이 브린, 페이스북 창업자 마크 저커버그, 철학자 스피노자, 영화배우 해리슨 포드, 그리고 "E.T"., "쉰들러 리스트", "라이언 일병 구하기", "우주전쟁", "죠스", "인디아나 존스", "쥬라기 공원", "맨인블랙", "빽투더 퓨쳐" 등 수많은 흥행영화로 유명한 영화감독 스티븐 스필버그 등 그 이름을 모두 나열하기 힘들 정도이다.

인구수로 보면 유대인은 전세계 인구의 0.2퍼센트밖에 안 된다(Berman Jewish Data Bank 조사). 하지만 그 0.2퍼센트의 사람들이 전 세계에 헤아릴 수 없이 큰 영향을 끼치고 있다. 역대 2015년까지의 노벨상 수상자들은 총 874명인데 그 중 유대인 수상자는 무려 194명이나 된다. 분야나 연대를 불문하고 유대인 수상자들이 많다는 점은 그만큼 전 세계적으로 활약하고 있다는 의미이기도 하다. 영화 '레옹'의 마틸다로 알려졌고, '블랙스완'으로 아카데미 여우주연상을 탄 나탈리 포트먼도 이스라엘 출신 유대인이다. 그녀는 영어뿐만 아니라 히브리어, 프랑스어, 독일어, 아랍어, 일본어에 이르기까지 어학 천재이면서 미국의 명문 하버드 대학교를 졸업했다.

이만하면 내가 왜 지능 얘기와 함께 유대인 얘기를 하고 있는지 당신도 충분히 납득이 될 것이다. 이처럼 유대인은 어느 민족보다도 수많은 노벨상을 수상했고 어학과 학문에 특출나며 재능이 넘치는 수많은 인재를 배출하였다. 그렇다면 그들의 어학 공부법은 어떠했을까? 어려서부터 가정과 학교에서 박해의 역사와 함께 사실과 사건만 가르치는 것이 항상 그 이유에 대해 캐묻는다. 난해한 단어로 설명하기보다는 단순 명료하고 이해하기 쉽게 이해하는 것을 중시한다. 그래서 어떤 사건이나 사실에 대해 이유와 함께 그 효과와 영향력에 대한 자신의 생각을 표현하도록 유도한다. 대화와 논의 바탕의 수업이다.

조금이라도 의문점이 있으면 질문을 하게 한다. 나도 오랫동안 이 방법을 현장에서 영어 교육에 적극적으로 접목시키고 있다. 가히 두뇌 개발의 최고의 방법이 아닐 수 없다. 아니, 아웃풋을 자극시키는 교육법보다 더 효과적인 방법을 아직까지 본 적이 없다. 혹자는 이렇게 반문할 수 있다. 아는 게 없는데 어떻게 설명하냐고. 맞는 말이다. 그래서 더 효과적이다. 그 자세한 이유와 방법은 성장 영어 실행편의 〈영어, 이렇게 공부하면 성적이 안 올라갈 수가 없다〉를 참고하면 되겠다.

그 핵심만 잠깐 소개하자면 원리는 다음과 같다. 끊임없는 암기와 반복 그리고 이해의 과정은 반복되어 기억한 영어로 뇌에 각인된다. 그리고 이러한 기억한 영어는 아웃풋의 자극으로 활용되는 영어로 진화한다. 그리고 자신만의 영어로 성장하여 보다 체계화의 단계로 레벨업된다.

따라서 학습자를 교육시키는 부모나 교사의 역할이 매우 중요하다. 이러한 아웃풋을 자극시키는 주체이자 학습자의 중요한 조력자가 되기 때문이다. 그 아웃풋의 핵심은 말하고 쓰게 만드는 것이다. 아웃풋을 하다 보면 인풋을 보다 구체적으로 보게 된다. 확인된 인풋의 부족한 위치와 정도는 암기와 이해, 적용을 통해 채워 넣게 되고 다시 아웃풋으로 확인 및 점검의 과정을 밟는다. 소리 내어 말하고 종이나 교육용 컴퓨터 등의 전자기기 화면에 쓰게 함으로써 자신의 인풋을 끊임없이 피드백 받아야 한다.

유대인들의 탁월한 어학능력과 재능은 특별한 것이 아니다. 특별한 방법이라면 생각하게 만들고 말로써 글로써 표현하게 만드는 대화와 토론이라고 할 수 있다. 그리고 끊임없는 반복과 피드백이 만드는 견고한 지식의 성장이다. "행동을 수반하지 않는 지혜는 열매 맺지 못하는 나무와 같다"는 유대인 격언이 있다. 말하고 쓰며 자신만의 생각을 정리해서 거침없이 표현하도록 이끌어 내는 아웃풋 행동법이다. 이러한 아웃풋 학습법은 인풋의 해결까지 이끌어 주는 역할을 한다. 선순환의 완전체를 이끌어 내는 유대인식 지혜로운 교육법이라고 할 수 있다.

"성공하는 사람은 많은 지식을 가지고 있고, 탄력성이 있으며, 기지가 넘치고 끈기 있는 사람이다"

- 유대인 랍비 마빈 토케이어

제 7부

7. 성장영어, 실행편

: 거창할 필요 없다 그냥 하면 된다

뇌의 가소성과 영어성적의 가소성

두뇌가 후천적인 노력에 의해 성장하듯 영어실력도 노력에 의해 성장한다. 뇌의 가소성이란 뇌가 계속 변화하는 것을 말한다. 두뇌의 용량은 우리가 인지훈련을 할 때, 동일하게 유지되거나 심지어 향상되기도 한다. 이러한 두뇌의 성장을 돕는 방법은 여러 가지가 있는데 대표적으로 다음의 방법들을 들 수 있다.

첫째, 스트레스를 줄인다. 만병의 근원이라고 부르는 스트레스는 두뇌개발에도 있어서도 예외는 아니다. 스트레스를 받는 상황에선 긍정적인 에너지가 생길 수 없다. 따라서 걱정거리를 두고 끙끙거리며 고민하지 말고 마음을 가다듬고 평안한 상태를 위해 노력해야 한다. 긴 시간이 필요한 것만은 아니다. 하루에 10분 정도만이라도 꾸준히 습관화 한다면 심신의 안정과 건강에 매우 효과적이다. 호흡 운동만으로도 많은 효과를 볼 수 있다. 심호흡을 하고 명상을 하면 방식을 습관화 한다.

둘째, 시각화로 인지 훈련을 한다. 두뇌를 끊임없이 훈련시킨다. 앞서 언급한 시각화는 최고의 성장 마인드셋 방식이다.

셋째, 몸을 움직이고 관리한다. 손가락과 뇌와 눈이 계속 일치하는 운동을 한다. 피아노를 치는 등의 동작도 뇌 훈련에 매우 긍정적 효과가 있다. 치매예방을 위해 꽃꽂이, 일기쓰기, 독서 등으로 손과 눈, 뇌를 부지런히 움직이게 하는 것도 이러한 맥락에서이다. 두뇌를 강화하려면 신체 건강 관리는 필수적이다. 병든 몸은 마음 관리도 힘들게 한다. 몸에 좋은 음식과 자신에게 맞는 운동을 꾸준히 해야 한다.

넷째, 충분히 휴식한다. 충분히 쉬지 않으면 뇌 조직이 손상될 수 있다. 우리가 잠을 자는 동안 뇌는 회복하고 성장하며 근육이 생성된다. 자칫 무리한 야근이나 불규칙한 수면시간은 생체리듬을 교란시켜 깨어있는 시간 동안의 집중을 방해할 수 있다. 밤새서 공부하거나 일하고 난 후 그 다음날 집중하지 못한다면 일의 능률도 저하되고 결과적인 측면에서도 나아지기 힘들다. 차라리 밤엔 자고 낮에 깨어서 온전히 몰입하는 습관을 들이는 것이 장기적인 건강이나 일의 성과 측면에서 두 마리 토끼를 다 잡을 수 있는 현명한 방법이다.

영어실력 또한 뇌의 가소성처럼 변할 수 있다. 뇌기능의 성장처럼 영어실력 또한 꾸준한 몰입을 위해 아주 대단한 특별한 방법이 있는 것이 아니다. 가장 작은 것, 기본적인 것의 실천이 가장 큰 기적을 만드는 씨앗이자 트리거가 될 수 있다. 하루 만에 영어성적 30섬이 100점이 되기 힘든 것처럼, 조금씩 성장시키면 된다. 매일 단어 하나 외우던 것에서 두 개로, 다섯 개로 점차 늘려나가면 된다. 성적이라는 어떤 결과의 성장 이전에 나의 노력의 성장부터 키워야 한다. 학생들이 종종 그런 얘기를 한다. 영어성적은 100점 맞고 싶고 더 잘하고 싶은데 막상 공부는 하기 귀찮고 싫다고. 한마디로 잘하고 싶은 노력하긴 싫다는 얘기다. 세상에 쉬운 건 없다.

쉽게 얻은 건 쉽게 잃는 법이다. 정도가 곧 지름길이다. 무엇이든 노력하지 않고 얻으려 한다면 그건 도적질이나 다름없다. 그래서 노력이 힘들다. 하지만 그만큼 성취감과 보상이 크다. 영어성적의 가소성은 자신의 노력에 달려 있다. 늘 강조하는 말이지만 공부를 잘 한다는 의미는 타고난 머리가 좋은 것도, 어쩌다 잘 찍어서 시험을 잘 보는 것도 의미하지 않는다. 공부를 잘 한다는 것은 자신을 통제하는 힘, 관리하는 힘이 뛰어나다는 의미이다. 내가 원할 때 원하는 곳에 스위치를 켜고 끌 수 있는 통제력, 어디서든 몰입할 수 있는 능력을 갖추었다는 것을 의미한다.

그리고 그러한 자기 통제력이 뛰어난 사람은 영어를 떠나 무슨 일을 해도 성과가 나오지 않을 수 없다. 자기에게 무엇이 좋고 나쁜지를 구별할 수 있는 눈이 있고 그것을 구별하여 실행으로 옮기기 때문이다. 영어는 엉덩이의 힘이 필요하다. 들썩들썩 집중이 안 된다면 영어라는 언어의 에너지와 공명하기 힘들다. 수학 과학처럼 문제를 풀어서 바로 정답이 딱 떨어지지 않기 때문이다. 단어 외워야지, 문법 이해하고 활용할 줄 알아야지, 독해 지문을 정확하게 파악하고 문제 풀어야지 등등 할 일이 한두 가지가 아니다. 그렇기 때문에 더 시간이 오래 걸릴 수밖에 없고 그래서 더 인내해야 한다. 지구력이 없으면 한두 번 책 펴보고 나는 영어와 맞지 않는다고, 영포자라고 쉽게 단정 지어버리기 쉽다.

그러니 너무 낙심하지 않기를 바란다. 영어 잘하는 것과 아이큐는 상관이 없다. 영어를 잘하려면 머리보다는 끈기가 중요하다. 좀 더 심하게 표현하자면 일종의 편집증세가 있어야 한다. 끝을 보고야 말겠다는 근성이다. 한번 시작했으면 끝을 봐야겠다는 집념이다. 영어가 인생의 목표는 아니지 않는가. 당신의 꿈이 무엇이든, 목표가 무엇이든 그것은 옳다. 그러니 이제 방법을 찾아야 하지 않는가. 영어는 거들 뿐이며, 당신의 꿈을 더 빠르게, 효과적으로 실현시켜 주는 도구이다. 그러니 그런 도구를 내 편으로 만들어 좀더 지혜롭게 활용하고 싶지 않은가. 그 선택은 당신에게 달려 있다. 성장 마인드셋을 품기로 결단하였다면 이제 남은 건 실천뿐이다.

발바닥 기도시간, 운동과 뇌의 성장

지금도 107세라는 연세를 무색케 할만큼 왕성하게 강연 등의 활동을 하고 계시는 존경하는 김형석 철학과 명예교수님. 20세기 초 연세대학교가 연희전문대학이라는 교명을 가졌을 때 교수님은 자신보다 형이었던 윤동주 시인과 함께 공부했었다고 전한다. 한 세기가 넘게 생존해 계시면서도 정정하게 활동하신다는 점에서 매우 신기하고 경이롭기까지 하다. 김형석 교수님이 언젠가 방송에 나와서 어릴 때 허약했던 건강에 대해 말씀하시던 적이 있었다. 장수하고 계시지만 어릴 땐 약한 신체로 힘들었다는 말씀을 듣고 나도 같은 경우 아닌가 하는 생각이 들었다. 사람은 성장하며 호르몬과 후천적 환경, 운동 등의 영향으로 체질이 바뀔 수 있다는 얘길 들었다.

신체의 연약함을 극복하는 것도 마음먹기에 달렸고, 건강한 마음 또한 건강한 신체에서 나온다. 마음의 건강과 몸의 건강은 이처럼 닭이 먼저냐 달걀이 먼저냐의 문제인듯 싶다. 몸이 건강해야 마음의 건강이 뒤따를 수 있다고 역설한, 에베레스트산을 정복했던 수많은 유명

산악가들의 다큐멘터리 내용도 맞는 말이다. 아무리 의지가 있어도 몸이 따라주지 않으면 능률이 오르기 힘들다. 학생들에게 늘 운동의 중요성을 강조하는 나 또한 하루라도 운동을 하지 않으면 찝찝함이 있다. 어디서든 운동할 수 있도록 환경을 조성해 놓고 실천한다. 마음의 근육만큼이나 몸의 근육의 중요성을 누구보다 잘 알고 있어서이다.

평생 공부하려는 마음이 있다면 마음속에 의지와 열정이 있어야 하는데, 신체적 건강이 뒷받침해 주어야 오래 갈 수 있다. 마음과 몸의 건강 중에 어느 한쪽이 병들면 다른 한쪽도 건강하기 힘들다. 마치 동전의 앞뒷면과 같다. 그래서 나는 항상 어제보다 조금이라도 더 성장한 마음 근육과 몸의 근육을 만들기 위해 부단히 애쓴다. 근력이 없으면 오래 뛰어야 하는 마라톤과 같은 인생에서 쉽게 지쳐 나가떨어질 수 있기 때문이다. 내가 학원에 없으면 학생들은 헬스장으로 온다. 나의 활동반경은 너무도 심플해서 학생들은 이제 내가 몇 시에 어디에 있는지까지 알 정도이다. 학생 팬들이 늘 나를 찾아줘서 고맙고 선생님에 대한 애정을 늘 갈구하는 학생들이 더없이 사랑스럽다.

나의 책을 읽거나 운동하는 모습은 학생들에게 강의 이상의 교육효과가 있음을 확인할 수 있다. 영어서적 뿐만 아니라 다양한 고전과 베스트셀러, 스테디셀러를 망라하는 다양한 나의 책에 대한 집착과 애정은 고스란히 학생들에게 생산적인 에너지로 전달된다. 운동 역시 마찬가지이다. 늘 운동가방과 운동복, 운동화를 분신처럼 갖고 다니는 나의 모습은 학생들에게 직관적으로 운동하는 선생님이라는 이미지를 주고 있다. 책상에 앉아 있거나 판서하는 시간이 많다 보니 의도적으로 움직이지 않으면 피의 순환이 더디어 지면서 바로 몸 안에 노폐물이 쌓이는 것을 느낄 수 있다. 일단 머리를 많이 쓰는 직업이라 더 예민하기도 하지만, 직업과 상관없이 사람의 노화를 막기 위해서라도 운동은 꽤나 효과적이다. 이젠 이 부분에 대해선 더 언급할 필요도 없을 정도로 이미 수많은 과학적 증거로 이를 뒷받침해 준다.

운동으로 발바닥을 자극해야 하는 이유는 발바닥에 신체의 모든 내장과 연결되는 신경들이 모여 있기 때문이다. 매스컴에서 보도했던 자연 속에서 살아가는 아프리카 한 부족의 장수비결에 대한 다큐를 본 적이 있다. 병원, 약국 하나 찾아볼 수 없는 자연 그대로의 환경 속에서 어떻게 질병 없이 건강하게 살 수 있는가에 관한 내용이었다. 시간이 지나 자세한 수치까지는 기억나지 않지만 가장 인상 깊었던 내용이 바로 많이 걷는 것이라는 의외의 진부하리만큼 싱거운 비결이었다. 발바닥이 땅에 닿아 그 신경들을 끊임없이 자극시켜 주기 때문에 피의 순환, 온몸의 신진대사가 원활하다는 내용이었다. 몸의 순환이 막히면 몸에 노폐물이 쌓여 독이 되고 이는 온갖 염증과 암으로 점점 더 악화될 수 있음은 누구나 인정하는 자명한 사실일 것이다.

운동하지 않고도 많이 먹어도 건강한 외계인같이 특별한 축복된 체질로 타고 난 사람이 얼마나 있겠는가. 마치 책 한번 쓱 보고도 시험에서 100점 맞는 사람처럼. 우린 대부분 자연을 닮은 평범한 사람의 체질을 타고 났다. 인간의 정신적인 유전자 오작동은 역행해야 하는 측면도 있지만 신체는 역행할 수 없다. 노화의 속도를 늦출 수는 있지만 노화와 죽음은 생명이면 피해갈 수 없는 자연의 섭리이다. 이런 면에서 사람은 자연의 섭리를 따르다 결국 땅으로 돌아가는 존재이다. 건강 앞에 장수 없다는 옛말도, 건강은 건강할 때 지키라는 말도 그래서 다 귀담아 들어야 하는 말들이다.

체육선생님인 아버지의 영향으로 더욱 어려서부터 운동을 생활화 했다는 미스코리아 출신의 하버드 대학교 졸업생 금나나 님의 책을 읽은 적이 있다. 친구들이 자기를 찾으러 도서관에 왔다가 없으면 체육관으로 갔다는 부분이 인상적이었다. 매일 공부만큼이나 운동하기를 게을리 하지 않는다는 모습을 보며 참 건강한 성장을 추구하시는 분이구나 생각한 적이 있었다. 내가 추구하는 심신의 건강과 성장은 그런 과정이 일상의 루틴으로 자리 잡혀있어야 한다. 운동이 어쩌다 한번 있는 특별한 이벤트라기보다는 자연스러운 일상 속에 나에게 기쁨을 주는 시간, 나를 돌보는 선물이 되어야 한다고 생각한다. 그렇지 않으면 귀찮게만 느껴지고 실행하기 더 힘들게 된다.

학교에서는 주요 과목인 영어 수학 수업시간이 제일 많은 편이다. 나도 그러한 주요과목인 영어를 가르치는 입장이지만 체육만큼은 아이들의 건강의 중요성을 고려해 볼 때 더 수업시간을 많이 늘려야 한다고 생각한다. 아이들이 자신의 신체와 건강을 어려서부터 소중히 생각하고 돌보는 루틴을 가질 수 있도록 말이다. 인생에서 입시나 대학입학은 잠시 거쳐가는 과정일 뿐 전부는 아니다. 어찌 보면 대학입학 이후, 성인이 되어 사회에 나가 더 중요하고 긴 여정, 평생학습이 기다리고 있다. 그런 마라톤과 같은 긴 인생이라는 배움을 제대로 생산적으로 즐기려면 체력은 중요한 정도가 아니라 필수 엔진이다.

이 세상은 에너지로 이루어졌고, 에너지는 힘이며 체력은 말 그대로 신체의 힘이다. 몸의 에너지가 끊임없이 솟구치려면, 그리고 그 힘이 지치지 않고 꾸준히 가동되려면 어려서부터 누군가가 돌봐주고 지도해 주어야 한다. 아이들은 말할 것도 없지만 어른들도 자신의 몸은 자신이 제일 잘 알 뿐만 아니라 죽을 때까지 돌봐야 하는 소중한 자산이다. 건강을 잃으면 모든 것을 잃는다는 말이 있다. 제아무리 돈이 많아도, 명성이 있어도 아파서 침대에 누워 있으면 무슨 의미가 있을까. 그래서 나 데리고 살기란 참으로 어려운 숙제이다. 몸의 건강, 정신의 건강, 마음의 건강, 매일 스스로를 돌봐야 하는데 그 돌봄을 방해하는 외부 방해가 많기 때문이다.

외부의 부정적인 자극에도 영향 받지 않고 스스로의 건강과 성장을 늘 꾀하려면 자신에 대한 애정이 무엇보다 중요하다고 본다. 나라는 존재의 소중함, 내 인생의 의미, 기쁨과 행복, 이런 내면의 충만함과 안정감은 신체의 돌봄에 대한 관심으로 이어진다. 그렇지 않으면 귀차니즘으로 방치하게 되어 나도 모르는 내 모습에 대한, 인생에 대한 수동성과 회의감이 다시 고개를 들기 쉽다. 자율신경계의 본능에 충실하고자 하는 인간의 나약함 때문이다. 나의 삶에 대한, 건강의 소중함에 대한 의지와 열정이 실천으로 이어지고 루틴으로 자리 잡도록 노력했으면 하는 바람이다.

단어를 외우기 싫다면

"단어는 집에서 외우게 할 테니 학원에선 진도 위주로 빠르게 수업 진행 부탁드려요" 이런 요청을 하는 학부모들이 의외로 많다. 단어암기를 집에서 제대로 시킬 수 있다면 다행이지만 현실적으로는 그러기가 쉽지 않다. 그리고 학원에서 단어테스트를 재시험 없이 시간 내에 통과한다면 문제가 없겠지만 그렇지 못한 학생들도 많다. 그러면 수업 후 남겨서 재시험을 보게 하는데, 유난히 집중이 힘든 학생들은 그마저도 힘든 경우가 있다.

그냥 외우면 되겠지 라는 생각으로 막연하게 단어암기를 해서 낭패를 보는 경우도 많다. 비효율적이다 보니 투자한 시간에 비해 암기량이 많지 않아 시간이 갈수록 자신감도 상실하기 쉬워진다. 어휘력은 영어실력 향상법의 첫 단추이다. 영어권 국가에서 오랜 시간 체류하여 영어가 모국어처럼 편안한 경우가 아니라면 영어단어 암기는 영어를 공부하는 이들에겐 반드시 풀어야 할 숙제이다. 어휘력이 갖춰지지 않은 상태에선 독해든 영작이든 어떤 영역이든 비효율적이기 때문이다. 사전에서 모르는 단어 찾아보다 시간 다 가고 지치게 되어 단어공부에 갇히는 기분을 해본 이도 많으리라 생각한다.

단어를 효과적으로 공부하는 방법에 대해서는 절대적인 한 가지 방법만 내세울 수 없다. 학습자마다 개인에게 맞는 공부법이 다양할 수 있기 때문이다. 어려서부터 독서를 생활화하여 다독한 학생들의 경우에는 책을 통해 길러진 어휘감각과 실력이 탄탄하여 별도로 사전을 찾아볼 필요성이 크지 않은 경우도 있겠다. 하지만 대부분의 학생들은 그렇지 않다. 오랫동안 YBM 영어독서 센터장으로 아이들에게 영어원서 다독을 강조하고 지도해오고 있는 나로서도 영어책만 읽으면 단어문제가 완벽하게 해결된다고 얘기하지 않는다.

독서를 통해 영단어의 많은 부분이 해결될 수 있는 것은 사실이지만 영어는 모국어가 아니기 때문에, 제2외국어로서 영어를 학습하는 우리들에겐 독서로 모든 영단어 문제를 해결하는 데에는 한계가 있다. 우리말로 된 책도 다독하기 쉬운 게 아닌데 하물며 영어로 된 원서를 다독하고, 또 그런 습관이 생활 속에 자리 잡기란 여간 쉬운 일이 아니다. 그렇다면 영어단어는 어떻게 공부하는 것이 가장 효율적일까?

영어 수재들을 가르쳐 오며 관찰하고 정리된 생각은 바로 암기의 중요성이다. 능동적 암기가 바탕에 깔려 있어야 영어실력 향상 속도가 빠르다. 모든 과목에 있어 암기와 이해는 동전의 앞뒷면과 같다고 생각한다. 간혹 학교 선생님이 시험 공부할 때 단어나 영어지문을 외우지 말라고 했다는 학생들 말을 듣는다. 물론 그렇게 얘기한 신생님의 말씀에도 일리는 있다. 그 선생님의 외우지 말라는 의미는 정확하게 해석하자면 아무 생각 없이 외우기만 하진 말라는 뜻일 것이다. 천재도 아니고, 어떻게 외우지 않고 단어를 기억할 수 있겠냔 말이다.

일반고마저도 특목고 못지않는 학구열과 치열한 경쟁구도를 확인할 수 있는 대치동에서는 내신 1등급 맞기란 하늘의 별따기와 같다. 그 와중에 전교 1-2등 하는 학생들 뿐만 아니라 극상위권을 안정적으로 유지하는 학생들의 영어공부법을 밀착지도 해온 바, 느낀 점과 정리된 생각은 다음과 같다.

다독을 통해 영어 어휘력을 키우는 것이 유리한 건 사실이다. 어떤 언어이건 언어를 배울 때 언어에 대한 감각이란 점은 무시할 수 없다. 이런 언어감각은 타고난 선천적 능력도 있다고 생각하지만, 후천적 개발은 더욱 크다고 본다. 무엇보다도 타고난 능력은 우리가 어찌할 수 없는 영역이지만, 후천적인 부분은 우리의 마음과 실행력으로 바꿀 수 있는 영역이다. 사람마다 능력과 한계가 있어서 얼마큼이라는 노력의 정도와 결과치의 변화량을 가늠하긴 힘들지만 영어학습에 있어서 노력은 우리를 절대로 배신하지 않는다.

수재들은 가만히 좋은 머리로 편하게 결과를 확인하지 않는다. 어찌 보면 그만큼, 아니 그이상의 피눈물 나는 지독한 노력을 기울인다. 일명 자유이용권이라고 불리는, 원하는 대학을 골라서 갈 정도의 극상위권 학생들은 학교 시험에서 상상 이상의 꼼꼼함과 철저함 이라는 기질을 발휘한다. 같은 책을 두 권 사는 경우도 흔하다. 한 권은 여백이 없을 정도로 학교 수업시간에 필기한 것과 자신이 중요하다고 생각하는 부분의 표기, 필기 등으로 빼곡하다. 그리고 그런 책을 수없이 반복해서 보기 때문에 걸레가 될 정도로 너덜너덜해진다. 그래서 같은 책 한 권을 또 한 권 사서 자신이 공부했던 책의 내용이 여백을 보아도 생각이 선명하게 나는 것을 확인한다.

정시로 수능을 봐서 대학에 가는 학생들보다 학교 내신 성적이 매우 중요한 수시로 대학을 가는 학생들이 학습 태도에 있어 더 꼼꼼한 이유가 있다. 물론 수능 공부도 그렇지만 학교 내신 대비는 학교 선생님의 출제경향과 깨알같은 수업 내용을 모두 다 흡수해야 하기 때문에 책의 내용을 구석구석 현미경으로 들여다 보는 성향이 더욱 강해야 한다. 대충 공부하면 성적도 대충 나오기 쉽다. 단어공부도 그렇다. 한두번 암기해서는 완전히 내 것으로 만들기 힘들다. 여러 번 반복해야 한다. 단어책을 몇 번 봐야 하냐는 질문을 수도 없이 받는다.

그런 학생들에게 이렇게 답변한다. 공부한 내용을 랜덤으로 아무거나 아무 때나 물어봐도 자신있게 대답할 수 있는 것을 확인할 때까지라고. 단어를 한두번 봐서 장기기억이 되는 사람도 있겠지만 대부분의 사람들은 그러기 힘들다. 우리는 망각이라는 뇌기능을 갖고 있기 때문이다. 그러면 그냥 눈으로 보면 되냐는 질문도 수없이 듣는다. 이또한 사람마다 다른 부분이지만 대체로 안정적인 암기를 위해 나는 학생들에게 머슬 메모리, 즉 근육암기법을 강조한다.

컴퓨터 키보드나 피아노 건반을 보지 않아도 컴퓨터 자판을 빠르게 두들기고 피아노 건반을 치듯 쉽게 얘기해서 우리의 손끝엔 뇌가 달렸다고 학생들에게 얘기한다. 긴장을 하면 무의식 중에 치던 곡이 갑자기 생각이 안나는 경우, 운전할 때 악셀과 브레이크가 왼쪽인지 오른쪽인지 새삼스러운 경우가 있다. 평소에는 잘 떠오르던 생각이 시험때 긴장하면 생각이 안나는 경우를 겪어본 사람도 있겠다. 아무 생각 없이 평소 달리던 주행코스로 출퇴근하듯 우리의 무의식 중에도 뇌속의 정보가 처리되고 있는 것이다. 하지만 의식의 세계로 들어가면 그런 무의식을 관장하던 정보가 의식까지는 다다르지 못해 제동이 걸리게 된다.

대치동에는 스피킹 수행평가를 보는 학교들이 많다. 중고등학교의 경우에는 주로 영작이나 말하기 수행평가를 보는데 학생들이 봐달라고 검토를 부탁해 오면 제한시간 내 외워서 내것으로 완벽하게 만들었는지 확인해 준다. 그러면 너무 잘하는 학생들도 있지만 대체로 살짝 불안한 학생들이 있다. 반드시 집에 가서 더 연습하고 시험보라고 얘기하지만 그렇지 못한 경우엔 결과는 예상했던 그대로인 경우가 많다. 긴장해서 생각이 안났다는 게 이유이다.

그래서 평소에 학생들에게 강조하는 부분은 우리가 good 이라는 단어를 기억하듯 너무도 당연하게 알고 있는 단어들처럼 명확하게 내 것으로 만들어 졌는지 확인해야 한다는 점이다. 그래서 쓰라고 한다. 손끝으로 써야 의식 상태이든 무의식 상태이든 자유자재로 안정감 있게 정확하게 답안을 작성할 수 있다. 귀찮아서 그냥 눈으로만 대충 보고 테스트 보는 학생들이 많아서 항상 학원엔 단어 스펠링과 뜻, 문장들을 쓰면서 연습할 수 있는 종이들이 가득하다.

소리와 스펠링, 의미를 반복해서 쓰며 외우고 확인테스트로 점검하며 공부하다 보면 어느새 내 것이 된다. 단어는 완벽하게 외웠다고 내 것이 된 게 아니다. 활용할 수 있을 때 내 것이 되었다고 얘기한다. 예를 들어 조동사 may를 공부했어도 그 단어를 문장 속에 어떻게 사용하고 어떤 상황과 문맥에 써야할지를 모른다면 단어공부의 의미가 없어진다. 예문 속에서 활용되어지는 것을 보고 내가 직접 그렇게 활용할 수 있는지까지 확인할 수 있을 때 완벽한 어휘법이라고 본다.

학교 시험뿐 아니라 토플이나 텝스, 토익같은 공인영어성적을 비롯, 특히 성적표 영어에서는 정확성을 매우 중시하기 때문에 스펠링 오류로 인해 의사소통에 문제가 생기는 부분을 철저히 감점 항목으로 체크한다. 자사고에 재학하는 한 제자의 경우, 완벽하게 첨삭까지 해줬는데도 0.2점이 감점되었다고 해서 확인해 보라고 했더니 마지막에 마침표를 안찍어서 감점되었다고 한 경우도 있었다. 눈팅으로 공부하는 단어공부로 어느 정도 학교시험에서 만족할 만한 성적이 나온다고 안심하는 학생들이 있다면, 언젠가 그 부실함이 수면위로 드러날 날이 올 수도 있다는 점 꼭 참고하길 바라는 마음이다.

재밌는 영어 vs 엄격한 영어 그리고 엉덩이로 공부하는 영어

영어는 언어이기 때문에 수학처럼 풀어서 바로 정답을 숫자로 확인하기가 힘들다. 한글도 그렇지만 영어는 더욱더 모국어가 아니기 때문에 단기간에 원하는 결과를 보고자 하는 조급한 성격을 갖고 있다면 더 답답함을 느낄 수 있다. 단어만 외웠다고, 문법특강을 한번 들었다고 완성되지 않는다. 챙겨야 할게 많기 때문이다. 듣고 말하는 건 자유롭고 유창한 학생도 학교 영어성적은 고득점이 아닌 경우가 많다.

따라서 영어를 잘하려면 어떻게 해야 하냐고 묻는 이들에게 인내와 지구력 부분은 꼭 언급한다. 그리고 영유아기나 영어유치원, 혹은 초등 저학년때부터 일찍 영어를 접한 아이들에겐 더욱더 해당되는 얘기일 것이다. 일찍 시작한 만큼 피로도도 쉽게 느낄 수 있기 때문이다. 영어 점수가 높은 아이들에게 언제 처음 영어공부를 시작했냐는 질문을 꼭 던진다. 대부분 일찍 시작한 아이들인데, 반드시는 아니다. 가끔 그 사실을 숨기고 싶어하는 아이들도 만난다. 일찍 시작했는데 왜 그것밖에 못하냐는 소릴 듣고 싶지 않다는 이유에서이다.

어릴 땐 재밌게 흥미 위주의 놀이영어로 자신감을 키워주지만 중학교 입학 후, 사립 초등학교의 경우에는 초등 저학년 때부터 학교에서 영어수업이 진행된다. 그러다 보니 사립초등학교 학부모들은 수업에 대한 요구사항이 유독 구체적인 편이다. 학교에서 읽히는 원서책이 있는데 북리포트를 봐달라든지, 학급 친구들에 비해 독해력이 떨어지는 것 같으니 로직 써머리 부분을 좀더 다듬어 달라든지, 어려서부터 영어일기를 매일 쓰게 했지만 높은 수준급 글이 아닌 것 같아서 영어 쓰기영역을 집중적으로 봐달라는 요청 등이다.

학생들마다 성향이 다르지만, 영어를 한두 달 공부하고 그만둘 게 아니라면 장기적으로 꾸준히 우상향 실력향상 곡선을 그리도록 관리해줘야 한다. 그러기 위해선 무엇보다도 쉽게 지치지 않도록 마인드 케어를 해야 한다. 조금씩이라도 성장곡선을 그리도록 유도해야 하며, 그러한 과정을 확인점검 해줄 수 있는 관리자가 필요하다. 학원에선 늘 이러한 부분을 신경 써서 지도한다. 칭찬 한 마디라도 좋다. 아이가 지금 하고 있는 학습에 대한 인정을 받을 수 있도록, 더 나아가 앞으로더 잘할 수 있다는 자신감을 갖도록 만들어 주는 것이 중요하다.

아이들 뿐만 아니라 어른도 마찬가지이다. 공부를 잘하려면 일단 인정 욕구를 충족시켜 줘야 한다. 내가 관심을 받고 있고, 케어를 받고 있다는 심리적 안정감이다. 재미와 엄격함 모두 이러한 케어의 각기 다른 방법들이다. 표현 방법의 차이이다.

엉덩이로 오랫동안 앉아 있는 것이 힘들면 실력향상이 더딜 수 밖에 없다. 단어도 외워야지, 문법도 이해하고 활용할 줄 알아야지, 독해 지문도 파악해야지, 챙겨야 할 것이 많기 때문이다. 집중하는 시간을 조금씩 늘려가도록 지도해야 한다. 처음부터 몇시간씩 책상 앞에 앉아 있기 힘들다면 20-30분씩이라도 휴식시간을 자주 끼워 넣어서라도 제대로 집중하는 시간이 자리 잡아 가도록 해줘야 한다.

재밌지 않으면 흥미를 잃는 아이들이 많기 때문에 수업 중간 중간 지루하지 않도록 수업의 내용도 디자인해야 한다. 그렇다고 너무 웃기만 하면 정작 중요한 학습내용은 뒷전으로 밀려날 수 있기 때문에 주종이 바뀌지 않도록 해야 한다. 학원 아이들이 밝아서 보기 좋은데 비결이 뭐냐고 주변 사람들이 내게 자주 묻는다. 너무 밝아서 텐션을 주체하지 못하는 아이들은 카리스마 있게 끌고 가야 한다고 답한다. 자칫 아이들에게 휘둘릴 수 있어서이다. 아이들을 사로잡는 카리스마는 때론 엄하게, 때론 위트 있게 아이들의 마음을 쥐락펴락 할 줄 알아야 한다. 숙제는 안해오는 청개구리일망정 아이들의 촉은 귀신같을 정도로 빠르고 민감하다.

수업 한두 번 받으면 선생님을 머리 끝에서 발끝까지 파악 완료한다. 자기가 컨트롤 할 수 있는 선생님인지 아닌지 금세 알아본다. 쉽지 않은 선생님이 걸려야 아이들도 포기할 건 포기하게 된다. 쉽게 말해서 일종의 기싸움이다. 아이들은 대충 이래도 되겠지 라고 나름의 짱구를 굴리는 경향이 있는데, 이것이 쉽게 먹히지 않겠다는 생각이 들게 해야 한다. 그래서 학생들을 지도하는 입장에선 늘 원칙 준수의 중요성을 인지해야 한다.

저번에는 안 그랬는데 왜 이번엔 이래요, 라는 생각이 들게 되면 아이들은 선생님에 대한 신뢰를 잃는다. 원칙 준수의 일관성이 주는 힘이 아이들에겐 쉽지 않은 일종의 카리스마이다. 하루에도 수없이 바뀌는 감정의 파도 속에서 그 충동성과 즉흥성을 잡아 줄 수 있는 사람이 필요하다. 아이들은 본능에 충실하기 위해 매순간 흐트러지고 비뚤어지려 하기 때문이다.

한 사람을 지도하고 긍정적인 모습으로 변화시키기란 참으로 어려운 일이다. 그래서 오래 해왔으니까 이정도면 되겠지, 라는 생각은 조금이라도 가지면 안된다. 매일이 전쟁이고, 수도자의 시간들이다. 내가 매일 새로워야 그 에너지를 줄 수 있다. 내 마음과 정신이 병들었는데 어떻게 다른 이들에게 건강한 에너지를 줄 수 있단 말인가. 그래서 나는 매일 스스로에게 녹음한 확언을 들려주며 성장 마인드셋을 장착하느라 분주하다.

문법공부 꼭 해야 하나요?

영어문법은 개념이 딱딱하고 어려워서 대부분의 학생들이 꺼려한다. 하지만 대치동 뿐 아니라 타 지역 학교들의 영어 시험지까지 현장에서 분석해 온 결과, 대부분의 학교 영어시험, 즉 중간고사, 기말고사, 수행평가에서 전반적으로 문법의 출제 비중은 매우 높은 편이다. 대치동은 더욱더 영어권 체류경험이 있는 학생들이 상대적으로 많기 때문에 영어로 듣고 말하는 것이 편한 경우가 많기 때문이다. 그래서 영어시험에서 변별력을 가리기 위한 수단으로 이렇게 대부분의 학생들이 어려워하고 공부하기 싫어하는 문법과 영작서술형 문제에 높은 배점을 부여한다.

학교에 따라선 80% 이상의 영어문제를 문법과 영작으로 출제하기도 한다. 초등학교 때까지 재미와 자신감을 중시하여 영어독서와 영어의 유창성만 생각하는 영어공부를 해 온 학생은, 중학교 입학 후 고난도 배점의 문법, 영작 문항들이 즐비한 '성적표 영어'의 현실에 혼란스러울 수 있다. 초등영어와 중등영어가 달라도 너무 다르다는, 일단 체감영어의 갭차이 때문이다. 따라서 학교에 따라서는 문법을 모르고선 최상위권은 커녕 상위권 진입도 힘들 수 있다.

심지어 영어권 국가에서 체류했던 학생들이나 토플성적이 거의 만점인 학생들도 학교 영어시험에서 비가 내리는 경우도 적지 않다. 학교 영어시험을 치르기 전까진 본인이 영어를 잘하는 줄 알았는데 성적표를 보고 이게 내 점수인가, 하는 생각에 영포자가 될까 고민 상담해 오는 학생들도 있다.

시행착오 없이 영어문법을 마스터하기 위한 가장 안전하고 빠른 지름길은 최신 학교 시험의 영어문제 트렌드를 꿰뚫고 있는 선생님에게 배우는 것이다. 아무리 열심히 공부한다 해도, 출제 문제와 맞지 않는 엉뚱한 내용을 공부한다면 노력이 헛될 수 있기 때문이다. 우리 말을 잘한다고 국어점수가 높지 않은 것처럼 영어도 마찬가지이다. 영어권 국가에서 오래 살았다고 영어점수가 꼭 좋은 것만은 아니다. 더욱이 영어문법의 출제비중이 높으면 더더욱 영어 시험 평균점수도 내려가기 마련이다.

대치동에서 강산이 두 번 바뀌도록 영어문법을 지도해 오며 항상 학기중 뿐만 아니라 방학중에 가장 학생들의 니즈가 많은 강의는 문법특강, 쓰기특강이었다. 현장에서 학교마다 다른 영어수행평가도 일일이 다 첨삭을 해주고 있는데, 대부분의 중고등학교들이 스피킹과 라이팅 관련 수행평가를 내주고 있다.

이러한 영문법은 특강 한 번 듣는다고 완벽하게 실력이 갖춰지기 쉽지 않다. 문법강의 한번에 문법실력이 완성되었으면 하는 바램은 누구나 가질 수 있는 마음이다. 문법이 아니어도 세상에선 공짜란 없는 법. 쉽게 급하게 무언가를 얻으려면 그만큼 부작용도 따르기 마련이다.

간혹 벼락치기 공부가 먹히는 경우도 있지만 벼락치기는 뒤돌아서면 잊어버리는 단기기억이기 때문에 근본적인 영어실력 향상에 벼락치기는 도움이 되지 않는다. 그렇다면 어떻게 모국어도 아닌 외국어로서의 영어의 체계를 익히고 활용하는데 한번에 완성할 수 있을까? 영어는 어순부터 한글과 다르고, 한글과 같은 조사('은,는,이,가')로 어순 변화에 따라 의미 변화를 조절할 수 있는 언어가 아니기 때문에, 같은 단어를 갖고도 그 어순에 따라 전달하는 의미가 달라진다. 즉, 한글은 문장 속에서 단어의 어순 배열이 의미 전달에 큰 지장을 주지 않는 반면에, 영어는 기준 형식에 따라 쓰지 않으면 비문이 되어버려서 의사소통도 힘들고, 의미 전달에 문제가 생긴다.

이렇게 구조부터 한글과 다른 특성을 갖고 있는 영어는, 소리의 최소단위(음운), 문자의 최소단위(알파벳)가 조합되어 품사, 문장성분, 그리고 형식이라는 문법의 기본 틀에 대한 이해에서 출발한다. 이렇다 보니 영어문법은 8품사, 문장의 5형식, 주어, 동사, 목적어, 보어 등등의 문장성분 등 개념부터 딱딱하고 재미없어 보이기 때문에 학생들이 이해하기 귀찮아하고 꺼려하는 경우가 많다. 무작정 외우자니 이해도 힘들 뿐더러 적용할 때도 답답해지고, 이해를 하자니 이렇게까지 고생해서 배울 가치가 있는 것인가 별의별 복잡한 생각이 다 들어서 문법을 미루거나 포기하는 학생들도 힘들지 않게 볼 수 있게 된다.

문법 전반적인 내용에 대해 확실하게 이해하고 활용할 수 있으려면 무엇보다도, 문법의 숲(동사편, 품사편, 문장의 연결편)과 나무들(문법 챕터마다의 세부 주요내용)을 숙지했음을 체크받아야 한다. 문법 천재 영어 선생님의 단 한 번의 강의 수강으로 마치 본인이 문법을 다 마스터한 것처럼 착각한다면, 그 순간에 자기위안은 할 수 있겠지만 정작 실전에서 기대에 못 미치는 자신의 점수를 확인했을 땐 이미 너무 늦은 후회를 하고 있을 수 있기 때문이다.

학생들 대부분의 고질적 문제인 문법에 대해 고민할 때 짚어보지 않을 수 없는 문제는 바로 영어독서와 문법의 상관관계이다. 영어독서, 독해만으로도 문법실력은 자동으로 완성된다는 말을 들은 이들이 적지 않으리라 생각한다. 일리가 있는 얘기다. 물론 영어를 모국어로 쓰는 국가에서 오랜 시간 체류하고 공부해 온 학생들에겐 어느 정도 맞는 말일 수 있다. 그런데 YBM 리더스 영어독서 대치센터장으로 아이들에게 다독의 중요성을 역설하며 영어원서책 읽기를 지도해 오고 있는 나로서도, 이부분에 대해선 유독 할말이 많다.

읽기혁명을 일으키며 독서는 거의 모든 것이 아니라 모든 것이라고 역설한 세계적인 언어학자 크라센을 비롯하여 독서가 언어학습의 모든 것을 해결해 준다는 학자들이 있지만, 나는 좀 생각이 다르다. 언어사용 환경이 다르기 때문이다. 즉, 우리는 영어를 그들처럼 모국어로 쓰는 환경이 아니다. 영어를 모국어가 아닌 제2외국어로 쓰는 우리에겐 시간이라는 유한한 자원이 다독을 방해한다. 두 번째, 영어 독서를 꾸준히 해서 자신이 원하는 수준까지 레벨업할 만큼 우리의 의지는 그리 강하지 못한 경우가 많다. 다독을 통해 문법까지 커버할 수 있는 실력을 갖출 수 있다면 얼마나 좋겠냐마는 현실적으로는 그리 쉬운 문제가 아니다.

우리는 영어를 하나의 과목으로서, 그리고 사회적 목표와 자아를 실현하기 위한 하나의 도구로서 배우는 경우가 대부분이다. 그렇기 때문에 영어에 투자할 시간에는 한계가 있다. 영어에 투자할 수 있는 시간이 생각보다 많지 않고, 그러기엔 타 과목들과 일상에서 처리해야 할 더 중요한 일들이 꾸준한 영어 원서책 읽기를 방해할 가능성이 매우 높다.

영어환경에 노출되기 힘든 우리는 외국어로서의 영어를 편안하게 사용하여 그 딱딱하고 어려운 문법조차 '자연스럽고 정확하게' 활용할 수 있으려면 대체 얼마나 많은 양의 다독이 필요한 것일까? 한글로 된 책도 안읽으려 하는 아이에게 영어 원서책을 읽으라고 한다면, 아이가 꾸준히 원서책을 다독할 수 있을까? 그렇다고 해도 체득된 영어가 문법의 정확성까지 보장해 줄 수 있는 경지에 이른다는 보장은?

따라서 영어 문법은 독서를 통해 익히는 것도 좋지만, 따로 시간을 내어 제대로 된 문법특강, 문법강의를 듣고 꼭 내것으로 만들었는지 복습하고 확인점검, 피드백 받는 절차가 매우 중요하다. 출제범위와 선생님에 따라 차이는 있겠으나, 대치동은 워낙에 영어를 잘하는 학생들이 많은 동네이기 때문에, 시험의 변별력을 주기 위해서라도 학생들이 어려워하는 문법과 쓰기는 매우 중요한 문항들로 꾸준히 출제되고 있다. 그래서 학기중 뿐만 아니라 방학중에 문법특강을 수강하러 대치동으로 몰려드는 학생들이 매우 많다. 대치동에 영어 잘하는 학생들이 많다고 해도, 학교시험에서 요구하는 정확한 영어구사력 문항들은, 매우 높은 수준의 문법활용력을 요구하기 때문이다.

영문법 100점을 위한 필수 고려사항

그렇다면 이러한 영어문법 때문에 고민중인 학생이, 영어문법을 공부하려 할 때 꼭 체크해야 할 사항은 무엇일까? 문법 공부를 계속 미뤄오다 이젠 더이상 미룰 수 없다고 생각만 하고 있는 이들, 과외, 인강, 학원 등 이런 저런 방법을 다 써보셨는데도 아직 이렇다 할 효과를 보지 못한 이들 등등 다양한 학습자들이 지금 이 글을 읽고 계실 거라 생각한다.

대치동은 유독 영어권 체류경험이 있는 학생들이 많은 동네이기 때문에 스피킹, 리스닝, 리딩 등의 측면에서 전반적으로 영어실력이 있는 학생들이 많다. 그래서 친한 친구를 따라 유명 대형학원에 다니는 학생들이 부딪히는 문제가 바로 중1~2때 출제되는 문법 서술형 문항들과 수행평가이다. 중간고사와 기말고사는 물론, 스피킹/라이팅으로 평가하는 학교 영어 수행평가의 채점기준표에도 하나같이 지켜야 할 문법사항과 함께 오류 발견시 감점 항목이 명시된다.

'영어를 잘하는 줄 알았는데 성적이 왜 이러지?' 이런 현타가 성적표를 받은 후에 와서 급하게 대치동에서 영어문법 학원을 찾는 경우가 다반사이다. 이럴 땐, 시행착오 없이 자신의 가려운 부분을 시원하게 긁어줄 수 있는 경험 많은 선생님을 만나는 것이 최고의 해법이다. 최신 출제 경향과 그를 위한 최적의 공부법을 알려줄 수 있기 때문이다. 따라서 학원보다는 지도 선생님의 경력과 수업 방식, 수업 후기 등을 꼼꼼히 살펴본 후 결정하는 것이 현답이겠다.

또 한 가지 고려해야 할 사항은 바로 자신에게 맞는 레벨의 문법 수업을 들어야 한다는 점이다. 성적향상을 위해 무리하게 고난도의 수업을 듣는다면 어떻게 될까? 무조건 어렵게만 듣는다고 원하는 성적을 얻을 수 있는 것은 아니다. 간혹, 대치동에서 영어문법을 마스터한다고 유명 선생님의 고난도 문법수업을 수강하는 학생들을 본다. 그렇게 여러 문법수업을 들으며 학원가 유목생활을 하다 정체되어 있는 영어 성적표를 들고 상담을 오는 학생들이 적지 않다. 그런 학생들의 공통점은, 자신에게 맞지 않는 레벨의 수업을 들었다는 점이다. 친구 따라 같이 가서 그냥 수업만 들었지, 정작 실전에서 결과를 낳을 수 있는 공부를 못했기 때문이다. 따라서, 수업을 듣기에 앞서서 본인의 현재 수준이 어떤지 꼭 상담을 통해 꼼꼼히 확인한 후, 자신에게 맞는 수준의 교재와 수업을 선택해야 성적을 올릴 수 있는 효과적인 수업이 될 수 있을 것이다.

마지막으로, 복습과 활용 능력을 확인해 주는 영어문법 강의를 선택할 것을 강조한다. 문법을 강의 한번으로 완성할 수 있을까? 강의만 들으면 성적이 향상된다는 착각을 하는 학생들이 의외로 많다. 개념을 전체적으로 한번 정리하기 위한 의도가 아니라면 생각해 봐야 할 사항이 있다. 과외와 소수정예학원, 대형학원, 인강 등 영어수업 방식은 다양하다. 이런 방법들 중에 일대일 밀착 수업을 받고 싶다면 과외를, 또래 학생들과 함께 꼼꼼하게 관리받으며 강의를 듣고 싶다면 소수정예 학원을, 학원 시스템이나 선생님이 마음에 들어 수강하는 경우에는 대형학원이나 인강을 선택하는 경우가 많다. 단, 대형학원이나 인강의 경우에는 본인의 의지가 매우 중요하기 때문에, 이 부분에 자신이 없다면 과외나 소수정예 학원을 선택하는 것이 현답이 되겠다.

영어 100점 맞는 아이들의 똑똑한 독해법

파닉스와 알파벳부터 시작한 걸음마 영어가 리딩으로 이어지는 즈음엔, 누구나 희망 가득하여 앞으로 일취월장할 자신의 영어독해력을 꿈꾼다. 기초 단어들을 배우는 초반엔 그렇다. 하지만 레벨이 하나씩 올라가다 문장이 길어지고 구조가 복잡해지면 점점 흥미와 자신감을 잃게 되기 쉽다. 난이도가 쉬우면 스스로 해결할 수 있다는 자신감이 있지만 스스로 해결하기 힘든 난이도의 내용을 만나기 시작하면 슬슬 부정적인 감정이 생기고 회피성향이 생길 수 있다.

영어 초급자일 때 읽는 원서들엔 영어단어보다는 상대적으로 그림이 많아 그림으로 스토리를 이해하게끔 도와주기 때문에 체감 난이도가 낮다. 하지만 점차 그림이 줄어들고 글밥이 많아지면서 문장구조도 복잡해지고 길이도 길어진다. 이렇게 되면 많은 독서량으로 오롯이 텍스트 속의 흐름으로 스토리를 파악할 수 있다면 너무도 이상적인 케이스지만 실제로 부딪혀 보면 쉽지 않은 이야기이다. 일단 영어문장은 한글 어순과 달라, 문장 구조가 복잡해지면 대충 느낌으로 넘겨짚어야 한다. 단어도 쉬운 단어일수록 다의어가 많아 문장에 녹여 문맥 속에서 파악해야 하는 경우가 많기 때문에 언어적 감각이 받쳐주는 경우가 아니면 스트레스가 될 수 있다.

즐겁게 영어를 공부하고 싶은데 의도치 않은 압박감으로 영어에 흥미를 잃기 쉬운 이유이다. 그래서 원서 읽기의 독서량이나 레벨에 대한 문의를 하는 학부모들이나 학생들에게 다독을 원한다면 절대로 레벨 욕심은 버리라고 조언해 준다. 어려워서 이해하지 못하는 텍스트들이 쌓이게 되면 독서가 또다른 공부로 자리잡게 되기 때문이다. 물론 배우기 위해, 성장하기 위해 하는 독서이지만 마음에 중압감을 주는 정도의 어려운 공부가 된다면 다시 생각해 봐야 한다. 즐겁게 읽을 수 있는 레벨의 책을 다독하면서 어느정도 독서근육이 생기면 자신감이 붙는다. 모르는 단어 좀 나와도 문맥으로 넘겨짚을 수 있는 수준이라면 문제가 없을 것이다.

다섯 손가락 규칙, 즉 Five Finger Rule을 적용해서 한 페이지에 모르는 단어가 다섯 개 이상이면 레벨을 좀더 낮게 조정해 볼 것을 권유한다. 한페이지에 모르는 단어가 하나도 없거나 한두 개 정도 있다면 너무 쉬울 수 있다. 서너 개 정도 모르는 단어를 만났지만 스토리 이해를 방해하지 않는다면 적정 난이도라고 할 수 있다. 독서는 한글이든 영어든 능동적인 자세로 재밌게 읽을 수 있어야 한다고 생각한다. 초급수준일 땐 더더욱 그렇다. 그래야 독서력을 장기적으로 꾸준히 향상시킬 수 있다.

쉬운 난이도의 책을 많이 읽다 보면, 자신의 관심사와 관련된 분야의 책을 읽다 보면 독서 자체가 주는 재미를 발견하게 될 것이다. 관심 분야이기 때문에 책에 눈길이 머무는 시간이 길어지기 쉽고, 반복해서 볼 정도로 빠져들 가능성도 높아진다. 다양한 분야의 책을 읽는 것이 지극히 이상적이지만 사람마다 자신의 취향과 관심사가 다르기 때문에 이부분은 무조건이라는 단서를 붙이기 힘들다고 생각한다. 좋아하는 소재가 등장하지 않을 경우에는 더더욱 어려운 난이도의 책을 고르기 힘들다.

따라서 다독은 우선 자신의 레벨보다 약간 쉬운 난이도의 책으로 좋아하는 내용을 보라고 권유한다. 그리고 영어원서책 읽기가 편안하게 느껴지면 조금씩 난이도를 올려줄 것을 추천한다. 어차피 영어 독해 학습으로 본격적인 리딩이 시작되면 내가 원하는 내용의 독해지문만 나오지 않기 때문이다. 토플, 텝스, 토익 등의 공인영어시험 대비나 학교 진학 대비 입시 영어, 취업영어, 편입영어 등에서는 더더욱 나의 취향과 무관한 다양한 내용의 지문을 만날 수밖에 없다.

그래서 단어 암기와 문법 공부도 효율적인 독해학습을 위해 병행하라고 강조한다. 어느 정도 쉬운 레벨에서는 못 느끼겠지만 학년이 올라가고 난이도가 올라가면 갑자기 어려워진 영어지문 앞에서 학생들은 당황하게 된다. 단어 찾다가 시간이 다 가면 정작 독해 지문 자체의 내용을 이해하기에도 시간이 지체되는 건 당연한 이치이다. 문장이 끝나나 싶더니 다시 접속사나 관계사, 또는 기호가 등장하고 마침표는 저 밑에 단락 끝에 찍혀 있는 경우, 어디서부터 어떻게 논리를 정리해야 할지 혼란스러운 경우가 있다. 이 경우 문법을 통해 영어 문장의 구조를 공부한 학생은 스스로 상대적으로 더 중요하고 덜 중요한 부분들을 정리할 줄 알기 때문에 효율적인 독해를 할 수 있다.

항상 리딩의 목표는 책을 읽은 후 읽은 내용을 말이나 글로 정리할 수 있어야 한다고 학생들에게 강조한다. 어떤 내용이었고 어떤 것을 느끼고 배웠는지 말할 수 있어야 한다. 책을 재미로 읽는 경우에 이 점은 필수사항이 아니다. 뇌 속에서 자동으로 정보를 처리해 주는 부분도 있기 때문이다. 하지만 성적을, 결과를 확인해야 하는 영어의 경우에는 반드시 논리 정리를 해야 한다. 그렇지 않으면 투자한 시간 대비, 결과가 만족스럽지 못할 수 있다. 논리 써머리는 문장간의 논리를 파악하여 단락별로 간단히 메모해 두는 방식이다.

토플에서는 이를 Note taking이라고 부르는데, 이렇게 단락별로 논리를 정리할 때 한 가지 더 중요한 사항이 있다. 바로 키워드 파악이다. 어떤 글이든 글을 쓴 이가 전달하고자 하는 주제가 있다. 마치 오케스트라가 다양한 악기들이 모여 아름다운 선율의 하모니를 이루는 것처럼 독해지문도 특정 주제를 전달하기 위해 모든 단락이 유기적으로 결합한다. 즉, 다양한 근거로 주장을 뒷받침한다. 그러한 주장은 한가지만 있을 수도 있지만 특정한 한 가지 주제를 위해 여러 관점과 내용의 주장들이 나열될 수도 있다.

표현하는 문장의 구조와 패턴은 언어마다 다를 수 있지만 한국어든 영어든 글을 통해 전달하려는 주제와 핵심 정보의 존재, 그리고 그것을 전달하는 방식은 매한가지라고 본다. 처음엔 힘들 수 있겠지만 생각할 수 있는 존재라면 누구든 연습량과 논리 정리하는 실력은 정비례할 수밖에 없다. 생각하기 귀찮아서 안 하기 때문에 못하는 거다. 원래부터 못하는 사람은 없다. 학생들 중에 영어에 자신이 없다, 나는 원래 못하는 사람이다, 라는 얘기를 꺼내는 학생들이 있다. 그러면 얼마나 어떻게 노력했는지 물어 본다.

대부분의 학생들이 제대로 노력해 보지도 않고 그런 얘기를 꺼낸다. 눈으로 한번 슥 보고는 열심히 했다고 착각한다. 눈으로 본 것은 말

그대로 본 거다. 우리가 관심을 두지 않고 길을 가면서 슥 한 번 본 건물들과 간판들을 다 기억하는가. 영어 문법을 공부하다 보면 지각동사라는 개념이 나온다. 지각과 무의지 지각의 차이는 거기에 있다. 내가 의지를 갖고 알게 되면 그것은 지각이고, 내 의지와 상관없이 눈이 떠있으니, 귀가 뚫려 있으니 보이고 들리는 것은 무의지 지각이다.

공부를 했는데도 성적이 안나온다는 학생들의 공부법은 무의지 지각이거나 공부법에 문제가 있는 경우에 해당된다. 그냥 한번 본 것뿐인데 그것을 공부했다고 생각한다. 천재가 아니고선 어떻게 그냥 본 것이 원하는 성적으로 연결될 수 있단 말인가. 책이 걸레가 되도록 반복해서 파고들고 또 같은 책을 사서 반복할 정도로 독하게 공부해서 극상위 성적을 받고, 목표 결과를 확인하는 학생들이 생각하는 공부했다는 개념과는 천지 차이이다.

독해를 제대로 해내고 원하는 결과를 얻고 싶은가. 그렇다면 내가 지금 읽은 내용을 옆사람에게 설명해 줄 수 있는지, 종이에 쓸 수 있는지 확인해 보면 된다. 말이나 글로 정리되지 않고 설명할 수 없는 공부는 결과로 확인할 수 없는 자기 착각이요, 망상일 수 있다는 점을 꼭 염두에 두길 바란다.

공부환경 설정하기 - 영어과외, 교습소, 소수정예학원, 대형학원, 인강
과외, 소수정예 학원, 대형 강의, 인강 중에 본인에게 맞는 방법을 선택할 것을 권한다.

모르는 게 너무 많아 질문하기 부끄럽다든지, 학원 스케줄에 맞추기 힘든 학생의 경우에는 개인과외가 맞다. 단, 과외선생님 선택을 정말 잘해야 하다. 소수정예 학원은 대치동에서 가장 많은 유형의 학원 형태이자, 대치동에서 영문법을 공부하고자 하는 학생들 또한 가장 많이 선택하는 방법이다. 단, 소수정예 학원이라고 모두 관리가 철저한 것은 아니다. 오랫동안 소수정예 학원에서 공부했었다고 상담온 학생들 중에 간혹 원장직강이 아닌 경우에는 잦은 선생님의 변동, 관리 미흡 등으로 의외로 학생의 학습상태에 구멍이 많은 경우가 있다.

학원의 유명세나 학원명보다는 가르치는 선생님의 경력, 노하우, 학습후기와 결과 등이 더 중요하다. 대치동의 학교 영문법 문제 최근 경향이나 학습법에 대해 노련하고, 학생들과의 소통에도 적극적인 선생님을 꼼꼼하게 체크해서 수강하기 바란다.

마지막으로 대형학원과 인강의 방법이 있다. 대형학원과 인강업체들은 비교적 광고 홍보에 적극적이어서 유명세가 있는 경우가 많다. 그런데 광고 내용만 대충 보고 유명한 학원이니 수강해야겠다, 유명한 선생님의 인강이니 수강해야지, 하는 식의 선택은 자칫 아까운 시간만 낭비할 수도 있다.

특히 인강은 인터넷으로 접속하여 수업을 듣기 때문에 철저한 자기통제가 가능한 학생이 아니면 옆길로 새기 쉽다. 대형학원이나 인강의 경우에는 질의응답이나 피드백이 어려울 수 있기 때문이다. 자기주도 학습이 잘 되는 학생의 경우라면 잘 활용할 수 있는 좋은 수업이 될 수 있지만 그렇지 않은 학생들은 수업만 듣고 뒤돌아서 잊어버릴 수 있다. 그러니 다시 한 번 신중히 생각해 볼 것을 권한다.

본인에게 맞는 레벨의 수업을 들을 것 개인과외가 아닌 경우, 특히 대형강의는 레벨을 정확하게 판단하기 힘들다. 학원에서 레벨테스트를 보고 맞는 반을 정해도, 영어의 영역이 하나만 있는 것이 아니기 때문이다. 예를 들어, A학생과 B학생의 레벨이 똑같이 최상위 반이 나왔어도, 보카, 리딩, 문법, 리스닝, 영작 등의 다양한 영역 중에 상대적으로 취약한 부분이 있을 수 있기 때문이다. 모든 영역이 균형을 이루기가 힘들다. 이런 경우 학원에 다니면서 별도로 또 과외를 해야 하고, 실제로 그런 학생들이 적지 않다.

문제는 시간이다. 영어만 잘해서는 대학에 진학하기 힘들기 때문이다. 수학, 국어 등 타 과목에 할애하는 시간 때문에 학년이 올라갈수록 압박감이 생길 수 있다. 따라서 최대한 집중학습이 필요하다. 특정 시험을 염두에 둔 입시에서는 특히 더 단위 시간당 최대한의 결과를 뽑아낼 수 있는 학습이어야 한다.

개인과외의 경우가 아니라면 이 부분은 꼭 확인해 봐야 하는 중요한 사항이다. 정작 자신의 수준이 어떤지 체크해 보지고 않고 무작정 유명강사의 수업을 듣는다고 문법 성적이 올라가는 것은 아니다. 진단이 정확해야 약효가 있듯, 영문법 공부도 마찬가지이다. 수준에 맞지 않는 수업은 무용지물이 될 뿐더러, 괜한 시간 낭비, 에너지 낭비, 돈 낭비만 할 수 있다. 반드시 영문법 수업 전에 자신의 수준을 체크해야 한다.

완전 처음 공부하는 학생이 아닌 경우, 즉 예전에 영문법 수업을 듣긴 했는데 잊어버린 것 같다, 자신이 없다, 하는 경우에는 전문가 선생님과의 상담이나 레벨테스트 후 수업을 선택할 것을 제안한다. 모르는 부분에 대한 질의응답과 피드백이 가능한지도 체크해 봐야 한다.

많은 학생들이 수업만 들으면 성적이 올라갈 줄 안다. 하지만 본인의 것으로 만들지 않으면 성적 향상이 되기 힘들다. 아무리 유명한 강사의 수업을 들어도 본인이 모르는 것을 즉시 질의응답 받고 수업 내용에 대한 피드백과 철저한 관리를 병행하지 않는다면, 원하는 결과를 확인하기 어려울 수 있다. 수업을 듣다 보면 학생 입장에서는 열정적으로 수업하시는 선생님의 지식이 자신의 것인 양 착각할 수 있기 때문이다.

하지만 본인의 것으로 만들었는지 확인할 수 있어야 실전에서 원하는 성적을 낼 수 있다. 따라서 지도 선생님이 꼼꼼하게 피드백 주는 분인지, 학원 시스템에 질의응답 및 피드백이 커리큘럼에 포함되어 있는지도 철저히 확인해 봐야 한다.

오답천국을 겨울왕국으로 – 기억의 분실물 보관소인 오답노트

오답노트를 꼭 해야 하냐는 질문을 많이 받는다. 그러면 나는 오답노트를 물건의 분실에 빗대어 대답한다. 사람마다 차이가 있지만 유난히 물건을 잘 분실하거나 흘리는 사람들이 있다. 가르치는 학생들 중에도 학원에 다녀가면 자기가 다녀갔다는 증표라도 남기듯 꼭 물건한 두 개씩 놓고 가는 아이들이 있다. 성향이고 습관이다.

오답노트도 마찬가지이다. 노트에 적는 이유는 타인에게 보여주기 위해서가 아니다. 배운 지식을 온전히 내 것으로 만들기 위함이다. 그러기 위해선 우리 기억을 자신하면 안된다. 뇌 속에 장기기억으로 보존되려면 얼마만큼의 반복이 필요한지는 사람마다 다르다. 하지만 반복할수록 기억 속에 선명하게 각인된다는 것은 자명한 사실이다. 따라서 잊지 않을 자신이 있다면 노트를 작성하지 않아도 된다.

하지만 적었다는 사실조차 잊을 정도로 건망증이 심한 사람은 물론이거니와, 잘 잊는 사람은 기록이 필수이다. 노트에 적지 않으면 시간이 갈수록 기억력은 감퇴되기 때문이다. 여러 번 노트에 적힌 오답을 반복 기억함으로써 같은 오답이 생기지 않도록 방지할 수 있다. 그래서 공부를 잘하는 학생들이 오답노트를 중시하는 이유가 여기에 있다.

하나라도 틀리면 큰일나는 입시의 세계에선 오답 한 문제가 대학교 합격의 당락까지도 좌지우지할 수 있다. 시험 보기 전에 풀었던 오답 문제와 똑같거나 유사한 문제가 출제되었다는 학생들의 발언도 수 없이 들어왔다. 기억이 분실되지 않도록 보관해 두는 곳이 바로 오답 노트이다. 물건만 분실소에서 찾는 것이 아니다. 우리의 기억도 분실 되지 않도록 보관해 두는 곳이 필요하다.

그렇지 않으면 같은 오답이 끊임없이 여기 저기에서 예기치 않은 순간에 또 출몰할 것이다. 같은 실수를 반복하는 것, 같은 오답이 반복

된다는 것은 그만큼 오답 관리에 흠이 생겼다는 것을 의미한다. 채점을 하다 보면 시험지나 교재에 장대비가 쏟아지는 학생들이 있다. 중요한 것은 그 다음이다. 같은 문제를 또 틀리는 학생들은 알고 보면 귀차니즘 성격들이 많다. 이런 학생들의 질문은 그 오답의 성향과 매우 흡사하다. 충분히 배운 개념을 적용하며 생각한 후 정말 몰라서 묻는 질문이 아니다. 대부분 생각이 귀찮으니까 선생님이 대신 풀어주세요 라는 식의 질문이다.

생각을 하지 않으려 한다. 생각하기 귀찮아 한다. 어른도 그럴 때가 많지만 아이들은 더욱 더 본능대로 편하게 살고 싶은 마음이 크다. 그래서 적극적이고 주체적인 생각을 하도록 유도해야 한다. 생각하기 싫으면 오답이 많을 수밖에 없고, 오답이 많으면 학습에 있어 성장이 더딜 수밖에 없다. 영어교재 속에 내리는 장대비가 한겨울에 내리는 함박눈처럼 바뀌려면 이 또한 공짜가 없다. 오답노트에 남기던 오답 문제에 직접 필기하고 포스트잇으로 표기해 두던 흔적과 기록을 남겨야 한다.

그래서 장대비가 쏟아지는 오답천국이 점차 함박눈이 내리는 겨울왕국으로 바뀌도록 해야 한다.

영어, 이렇게 공부하면 성적이 안 올라갈 수가 없다
- 선생님에게 배운 내용을 설명해 주는 아이들

학부모 상담 때 가장 많이 듣는 질문이 있다. 학원은 오래 다녔는데 성적이 오르지 않는다거나, 진도는 빠르게 나가는데 물어보면 정확하게 알지 못한다는 질문이다. 그러면 나는 이렇게 방법을 말씀드린다. 학생이 공부한 내용을 말하게 해 보라고 말이다.

질문은 답변을 끌어낸다. 맞든 틀리든 답이 없든 계속해서 말하는 이의 인풋을 확인하게 한다. 따라서 말로써 글로써 표현하게 만들어야 한다. 말할 수 없는 지식은 문제가 있다. 공부했는데 틀렸다는 것은 설득력이 없다. 아무리 학원을 많이 다니고 밤을 새서 공부했다 한들 긍정적 변화가 보이지 않거나 결과가 좋지 못하면 인정받지 못한다.

따라서 평소에 항상 확인 점검이 필요하다. 그리고 이 확인 점검은 아웃풋이라는 방법을 통해 더 효과를 볼 수 있다. 지난 시간에 공부한 내용을 말하라고 했을 때 대답하지 못하거나 막히는 부분이 있으면 제대로 내 것이 되지 못했다는 뜻이다. 같은 내용의 시험지로 재시험 보는 방법도 한계가 있다. 만약 그렇게 시험을 봐서 통과했다면 반드시 후속 점검이 뒤따라야 한다. 아이들의 잔꾀는 상상을 초월하기 때문이다.

같은 내용의 시험지를 들이밀면 답만 외워서 한 칸씩 밀려쓰는 경우는 예사로운 일이다. 시험 보는 테크닉으로 말할 것 같으면 아이들의 두뇌는 가히 어른을 능가하는 것 같다. 그래서 항상 아이들에게 빈틈을 주어서는 안된다. 그래서 대면하여 말하게 하는 방법을 추천한다. 즉각성에서 오는 긴장감이 평가에 대한 정확성과 신뢰도를 높여 줄 수 있다는 이유에서이다.

질문과 동시에 답변이 나와야 한다. 시험은 항상 시간제한이 있다는 점을 잊어선 안된다. 나중에 대답한다는 태도는 지금은 모른다는 뜻이다. 시험은 나중이라는 기회를 주지 않는다. 언제 어떤 방식의 유형으로 물어봐도 즉각적으로 대답이 나올 수 있어야 한다. 이렇게 평소에 준비된 모습이어야 실전력이 생긴다. 지금 바로 대답할 수 있게 하는 아웃풋의 방식은 말이든 글이든 상관없다. 하지만 말로 표현하지 못하는 지식은 글로도 표현하기 힘들다는 점은 염두에 두어야 하겠다.

학생들에게 배운 내용을 누적해서 계속 물어본다. 학부모님들은 좋아하지만 학생들은 싫어하는 방법이다. 챕터 1을 공부한 후 챕터 2를 배울 때 챕터 1에 대해 물어본다. 그리고 챕터 3을 공부할 땐 챕터 1과 2를 물어본다. 같은 방식으로 챕터 4를 공부하기 전엔 챕터 1, 2, 3을 물어본다. 이런 방식으로 누적 복습을 시키다 보면 복습의 효과는 말하나 마나이다.

특히 대부분의 학생들이 어려워 하는 문법이나 단어 암기의 경우에는 이런 방식이 매우 효과적이다. 학생들에게 배운 내용을 말하게 함으로써 학생 스스로 자신의 현 학습 상태를 점검하게 할 수 있다. 독해의 경우 해석을 물어봤을 때 대답을 못하면 노트에 영어와 한글 해석 모두 쓰게 한다. 단락별로 어떤 내용인지도 주장과 근거의 관계까지 분석해서 요약해 보라고 한다. 제대로 글을 파악하지 않고 문제 푸는 데에만 급급해 하면 결과는 뻔하다. 문제풀이에만 매달려 있게 되면 독해 지문과 문제가 연결되지 못한 결과로 시험지는 우천시가 된다. 귀차니즘 때문에 생기는 당연한 결과이다..

초중고 영어교육 로드맵

영어교육은 학년에 따라 방법이 달라야 한다. 요즘에는 초등학교 때부터 영어를 배우는데 학년별 영어를 가르치는 목적이 다르다. 그러니 그에 맞춰 공부법도 달라져야 한다. 많은 사람들이 흔히 착각하고 있는 부분이 있는데, 바로 영어를 잘하는 것과 영어 100점 맞는 것을 동일시 한다는 점이다. 이 둘은 같을 수도 있고 전혀 다를 수도 있다. 우스갯소리로 영어가 모국어인 국가의 사람이 수능을 봐도 영어 만점은 받지 못할 수 있단 말이 있다. 우리가 한국어를 쓴다고 문법을 세세하게 아는 사람은 많지 않은 것과 같은 이치라고 보면 된다. 때문에 학년에 따라 영어를 잘하면서도 시험에서 좋은 성적을 거둘 수 있는 학습 방법을 소개하고자 한다.

그 구체적인 방법은 다음과 같다. 먼저 초등학교의 경우 영어를 잘한다는 걸 어떻게 알 수 있는가 하면 우선 발음과 잘 듣고 말하는 의사소통으로 알 수 있다. 중고등학생은 정기적으로 치루는 학교 시험이 있어 수치화하여 증명할 수 있는 성적표가 있다면, 초등학생 때는 공인 영어 시험을 보지 않는 이상 영어를 잘한다는 수치를 받기가 어렵다. 하여 이때는 어떤 시험을 통해 내 아이의 영어 실력을 점검하기보다는 아이가 영어에 대한 자신감과 유창성, 논리적인 사고력을 얼마나 가지고 있는가가 더 중요하고 이를 키워주는 학습법이 필요하다.

다시 말해서, 문제 풀고 바로 정답을 숫자로 확인할 수 있는 수학, 과학과는 달리 영어는 어휘, 독해, 문법, 쓰기, 듣기 등 여러 영역들을 챙기며 공부해야 하는 만큼 시간과 인내가 필요하다. 따라서 일단 영어 실력 향상과 영어 성적 만점을 위해서는 심리적 요소인 자신감이 받쳐줘야 한다는 대전제가 있고, 이를 바탕으로 이제 다음 단계로 나아가야 한다. 언어교육계 최고의 권위자로 불리는 크라센은 '읽기 혁명'에서 언어 습득 방법으로 독서의 중요성을 강조한다. 따라서 초등학생 아이에게 원서를 읽히는 것이 중요하다. 그냥 읽히는 것이 아닌 다독과 정독이 동반되어야 한다. 아이가 혼자 읽기에 적당한 수준의 영어 원서를 큰소리로 여러 번 읽고, 주제를 파악하여 논리적으로 말해보는 연습을 하는 것이다. 이렇게 논리적으로 정리하는 로직 써머리(Logic Summary)를 평소에, 빠르고 정확하게 될 때까지 연습해야 한다. 결국 많이 읽고, 읽는 과정에서 영어를 많이 듣고, 말로 표현하는 것이 초등학생 시절에 갖춰야 하는 영어 능력인 것이다.

아이의 수준에 맞는 책임을 알 수 있는 기준은 어떻게 알 수 있느냐는 질문을 많이 받는다. 그 방법으로 미국의 학교에서 흔하게 사용되는 방식이 있다. 바로 'The Five Finger Rule'이다. 일단 마음의 드는 책을 고른 후 아무 페이지나 펼쳐 읽어 본다. 한쪽 손에 주먹을 쥐고 모르는 단어를 만날 때마다 손가락을 하나씩 펴는 것인데, 다 읽은 후 몇 개의 손가락이 펴져 있는지 확인하여 모르는 단어의 개수를 체크하는 방식이다. 이때 5개 손가락이 다 펴졌다면 그 책은 아이의 수준보다 어려운 책이고, 모르는 단어가 한 개도 없거나 하나이면 그 책은 아이에게 너무 쉬운 책이다. 두 개 혹은 세 개면 혼자 읽기에 적당한 수준의 책이다.

2~3개 정도의 모르는 단어는 책을 읽다 보면 앞뒤 문장과 글 전체의 문맥으로 뜻이 어렴풋이 파악되기 때문에 그 단어들이 독서의 흐름을 크게 방해하지는 않는다. 이를 통해 논리적인 사고력과 함께 단어의 용례 등을 자연스럽게 파악할 수 있어 수준에 맞는 책을 다독하고 정독하는 것이 중요한 것이다. 모르는 단어가 네다섯 개면 그 책의 내용을 전혀 이해하지 못할 가능성이 커서 이러한 경우 좀 더 쉬운 책을 고르는 것이 바람직하다.

한편 중고등학생의 경우에는 시험을 준비하는 영어 학습법이 주가 된다. 성적표 영어가 시작되는 중학교 영어는 초등학교 영어와 비교해 볼 때 아이가 온도차를 크게 느낄 수 있다. 독서를 통해 재미와 흥미를 추구하는 초등영어에 비해 상당히 딱딱하고 아카데믹한 시험용 영어로의 전환은 영어를 좋아하고 잘하던 아이들마저도 영어에 대한 흥미를 잃게 만들기 쉽다. 따라서 쉬운 난이도일 때부터 자신감을 갖고 성취감을 느끼게 해주는 것이 중요하다. 일단 단어를 모르면 아무 것도 안된다. 언어의 규칙성과 패턴인 문법도 이때부터는 체계적으로 놓치지 않고 배울 수 있게 학습 시간을 늘려야 한다. 즉 초등 영어 때 어느 정도 실력이 확보되었다는 가정하에 어휘와 문법의 활용력을 키워줄 수 있는 학습을 해야 한다는 것이다.

고등학교 때는 '시간제한'이라는 중요 조건이 붙는 학교 시험은 물론 인생에 큰 이벤트인 수능을 준비해야 하므로 문제 해결 능력을 키워주는 것이 중요하다. 이에 따라 고등학교 3년 로드맵을 잘 짜야 하는데, 그 자세한 로드맵은 다음과 같다.

고등학교 입학을 앞둔 중3 겨울방학 시기에는 최근 고1 3개년간의 모의고사를 유형별 문제 풀이 연습과 함께 내신 문제에서 주로 출제되는 문법과 영작 연습을 해두어야 한다. 고1, 고2 때는 좀 더 난도 높은 고2, 고3 모의고사를 풀어보고 내신에 대비해 학교 선생님의 수업을 충실히 듣고 꼼꼼히 필기하며 수업 자료도 빈틈없이 챙겨둬야 한다. 고3 때는 수능과 평가원 모의고사 기출문제를 풀 때 꼭 시간을 재어 풀어보고, 자신의 부족한 부분을 예리하게 분석해 보완하는 효율적인 공부 방법을 유지해야 한다. 매일 학습 계획 실천과 학습량을 체크하며 부족한 부분을 채우는 것이 꾸준한 실력 향상에 도움이 될 것이다.

단, 실력이 다소 부족한 학생이 따라잡을 방법은 없을까? 나의 경험상 늦다, 빠르다의 절대적인 기준은 없고 사람마다의 특성과 환경적 요인이 매우 중요하다고 본다. 그간 대치동에서 학생들을 가르쳐오며 정말 많은 학생들을 봐왔다. 일년만에 정말 열심히 해서 9등급에서 1등급이 된 학생도 있었고, 중위권에서 상위권으로 도약한 뒤 꾸준히 그 실력을 유지하는 학생도 더러 봤다. 결국 늦은 시작은 없다는 뜻이다.

만약 고등학교에 진학하며 이제부터 영어 공부를 열심히 하겠다고 마음먹은 학생들이 있다면 단어 암기, 문법의 이해 이 두 가지를 통해 우리말과는 다른 영어 어휘와 문장 규칙, 문장 패턴에 대한 이해와 활용력을 최대한 빠르게 갖춘 후 이 영어 기초체력을 독해와 쓰기, 듣기 영역으로 빌드업, 레벨업하면 된다. 이것이 가장 중요하고 효과적인 큰 틀이고, 세부 사항은 개별학생의 특성에 맞춰 달라지니 이 부분은 영어교육 전문가와의 상담 및 지도를 받으며 도움받으면 늦더라도 꼭 영어 실력을 향상시킬 수 있을 것이다.

그리고 영어 실력 향상의 가장 근본은 영어에 대한 자신감과 열정이라는 마인드셋이 가장 중요한 점 잊지 않아야 하겠다. 아울러, 지금까지 언급한 대로 로드맵을 그려 아이들이 단계별로 잘 따라가도록 옆에서 부모님이 함께 지도해 줄 수 있다면 금상첨화이다. 한 가지 더 덧붙이고 싶은 부분은 바로 학생 스스로가 동기부여가 되어야 한다는 점이다.

학생들이 영어 때문에 스트레스를 너무 받지 않았으면 좋겠다. 영어 공부는 이제 피할 수 없는 것이 되었다. 스스로가 영어 공부를 왜 해야 하는지, 그 이유를 조금만 더 생각해 보고 납득한다면 스트레스를 덜 받을 수 있을 것이다. 모든 공부가 그렇다. 나 자신이 소중하므로 나를 위해서 하는 행동이라는 가치관이 잡히면 공부는 순조로워진다. 학부모님들도 아이들에게 공부를 강요하기보다는 아이들 스스로가 효과적으로 공부하기 위한 동기부여와 심리적 안정을 갖출 수 있도록 옆에서 지켜봐주고, 도와주면 하는 바램이다.

끊이지 않는 화두, 조기영어교육에 대해 - 조기교육 vs 정규교육

영어의 시작시기에 따른 영어사용능력은 항상 뜨거운 화두이다. 영어유치원을 나왔는지, 몇세부터 영어를 접해야 좋는지, 늦게 시작한다면 언제가 적기인지 등 이상적인 영어 시작 시기에 대해 숱한 질문을 받아 왔다. 조기영어교육을 언제 어떻게 받아야 할지, 아니면 학교 정규교육 대로 공부해도 될지 말이다. 결론부터 얘기하자면 이부분은 개인의 언어발달 능력에 따라 다를 수 있는 문제이다.

피아노를 시켜도 형제 중에 더 빠르게 습득하는 아이가 있는가 하면, 흥미를 느끼지 못하고 진전도 느린 아이가 있다. 형제 자매도 이렇게 다르다. 영어는 언어지능의 능력개발 문제이다. 타고나기를 언어지능이 더 뛰어난 아이들이 있다. 하지만 후천적인 노력으로 언어지능은 충분히 향상될 수 있다. 이 때 중요한 점은 바로 아이의 정서적인 능력에 해를 끼치지 않아야 한다는 점이다.

아이들은 흥미를 느껴야 한다. 재미를 느끼는 놀이로 인식하는 대상에 빠져든다. 아이가 적극적으로 배우고자 한다면 시켜도 좋다. 하지만 영어를 학습으로 인지하고 그로 인한 스트레스를 느끼게 된다면 얘기는 달라진다. 인간의 발달단계가 있듯 무리한 학습 환경 조성, 인위적 몰입 환경 조성은 아이의 정서능력 발달을 저해할 수 있다. 따라서 아이가 즐겁게 몰입할 수 있다면 그 조건 하에서 조금씩 노출시킬 것을 권한다. 어디까지나 심신의 건강과 행복을 위한 영어학습이어야 바람직하다고 생각한다.

조기교육이 아이의 행복이 아닌 엄마의 대리 만족을 위한 선택이어서는 안된다. 학습의 주체자인 아이가 받아들일 준비가 되어 있는지, 흥미를 느끼는지 세심히 살펴야 한다. 앞서 언급했듯이 영어는 어디까지나 꿈을 이루기 위한 수단이다. 모두가 다 영어를 잘할 필요는 없다. 왜 영어를 공부해야 하고 잘해야 하는지 이유와 목적을 분명히 해야 한다. 남들이 하니까 아무 생각 없이 따라 한다든지, 누군가보다 잘하기 위해 한다는 식의 동기부여는 건강한 학습으로 지속되기 힘들다.

일찍 영어에 노출시키면 듣고 말하는 부분이 보다 편안하다는 측면에서 유리한 점은 분명히 있다. 영어권 국가에서 장기간 체류했다든지, 영어를 사용하는 환경에 노출이 오랫동안 되었다든지 등의 경우처럼 말이다. 하지만 편안함이 정확성까지 보장해 주진 않는다. 다시 말해서 영어권 국가에 살다 왔다고 학교 영어시험에서 1등급이 나오게 시험문제가 출제되지 않는다. 한글을 우리가 쓴다고 국어 시험 100점 맞는다는 보장이 없는 것과 같은 이치이다. 영어시험에 맞는 준비와 공부를 따로 해야 한다는 뜻이다.

그래서 방학 때면 영어권 국가의 학생들이 수업을 들으러 대치동으로 온다. 보다 체계적으로 고급 영어를 배워서 쓰고 싶다는 이유에서이다. 야생마처럼 체득된 영어가 아닌, 시험에 맞는 다듬어지고 고급진 영어를 쓰고 싶다는 니즈가 주를 이룬다. 영어를 일찍 접하든 늦게 접하든 그것은 중요치 않다. 중요한 것은 시기가 아니라 절실한 마인드이다. 고2가 되어서 뒤늦게 공부 늦바람이 불어 발등에 불 떨어진 학생들도 꽤 봐왔다. 무섭게 돌진하는 이런 학생들은 불과 몇 달만에도 눈부신 성적향상을 이룬다.

배움의 주체가 행복할 수 있다면, 적어도 스트레스 받지 않는다면 일찍 영어를 시작해도 좋다. 하지만 늦었다고 너무 낙심할 필요도 없다. 그만큼 부지런하게, 끈기 있게, 나아가면 된다. 영어실력의 향상은 어려운 일이 아니다. 시작이 반이라는 말처럼 영어공부의 이유와 절실함이 분명하다면 자신에게 맞는 방법을 찾아서 꾸준히 성장해 가면 된다. 사람이 다 다르듯 교육 방법도 다양하기에 영어를 늦게 시작했다고 너무 걱정하지 않아도 된다. 배움에, 교육에 만인에게 적용되는 절대적인 한 가지 정답은 없다.

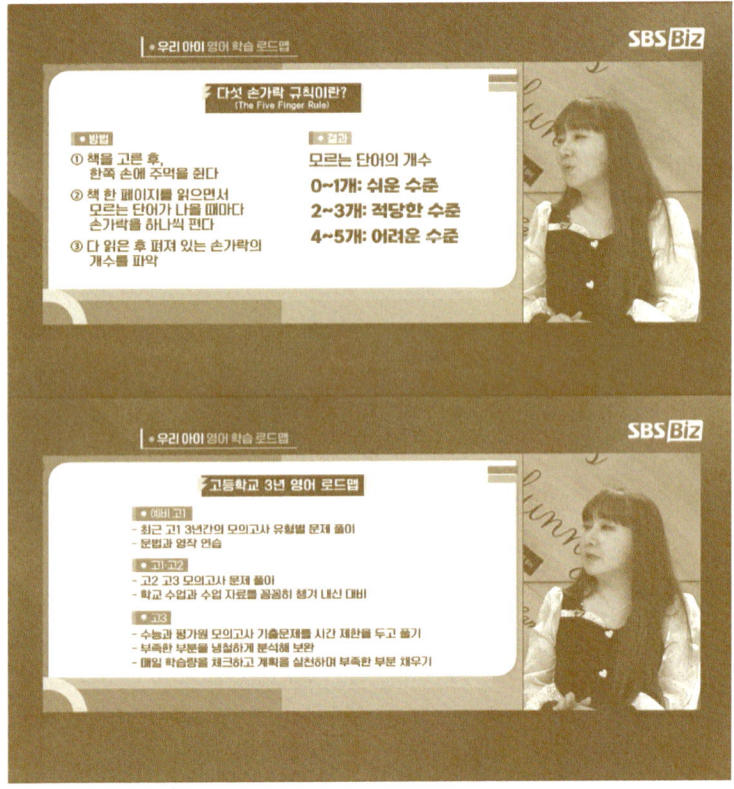

제 8부

8. 성장의 기적

: 기적은 지금, 오늘, 여기에

상처를 지혜로 바꾸는 시간 – 역경을 거꾸로 하면 경력

아무 생각이 없거나 생각이 다듬어지지 않아서 어디로 튈지 모르는 어수선한 아이들을 가르치려면 여간 힘든게 아니다. 매 순간이 인내이고 매 시간이 도를 닦는 시간들이다. 항상 학원에 출근하면 기도한다. 오늘도 이곳에 오는 모든 아이들이 많은 것을 배우고 성장해서 꿈을 이루게 해달라고. 친구들이 짝을 만나 한 명씩 결혼하고 아이들을 낳아 키울 때에도 나는 남의 아이들이지만 내가 지도하는 아이들에게 모든 시간을 몰입해서 살아왔다. 주말엔 좀 쉬라고 할 때도 그 소리가 들리지 않았고, 공휴일에도 쉬는 것보다 아이들을 만나는 일상이 더 행복하고 의미 있었다.

내게 가끔 아이들이나 학부모님들이 항상 행복해 보인다는 얘기를 한다. 기분 나쁜 일이나 상처가 없어 보인다고 한다. 그렇게 봐주니 감사할 따름이다. 왜 아픔이 없겠나. 다만 밖으로 표출하지 않을 뿐이지. 나는 성장기에 남들과 달랐다고 생각했다. 일단, 특별한 병명은 없었는데 몸이 너무 허약했다. 지금 나를 아는 사람들은 믿지 못할 수 있겠다. 내가 하루라도 운동을 하지 않으면 불안해 하는 심리도 나의 이런 어린 시절에 기인한다. 오죽하면 그땐 인생의 목표가 그냥 건강하게 사는 것, 그 하나였으니까.

어린 시절을 떠올리면 늘 눈물이 앞을 가리는 건 지금도 마찬가지다. 초등학교 시절에도 누구보다 열심히 살려고 노력했던 것 같다. 초중고 시절 학업우수상, 피아노 콩쿨 대회 수상 등 받았던 상장이 아직도 집안에 수북히 쌓여 있다. 무엇을 해도 열정적으로 배우고 빠져드는 성향이어서 초등학교 시절 피아노 콩쿨에 나가 대상을 받았던 때에도 6개월동안 단 하루도 빠짐 없이 하루에 8시간씩 연습했다. 그땐 손등이 빨갛게 되도록 맞아가면서 배웠는데, 선생님이 너무 엄하고 무서워서여서도 그랬지만, 무엇보다도 내 연습이 완벽하지 않아서 너무 속상했고 마음 속에 간절함이 있었다. 그렇게 달달 외워서 내것으로 만들었던 베토벤 3번의 1악장 악보를 지금도 기억하고 있는 것을 보면 장기기억의 힘이 얼마만큼 대단한 건가 다시금 느끼게 해준다.

중학교 시절에는 중학교 1학년 때부터 한의원에서 침을 맞는 일상이 계속되었다. 내가 중학교에 재학중이던 땐 중1학년부터 전국 모의고사가 있었다. 지금 중학교에선 학교 내신성적을 절대평가로 표기해서 주지만 그땐 적나라하게 등수가 적혀서 나왔다. 그것도 학교, 지역, 전국 등수까지 전부 다. 중학교에 들어가서 처음 시험 본 1학기 중간고사에서도 전교 1등이었지만 무엇보다도 전국 모의고사에서 나는 학년 전체에서 전교 1등, 대전에서도 지역 1등, 전국에서 5등이 찍힌 성적표를 받아 들었다. 그때의 그 희열은 말로 형언할 수 없었고 더욱더 그 시험은 나의 학업에의 의지와 동기부여에 불을 지피는 계기가 되었다. 그래서 지금도 지도하는 학생들에게 작은 시험이라도 꾸준히 목표한 결과를 통해 성취감을 맛볼 수 있도록 하고 칭찬과 격려를 아낌 없이 해주려는 것도, 나의 이런 경험에 바탕을 둔다. 사람은 칭찬 받고 인정 받을 때 더욱 잘하고자 하는 심리, 더 발전하고자 하는 마음이 들기 때문이다.

초등학교 때부터 학교 대표로 지역, 전국 단위의 각종 학업 관련 대회에 나가 수상하는 일이 많아, 중고등학교 땐 각 학교에서 공부 좀 한다는 수재들이 모여 만든 대전지역 영어 스피킹 모임에도 서울대 진학한 친오빠의 절친 소개로 시험 본 후 들어가서 활동하게 되었다. 공부로 성장할 수 있는 곳에는 어디든 참여했고 누구보다 열정적으로 임했다. 하지만 이런 나의 열정과 의지도 허약한 체력 앞에선 한없이 작아지는 것 같았다. 책상 앞에 앉아 있는 것조차 고통스러울 정도로 허리에 통증이 찾아왔고, 계속되는 밤샘 공부로 체력이 바닥을 쳤다.

예전엔 잠 안 오는 약을 약국에서 팔았는데 새끼손톱 절반 정도의 크기로 하얀 약이었다. 이 약을 먹고 공부하면 적어도 사흘은 잠이 오지 않았는데, 깨어 있어도 깨어 있는 게 아니었다. 약기운에 취해 몽롱한 상태로 계속해서 밤을 새우며 공부하니 당연지사 몸 상태가 좋을 리 없었다. 지금 생각해 보면 너무도 무모한 짓인데, 그땐 1등을 유지해야 한다는 강박관념 때문에 약을 먹으며 밤새 공부하는 일을 멈출 수 없었다. 지금의 나는 학생들을 가르치면서도 아이들이 카페인 함유량이 높은 에너지 드링크를 제품을 너무 많이 마시면 제재하는 편이다. 밤엔 숙면을 취하고 깨어 있는 시간에 최대한 집중해서 하라고. 장기적으로 볼 때 건강을 생각하라는 의미에서이다.

사람마다 상처는 다 있다. 완벽해 보이는 사람도 타인의 시선에 그렇게 비추어질 뿐, 입 밖으로 내지 못하는 그만의 은밀한 아픔과 상처가 분명 존재할 것이다. 앞서 언급한 것처럼 완벽한 노력은 있을 수 있을망정, 이 세상에 완벽한 사람은 없다. 사람은 누구나 불완전하다. 그 불완전함을 받아들이고 나름의 완전함을 찾아가는 과정에서 저마다의 의미와 행복을 찾을 뿐이다. 아이들을 가르치며 나는 아이들의 불완전함에 대해 생각하기 이전에 나자신의 불완전함을 먼저 살펴보고자 한다. 늘 겸손해야 하는 이유다. 때때로 마음처럼 따라주지 않는 아이 때문에 상처를 받은 분들도, 그밖의 무수한 이유들로 괴로워하는 분들도 혼자서 너무 힘들어하지 않았으면 한다. 모든 것을 놓아 버리고 싶은 순간들은 불청객처럼 갑자기 찾아오곤 한다. 세상에 나 혼자 남겨진 것 같은 외로움과 고독감이 느껴질 때, 나 홀로 버려진 듯한 소외감에 휩싸일 때, 마음의 병은 여린 내면을 뚫고 들어와 똬리를 튼다.

이런 혼란스러운 감정과 생각조차 끌어안고 보듬어야만 하는 이유가 있다. 우리가 인간이기 때문에, 불완전하기 때문이다. 불완전한 감정과 생각은 우리가 불완전한 인간이라는 증거이다. '희노애락' 중에 '노애'는 없고 '희락'만 있다면 그것은 신이 아니고서야 가능한 일이겠는가. 우리는 누구나 인생이라는 게임에 처음 접속한 아마추어인데, 어떻게 모든게 내 뜻대로, 바라는 바대로 완벽할 수 있을까. 불완전하기 때문에 자유로울 수 있고, 하나님이 아닌 이상 누구도 완전한 존재가 될 수는 없다. 중요한 건 이러한 불완전한 모든 감정과 상태를 어떻게 치유하고 플러스 에너지로 만드느냐에 있다. 역경을 거꾸로 하면 경력이다. 지금 당장은 힘들고 고통스러운 일이 반복될지라도, 시간이 지나 그 순간들을 되돌아보면 그 또한 내면의 자아가 더 단단해져 가는 과정 중 일부분이었음을 알게 될 것이다.

나는 매일 오전 철저히 나 혼자만의 시간을 갖는다. 나와의 온전한 소통만이 목적인 이 시간에는 내 안을 들여다보고, 머릿속에서 자리를 잡지 못하고 둥둥 떠다니는 생각과 감정을 글로 남기고 정리한다. 간단한 기도와 함께 나의 감정, 생각을 점검해 보고, 정리되지 않은 것들이 있다면 - 그것이 무형의 것이든 유형이든 간에 - 오늘 해야 할 일로 적고 실행 여부를 체크한다. 오롯이 나 자신에게만 집중할 수 있는 시간을 갖지 않으면 그 해결법을 외부에서 찾으려 한다. 물론 사람이든 물건이든 외부와의 소통은 참고가 될 수 있고 일시적인 해결책은 될 수 있지만 장기적으로 볼 때 안정적인 근본적 해결책은 되지 못할 수 있다.

내 인생은 내 것이니까. 내가 주인공이 되어 써내려가는 한 편의 드라마고 스토리다. 그래서 나는 항상 내 이야기를 타인에게 물어볼 때는 어디까지나 참고 차원일 뿐이라는 전제를 둔다. 외부 정보는 취합해서 반드시 내 필터로 다시 필터링을 해야 한다. 그래야 내 몸에 맞는, 내 삶에 맞는 옷으로 리폼될 수 있다. 누구에게 물어보던, 결국은 내가 끌고 가야 하는 나의 선택의 총합이고 나의 인생이다. 내가 주인공인 이 스토리에서 자신이 어떻게 하면 더 빛이 날 수 있는지, 더 행복해질 수 있는지 자문해보는 시간이 반드시 있어야 한다. 그래야 그 상처마저도, 모든 것을 내려놓고 싶을 만큼의 거대한 절망과 고통마저도 지혜로, 기적으로 바뀔 수 있다고 믿는다.

당신은 어떤 인생 스토리를 쓰고 있나요

필자와 같이 학생들을 가르치는 일을 하던, 그 밖의 어떤 일을 하고 있던 간에 우리는 우리 자신이 하는 일에서 삶의 의미를 찾으려 한다. 그렇다면 내가 하고 있는 일은 어떤 의미가 있는 것인가. 이 질문에 대해 생명 유지 혹은 생활 유지라는 당연한 답변을 내놓을 수도 있다. 하지만 좀 더 깊게 넓게 생각하다 보면 결국 나와 내가 몸담은 이 세상을 이롭게 한다는 내용으로 귀결될 수 있을 것이다. 인간은 사회적 동물이기 때문에 나 혼자 잘 먹고 잘 사는 것만으로는 궁극적인 행복을 느끼기 힘들다. 나라는 존재를 인정해 주고 의미를 부여해 줄 수 있는 건 타인이라는 대상이 있기 때문에 가능하다. 물론, 혼자 고립되어 살 수도 있고 혼자여야 행복감을 느끼는 사람도 있을 수 있겠다. 다만 인간은 근본적으로 타인과 상호작용하며 살아간다는 점을 고려하면, 우리의 삶에 있어서 타인을 완전히 배제할 수는 없다는 것을 인정할 수밖에 없을 것이다.

사람은 저마다의 성향과 가치관이 다르기 때문에 누구의 인생이 더 낫다 못하다 판단할 수 없다. 의견의 영역이기 때문이다. 어떤 대상에 대해 판단할 땐 사실과 의견이 신중히 철저히 분리되어야 한다. 영어 독해 문제유형에도 사실(fact)과 의견(opinion)을 구분하는 유형이 있다. 사실에는 객관적인 법칙과 질서, 패턴이 존재한다. 그렇기 때문에 시간이 흘러도 변치 않는 속성이 있다. 반면에 의견은 사람에 따라 달리 생각하고 판단할 수 있는 주관적인 영역이라 특정한 하나가 일반화될 수 없는 특징이 있다. 내가 생각할 때는 옳고 바람직하게 느껴질 수 있지만, 남의 입장에서는 틀리고 바람직하지 않게 보일 수도 있다.

SNS(Social Network Service), 소셜 미디어(Social Media) 상에서의 인간관계가 지배적으로 작용하는 시대에서 우리는 – 특히 우리의 아이들은 – 물리적 거리가 가까운 이웃보다 온라인 상의 상호작용이 활발한 익명의 상대가 더 친숙하게 느껴지는 환경에 놓여 있다. 매일 학교에서 보는 같은 반 친구보다 인스타그램에서의 '맞팔' 친구와 더 애착 관계를 형성할 수도 있고, 때로는 얼굴을 마주하는 가족보다 원거리의 친구와 다이렉트 메시지를 통해 더 활발하게 소통하고 있을 수도 있다. 보다 다양한 사람들을 쉽게 만날 수 있다는 측면에서 이러한 온라인 상의 인간관계가 갖는 장점도 있겠지만, 나만의 주체적인 생각과 독창적인 색깔을 형성해가기 어렵다는 단점도 존재한다.

모방은 창조의 어머니라는 말도 있듯이, 타인에게서 배울 만한 가치 있는 생각과 모습들이 내 삶을 더욱 건강하고 빛나게 해줄 수 있는 참고는 되겠다. 하지만 아무 생각 없이, 자기만의 필터로 거르지 않고 타인을 추종하거나, 더 나아가 가스라이팅 당한다는 느낌 마저 들 정도로 내 삶의 운전석을 내준다면 문제가 생길 수 있다. 내가 타고 있는 내 인생이라는 차의 운전대를 남에게 내준다면 늦더라도 언젠가는 그 부작용이 수면 위로 올라오게 된다.

학생들을 지도하면서 아무 생각 없이, 또는 누군가를 맹목적으로 좋아해서 그 사람의 의견을 따라가는 경우를 많이 봐왔다. 이런 경우엔 대학에 진학하거나 사회에 진출한 후에도 자신의 인생을 어떻게 책임지고 이끌어가야 할지 몰라서 우왕좌왕하는 시간이 오래 걸릴 수 있다. 물론 누구나 크고 작은 선택의 기로 앞에서 우선순위를 놓고 가치판단의 문제로 방황의 시간을 보낼 수는 있다. 문제는 그때마다 내 뜻, 내 생각이 아닌 타인의 생각과 기준을 따라 선택을 하게 되면 시간이 지나 제 뜻대로 안되었을 때에 남 탓을 하기 쉽다. 지나고 나서 그 결과가 좋으면 모르겠지만 누구나 처음 겪어 보는 이 인생은 100프로 완벽한 기분 좋은 성공만을 선물해 주진 않는다. 어찌 보면 실패가 더 많을지도 모르겠다.

따라서 부모님이든 선생님이든 친구든 조언을 들을 수는 있어도, 내가 아닌 다른 사람의 인생을 살지는 않아야 한다. 남을 원망하고 질책할 시간조차 아깝고, 그런 모습이 어리석을 수 있다. 내가 내 배의 키를 쥐고 항해할 수 있도록 현인들의 이야기와 조언을 듣되, 내 필터로 걸러서 나만의 스토리로 재생산할 수 있어야, 그래서 세상에 하나밖에 없는 나라는 존재가 가장 나다울 때 삶이 더욱 특별해지고 빛날 수 있다고 믿는다.

성장에의 결단, 내인생 통째로 바꾸는 힘

성장에 대한 간절함만 있다면 이미 당신의 성장은, 기적은 시작된 것이다. 여러 가지 방법에 대한 고민은 실타래를 하나씩 풀어가면 된다. 찾으면 얻게 되고 두드리면 열린다. 가만히 있으면 아무것도 얻을 수 없다. 부딪혀 봐야 알 수 있다는 사실은 당신도 알고 있을 것이다. 알면서도 행하지 않는다는 것은 게으르다는 의미이고, 성장의 기적과는 거리가 먼 사람이다. 부지런해야 한다. 휴식마저 적극적인 휴식이어야 한다.

아이들이 매 시간 정해 놓은 휴식 시간을 지킬 때마다 하는 질문이 있다. 공부를 얼마 하지 않았는데도 휴식 시간이 되었으니 쉬어도 되냐는 질문이다. 그러면 그 질문을 하는 학생에게 되묻는다. 네가 생각할 땐 지금 쉬는 판단이 옳다고 생각하는지 묻는다. 그러면 대부분의 아이들은 멋쩍은 웃음을 지으며 최소한의 양심은 그래도 있다는 표시 – 슬며시 닫았던 책을 다시 펴는 척 - 를 한다.

휴식은 또다른 성장을 위한 중요한 스텝이다. 휴식이 없다면 건강하고 지속성 있는 성장을 기대하기 힘들어진다. 하지만 적어도 무언가 성장의 노력을 한 후 쉬어야 하지 않겠는가. 노력 이후의 휴식이 아니면 그 휴식은 의미가 없다. 그냥 시간 때우기에 불과할 뿐이다. 멍때리기가 건강에 좋다는 말을 들은 적이 있다. 그런 '멍때리기' 조차 뇌를 쉬게 해주는 휴식으로서 의미가 있다.

휴식이 달콤한 이유는 최선을 다한 노력이 있어서이다. 애써 무언가에 몰입한 이후 잠시 한 발짝 물러나 휴식을 가질 때 우리의 뇌는 더욱 성장하며 우리의 마음 근육도 더욱 단련된다. 신체의 근육도 활동 시간보다 수면 시간, 휴식 시간에 더 많이 생긴다. 마음의 근육도 마찬가지이다. 그래서 치열한 몰입의 대상과 이유가 더 중요한 의미를 갖는 것이다. 치열함은 어디에서 오는가. 바로 간절함이다.

간절한 마음이 없다면 그만큼 생산성도 떨어진다. 간절함과 치열함, 그리고 생산성은 서로 비례한다. 서로의 선순환을 더욱 촉진시키는 정의 관계이다. 그래서 항상 학생들에게 당부한다. 단 한 시간을 공부하더라도 마음속 간절함을 갖고 최선을 다하라고 말한다. 수능 전국 1등을 한 어느 학생이 모 매체와의 인터뷰에서 했던 발언이 인상적이다. 공부할 때 어떤 마음으로 공부하냐는 기자의 질문이었다. 그 학생은 영어독해 지문 하나를 접할 때에도 그 한 문제를 어떻게든 꼭 맞추겠다는 집념과 간절함으로 임한다고 했다.

동감한다. 작은 것 하나하나의 성장 과정이 모여 큰 결과를 가져온다. 더 나아가 또 다른 성장의 과정까지도 이끌어낸다. 오늘, 이 순간, 여기에서 내가 지금 마음에 둔 몰입의 대상에 대한 작은 노력에서 기적은 시작된다. 성장하겠다는 결단엔 돈이 들지 않는다. 아무도 눈치 볼 이가 없다. 오롯이 내 인생을 소중히 여기는 마음의 반영이다. 결단하지 않으면 아무 일도 일어나지 않는다. 변화를 꿈꾼다면, 그 변화가 크던 작던 변화는 결단에서 시작한다.

결단의 힘은 실행력을 동반한다. 꾸준히 실행하는 자는 변화의 과정, 성장의 과정을 즐길 자격이 있다. 결단과 실행은 인내의 시간과 함께 내면에 잠든 거인을 깨우는 길을 떠난다. 그 여정 속에 다양한 사람들과 사물들, 환경들을 만나겠지만 큰 축은 변함이 없을 것이다. 당신의 마음속에 품은 그 꿈, 당신이 원하는 미래의 모습과 환경, 그 모든 것들은 이제 당신의 현실이 될 것이다. 어디까지나 최고의 결과는 최고의 노력 이후 찾아오는 선물이다.

공부하는 나, 성장하는 나 - 마음, 뇌, 교육

성장하려면 배워야 한다. 기술이든 학문이든 나의 부족함을 인지할수록 채워야 성장한다. 그래서 공부는 평생 해야 한다. 배움을 멈추면 성장도 멈춘다. 학생들은 책을 많이 보라는 말을 듣기 싫어한다. 빠르게 움직이는 자극적인 영상물이나 이미지에 중독되었기 때문이다. 글자를 보며 상상하고 생각을 정리하는 과정을 귀찮아한다. 그래서 책을 통해 동서고금을 막론하고 수많은 인재들을 만나볼 수 있는 기회를 놓친다.

나는 늘 배움을 즐긴다. 그 대상은 남녀노소, 문화, 국적, 인종, 배경을 막론하고 열려 있다. 세상의 다양한 존재들과의 만남은 다양한 방법을 통해 가능하다. 하지만 그만큼 바이러스 침투의 위험도 크다. 우리가 누군가를 만나기 위해 치료해야 하는 대상은 컴퓨터 바이러스에만 해당되지 않는다. 사람도 그렇고 영상물도 그렇고 걸러야 하는 대상이 너무나 많다. 따라서 안전하게 성장을 도와줄 수 있는 배움의 대상이 필요하다. 그리고 대부분의 성공한 사람들이 부르짖는 방법이 있다. 바로 책이다.

빌 게이츠는 한 인터뷰에서 초능력이 생긴다면 어떤 능력을 갖고 싶냐는 질문에 이런 답변을 했다. "나는 책을 빠르게 보는 능력을 가지고 싶다" 그가 그만큼 책이 주는 힘에 대해 잘 알고 있기 때문이다. 내면의 자아가 성장하기 위해 우리가 할 수 있는 가장 효율적인 방법이 바로 독서이다. 이 효과를 온전히 느껴본 사람은 안다. 누가 말해주지 않아도 독서의 힘이 얼마나 대단한지 알기에 늘 책을 끼고 산다. 책 읽을 시간이 1분 1초라도 더 내게 주어지기를 바란다. 나도 일상의 루틴을 짤 때 가장 중시하는 시간이 독서와 운동이다.

아무리 바빠도 챙기는 루틴이다. 하루 24시간을 쪼개고 또 쪼개서 쓰는 성공한 사람들은 동감하는 내용일 것이다. 이 두 가지를 중시하지 않고서는 인생이라는 기나긴 마라톤에서 지구력을 유지하기 힘들기 때문이다. 마음의 건강과 몸의 건강을 위해 매우 중요하다. 몸에 좋은 음식을 챙겨먹는 것도 중요하지만, 독서와 운동을 수반해야 건강한 성장을 꾀할 수 있다. 우리의 마음이 건강하게 성장하려면 근본적인 시스템의 변화가 필요하다. 그것이 바로 뇌 구조의 변화이다. 우리의 뇌는 대부분이 잠재의식으로 이루어져 있다. 우리의 의식은 빙산의 일각에 불과하다. 그 의식을 조종하는 조종실이 바로 잠재의식이다. 그런데 이 잠재의식은 하루아침에 변화되기 힘들다. 꾸준한 자기 암시와 확언, 시각화의 시간을 통해 변화를 앞당길 수 있다.

마음과 뇌의 성장을 위해 어떤 점이 중요하고 어떤 방법이 필요한지에 대해 늘 생각한다. 그리고 나는 영어를 가르치는 사람이기 때문에 영어교육의 관점에서 접근한다. 언어 지능 개발이 중심이 되지만 다른 다양한 지능까지 아울러 최적의 성장을 이룰 수 있게 하는 방법을 찾고 있다. 쉬는 날 없이 영어를 가르친다고 아이들이 붙여준 학원 이름이 바로 논스톱 잉글리시이다. 그래서 논스톱 러닝learning과 러닝running은 나의 중요한 루틴이다. 교육은 나 자신을 위해서도 중요하지만 내가 몸 담고 있는 세상을 이롭게 하기 위함이기도 하다. 공부의 목적에 대해 대부분의 사람들도 같은 생각일 것이다. 나를 이롭게 하고, 세상을 이롭게 하기 위해 우리는 공부한다. 그리고 성장한다.

게임이 너무 재밌고 SNS가 너무 즐겁다고 학생들이 늘 이야기한다. 그것 자체가 나쁜 것은 아니다. 삶을 더욱 즐겁고 풍요롭게 하고, 세상을 바라보는 시각을 확장시키는 유용한 도구가 될 수 있다. 하지만 그러한 도구는 어디까지나 도구라는 점을 인지해야 한다. 그렇지 않으면 타인의 삶이나 가상의 현실이 현재의 나를 보는 눈을 흐리게 할 수 있다. 나를 보는 시야는 늘 선명할 수 있도록 다양한 도구들을 지혜롭게 활용할 줄 알아야한다. 나의 건강한 성장을 위해, 마음과 뇌와 신체가 건강해지도록 우리는 어떤 도구를 어떻게 활용해야 할 것인가. 오늘도 나의 생각 레이더망에 잡히는 중요한 질문들 중 하나이다.

의미 있는 성장의 과정을 즐기다 - 비행 자체가 꿈인 조나단의 꿈

벚꽃의 꽃말은 1학기 중간고사, 장마의 속뜻은 1학기 기말고사 라는 우스갯소리가 있다. 그런가 하면 뜨거운 여름 방학 특강 후 찾아 오는 추석은 2학기 중간고사의 시작을 알리고, 크리스마스 캐롤이 울리기 시작할 때쯤이면 2학기 기말고사도 다가온다. 그 후 1년간 얼마나 열심히 노력했는지에 대한 징표인 성적표를 수령하면 긴 겨울방학에 들어간다. 동물은 겨울잠을 자지만 학생들의 겨울방학은 성적 역전을 위한 반전의 기회이다. 일취월장의 실력 향상을 꿈꾸며 겨울방학 특강이라는 깊은 동굴로 들어간다. 그렇게 열두 번 달력을 넘기면 1년이 끝나고, 그러고 나면 또다른 달력을 펼쳐 든다.

사계절이 가고 달력이 바뀌는 속도가 갈수록 빨라진다. 가속화되는 삶의 모래시계를 바라보며 성장의 과정에 대한 고찰을 하곤 한다. 성장의 과정에서 우리는 어떤 의미를 찾을 수 있을까. 어떤 과정이어야 자신에게 최적의 과정일까. 매일의 성장을 추구하는 근본은 무엇이며 그 근본엔 변함이 없는가. 성장의 과정에서 느끼는 기쁨과 행복의 감정은 내실 있는 자신만의 삶에 대한 의미가 전제되어야 더욱 지속성을 갖는다. 그렇지 않으면 감정의 기복에 휩쓸려 일상의 안정감이 흔들릴 수 있다.

어린 시절 읽었던 비행 자체가 꿈인 갈매기 조나단의 이야기를 떠올려 본다. 높이 나는 것 자체가 꿈인 조나단처럼 나는 성장의 과정을 즐기고 있는가. 인생이라는 누구에게나 공평한, 그래서 평범한 기회를 특별하게 만드는 건 우리 자신의 몫이다. 나의 하루에 레드카펫을 깔아줄 이도 나 자신이다. 아인슈타인도 성공보다는 가치를 추구하라고 말하지 않았던가. 나의 가치는 내가 만들기 나름이다. 내가 생각하고 상상하고 추구하는 에너지가 곧 나의 물질세계를 만들고 나를 완성해 간다.

성공을 꿈꾸다 보면 자칫 번아웃이나 우울증 같은 마음의 감기에 걸릴 수 있다. 사람이기에 불완전하다. 기계도 오래 쓰면 고장나기 마련이고 사람도 신이 아닌 이상 완벽해 보일지라도 완벽한 사람은 없다. 누구나 죽음을 향해 달려가는 존재들이고 노화를 피할 수 있는 사람은 지구상에 아무도 없다. 아무리 위대하고 자산이 많아도 죽음 앞엔 평등하다. 빌 게이츠는 삶은 불공평하니 그 사실을 받아들이라고 말했다. 태어날 땐 불공평함이 존재한다. 하지만 죽음 앞에 누구나 공평하다.

그러니 인생의 불공평함과 공평함에 묶여 있지 말라. 그 어떤 것에도 마음이 구속되지 않기를 바란다. 진정한 자유를 스스로 만들어 가야 한다. 그러기 위해선 공평함의 문제보다는 인생의 가치와 의미에 초점을 맞춰야 한다. 인생의 가치, 성장의 의미, 그 과정 자체를 즐기는 법을 터득해야 한다. 내 삶은 그 누구도 대신 살아주지 않는다. 부모도 형제도 마찬가지이다. 내 인생의 주인공은 나이다. 내가 행복하기 위해 어떤 의미를 만들어갈지, 어떤 성장을 이루어 갈지는 온전히 본인의 선택이다. 당신이 어떤 선택을 하든 그것은 옳다. 그러니 좌고우면하지 말고 무소의 뿔처럼 혼자서 가라.

성장값의 최대치, 기적 같은 성공

성장의 과정에서 만나는 지인들, 친구들, 연인, 배우자는 당신의 지인이자 아군이다. 성장의 주체는 바로 당신이다. 세상에 혼자 오고 갈 때도 혼자이듯 오롯이 혼자됨을 즐길 줄 알아야 성장의 과정이 더욱 즐거워진다. 혼자됨을 즐긴다는 뜻이 곧 환경적 고립과 인간관계의 단절을 가리키진 않는다. 함께 어울려 살아가는 사회생활 속에서도 혼자됨의 충만함을 느낄 수 있다는 것을 의미한다. 그렇지 않으면 타인에 대한 의존성이 스스로에 대한 몰입도를 떨어뜨릴 수 있다. 그리고 그 결과 성장의 견고함을 약화시키거나 속도를 늦출 수 있다.

하루 중 외부의 자극을 떠나 혼자 있는 시간이 필요하다. 마치 카메라로 나 자신을 찍듯이 관찰하는 시간이 필요하다. 현재의 내 모습에 만족하지 않고 진심으로 변하고 싶다면 내가 상상할 수 있는 가장 큰 내 모습에 대한 마인드 맵핑을 만들어야 한다. 즐거운 변화의 과정이 될 것이다. 아무 생각 없이 즐기는 유희가 아닌, 열려 있는 가능성과 호기심을 충족시켜 주는 여정이다. 당연한 것들에도 끊임없이 질문을 던져야 한다. 성장의 과정에서 성장 그 자체를 즐길 줄 알수록 성장의 경로 탐색 능력 개발 뿐만 아니라 성장 근육도 빠르게 생길 것이다. 성장 근육이 길러져야 보다 건강한 성장의 과정을 즐길 수 있다. 성장값의 최대치는 성장근육의 단련과 꾸준한 실행에서 따라 오는 결과이다.

성장값의 최대치는 기적 같은 현실이다. 매일의 성장값이 모여 최대치에 이르렀을 때 우리는 이것을 티핑 포인트라고 부른다. 그리고 그러한 성장의 티핑 포인트들이 모여 거대한 티핑 포인트가 터졌을 때 그것은 곧 성장의 최대치, 기적 같은 현실이다. 기적은 하루아침에 이루어지지 않는다.

아주 미세한 성장들이 모여 눈덩이처럼 불어난다. 눈에 보이는 신체의 성장은 일정 발달 단계를 거치면 멈춘다. 신체는 노화를 피할 수 없기 때문이다. 하지만 내면의 성장단계에선 노화의 속도를 조절 또는 그 자체를 아예 소멸시킬 수 있다. 그것은 온전히 우리의 마인드셋에 달려 있다. 내면의 자아가 더욱 단단해지고 깊어지려면 항상 초점이 나 자신에게 맞춰져 있어야 하고, 나의 메타인지 레이더가 늘 돌아가야 한다.

우리는 생산비 총액이 일정하게 주어진 조건에서 가장 높은 수익을 올리는 방법을 실현하려는 경제원칙을 추구하는 사회에 살고 있다. 최소한의 비용으로 최대한의 결과를 보기 위한 사투는 비단 경제 분야에서만 일어나는 일이 아니다. 우리가 갖고 있는 시간자원은 유한성을 지닌다. 따라서 시간자원을 치환하여 물질자원의 극대화를 꾀하려면 우리가 투입할 에너지 자원 또한 단위 시간당 극대화가 되어야 한다. 이것은 쉽게 표현하면 몰입이다.

학습 효과와 결과를 얘기할 때에만 몰입이 중요한 것이 아니다. 우리가 살아가면서 매일의 성장을 도모할 때에도 몰입은 가장 중심에 두어야 할 개념들 중 하나이다. 나 자신에게 더 몰입할수록 내가 해야 할 일의 우선순위에도 몰입력이 증가한다. 휴식마저도 몰입의 대상이다. 빈둥거리며 보내는 시간보다 숙면이나 온전한 명상의 시간이 나의 정신세계와 잠재의식의 세계를 최적화할 수 있는 더 효과적인 방법이다. 완전히 잡념의 쓰레기를 휴지통에 버리고 그 휴지통까지 비워내야 새로운 생산적인 에너지로 대체될 수 있기 때문이다.

꾸준한 매일의 성장을 위해 꿈꾸고 있는 기적 같은 결과를 하루빨리 확인하고 싶은가. 그렇다면 홀로 됨의 충만함을 즐길 수 있도록 나 자신에게 몰입하는 시간을 확보해야 한다. 단 1분이라도 좋다. 나 자신을 돌보고 관리하는 시간을 통해 성장하는 과정 자체를 즐길 수 있는 건강한 내면의 자아를 키울 수 있다. 그렇게 성장 근육이 단련되어 갈수록 나 자신과 내 인생에 대한 몰입도는 증가할 것이며 증가한 몰입의 힘만큼 그 선한 영향력의 크기도 증폭될 것이다.

단 한 번, 그 애틋함

내게 단 한 번이라는 단어가 주는 의미와 힘은 무엇보다 강력한 에너지이저이다. 기회가 오직 한 번뿐이라는 이유에서이다. 일론 머스크와 같이 일에 대한 폭발적인 열정의 엔진이자 지칠 줄 모르는 지구력의 원천이다.

시간 자원에 대한 남다른 마음가짐도 마찬가지이다. 지금 이 순간이라는 시간이 다시 오지 않는다는 사실은 누구도 잘아는 너무도 진부한 사실일 것이다. 하지만 자신과 자신의 인생을 소중히 생각하는 사람은 머리로 아는 것에 그치지 않는다. 가슴으로, 그것도 매우 절절하게 깨우칠 것이다.

뜨거운 열정은 무지에 대한 깨달음에서 온다. 그것은 마치 끝이 보이지 않을 정도의 길고 어두웠던 터널 속에서 터널 끝의 빛을 마주했을 때처럼, 무언가 풀리지 않았던 오랜 숙제를 해결했을 때의 쾌감과도 같은 아하 모멘트의 충격과도 같다. 그 도파민은 두 번 다시 만날 수 없을 사람을 영원히 떠나보낼 때 이별의 순간만큼 가슴 아리고 애틋하다.

내가 시간을 대하는 마음이 그렇다. 모든 현재는 과거로 바뀐다. 지금 이 순간에도 그래서 순간이라는 시간의 개념은 내겐 너무 야속한 당신이다. 순간은 벌써 저 멀리 떠나가 버렸기 때문에 어느덧 나는 또 다른 미래의 공간에서 과거를 뒤로 하고 있다. 그렇게 매일을 살아가고 있는 지금, 조금은 남다른 시간에 대한 태도를 갖고 있는 듯 하다.

온 마음을 쏟아 사랑하는 이성을 만나 본 이들은 더욱 공감할 수 있는 내용일 것이다. 정신적인 플라토닉 사랑이든, 육체적인 에로스적 사랑이든, 절대적인 아가페적 사랑이든. 나는 지독한 성장통과 자아실현의 욕구로, 주변의 친구들이 한참 열정적으로 이성적 사랑을 갈구할 때 다른 세상에 머물렀던 것 같다. 신체의 허약함 때문에 실존과 종교의 의미에서 자유를 찾기 위해 몸부림 치는 나날들을 보냈다. 그러다 아이들을 지도하며 가슴속 뜨거운 모성애를 발견했고 매일의 일상에서 사랑의 힘이 얼마나 위대한지 깨달으며 살아가고 있다.

대치동에서 오랫동안 한자리를 지켜온 힘은 무엇보다 이 공감 능력에 있다고 생각하기 때문이다. 자신의 뜻과 주장이 어느 곳보다 강력한 동네라서 보다 많이 경청하려 늘 애쓴다. 상대방의 말을 많이 듣다 보면, 말을 하는 사람도 자신이 말을 하는 과정 속에서 스스로 해답을 찾는 경우를 적지 않게 봐왔다.

잠시, 시계토끼와 차 한 잔을

매일 성장 열차를 타고 가다 보면 지칠 수 있다. 기계도 시간이 가면 녹슬고 기능이 떨어지는데 하물며 인간은 어떻겠는가. 자연의 섭리는 실로 대단하다. 사람의 하루도 그렇지만 자연의 생태계도 늘 활동적이지만은 않다. 새싹이 돋아 잎과 꽃이 무성할 때만 있지 않다. 잎이 떨어지고 가지가 앙상한 겨울이 있기에 봄을 맞이할 수 있는 것이다. 사람도 충분한 휴식을 취해야 생산성이 올라간다.

나는 스스로에게 가혹한 편이고 MBTI도 J이다. 늘 기록을 중시하고 실천하는 습관이 있다. 계획한 대로 실천하지 않으면 잠자리에 들지 않는다. 그래서 항상 시간이 중요하다. 단위 시간당 해내야 하는 일을 마쳐야 하기 때문이다. 피곤한 일상일 수 있지만 그렇기에 늘 나는 성장의 속도가 빠른 편이라고 생각한다. 타인에겐 관대하지만 나 자신에겐 매우 가혹하다. 그래서 건강이 상할 정도로 일한 적이 많다. 이런 가혹함이 한해 한해 나이가 들수록 건강에 대한 관심이 커지는 만큼 관대해지고 있긴 하다. 하지만 여전하다. 철저한 시간 관리는 포기할 수 없는 나의 루틴이다.

그 루틴 속에 휴식이 없었던 점이 문제였다. 쉬는 날 없이 일하는 것보다 하루의 일상 속에 충분한 휴식이 없었던 점이 몸에 해로웠다. 병원에 가면 제발 좀 쉬라는 의사의 진단은 동일했다. 일 욕심이 많은 만큼 나 자신을 돌보지 못했던 시간들이 꽤 오래 지속되었다. 건강은 건강할 때 지키라는 말이 있다. 세월 앞에 장사 없다고, 노화는 피해갈 수 없는 순리이다. 하지만 노화의 속도는 늦출 수 있으니 노력은 해야 하지 않을까 생각한다.

성장에 대한 끝없는 욕심과 갈망만큼이나 휴식에 대한 인지를 새롭게 한 포인트가 있다. 바로 장기적인 성장이다. 단기간의 이벤트가 아닌 어찌 보면 죽을 때까지 성장하고 싶다는 마인드가 내게 던져준 숙제였다. 어떻게 풀어야 할까 고민할 필요도 없을 정도로 해답은 간단하고 분명했다. 지치지 않고 하루 24시간을 최고로 만족하게 살려면 어떻게 살까 생각했다. 우선 지쳐서 슬럼프에 빠지거나 우울해지지 않도록 행복한 감정이 들게 하려면 잘 쉬어야 한다.

잠은 자연의 섭리를 따르는 것이 좋다. 하늘에서 불을 끄면 몸도 어둠의 세계로 동참하는 것이 현명하다. 몸에 좋은 호르몬도 자정부터 새벽 2시 사이에는 잠들어 있어야 분비된다고 한다. 그래서 같은 시간 잠을 자도 수면의 질이 다를 수 있는 것이다. 야행성인 나이지만 노력에 의해 이런 수면 습관도 자리 잡게 되었다. 뇌를 많이 써야 하는 일을 하기 때문에 뇌 건강을 늘 염두에 둔다.

밤잠을 숙면하지 못하면 그 다음날 맑은 정신과 상쾌한 컨디션으로 일하기 힘들다. 생산성이 떨어진다. 그래서 학생들에게도 밤에 꼭 숙면을 취하라고 당부한다. 밤새서 공부한다고 자랑하는 아이들이 그 다음날 학교에 가서 졸거나 깨어 있어도 집중하지 못했다는 얘기를 많이 한다. 로봇도 아니고 우리는 사람이기 때문에 저마다의 생체 리듬이 있고 휴식을 통해 에너지를 충전해야 움직일 수 있다.

어린 시절 잠과 관련하여 웃픈 추억이 있다. 초등학교 시절, 학교에서 쓴 글짓기를 자랑하고 싶어서 주말에 누워 쉬고 계시던 아버지께 읽어 드린 적이 있다. 아버지 머리맡에서 A4 용지 한 장짜리 분량의 글을 큰소리로 읽어드렸다. 3분의 2 정도쯤 읽고 있었을까. 아버지께서 듣다가 코를 골고 주무시는 게 아닌가. 지금 생각하면 주중 과로로 피곤해서 쉬고 계시던 아버지니까 그러신 거라고 충분히 이해할 수 있는 일이다. 아니, 쉬고 계실 때 귀찮게 그러면 안됐었다고 생각한다. 하지만 그땐 철없고 순수하기만 한 초등학교 아이였다. 스스로 잘 썼다고 생각한 글을 뽐내고 싶은 마음밖에 없었던 것 같다. 그래서 아버지의 코고는 소리가 그 당시엔 나의 글쓰기 부심과 동심에 실망감과 상처를 안겨줬던 것으로 기억한다.

주변에서 많이 듣는 질문 중 하나가 바로 이것이다. 쉬지 않고 일해도 어떻게 그렇게 활기차냐는 질문이다. 바로 숙면과 마인드 컨트롤이다. 베개에 머리만 닿으면 위내시경 검사시 마취했을 때처럼 10, 9, 8, 7 숫자 세다가 깨어나면 아침이다. 그 정도로 체내 시계가 수면 시간을 알아서 재워주고 깨워준다. 습관의 힘이다. 잠 뿐만 아니라 세상만사 많은 부분이 습관에서 해답의 열쇠를 찾을 수 있다고 생각한다.

그리고 또 하나 부정적인 감정과 생각을 비워내는 습관의 힘이다. 나는 오랜 시간 연습으로 이젠 자동화 시스템화가 되었지만 이 부분을 힘들어하는 사람들이 많다. 휘발유처럼 머릿속에서 날아가도록 해야 한다. 머릿속에 부정적인 에너지가 머물러서 좋을 게 하나 없다. 최대한 빨리 날아가도록 비워야 한다. 그 방법은 알고 보면 의외로 어렵지 않다. 내가 쓰는 방법은 시각화와 확언이다. 쓰레기통에 쓰레기를 버리듯 머릿속에서 나를 현실에 몰입하지 못하게 만드는 일체의 것들을 버리는 상상을 한다. 부정적인 일, 상황, 사람, 감정, 생각 모든 것들을 다 버린다. 그리고 그 자리에 내가 원하는 감정과 모습, 환경으로 다시 채운다. 오래 하지 않아도 된다. 집중만 잘할 수 있다면 1-2분이면 충분하다.

확언은 나의 경우엔 아나운서와 성우 연수를 받았던 20대 중반 때부터 계속 써오던 방법이다. 내 목소리로 내가 좋아하는 책 속의 명언이나 내가 만든 신조 등을 적은 후 녹음한다. 배경음악을 깔기도 하고 원하는 장면들을 넣어서 함께 영상으로 편집하기도 한다. 그래서 복사 붙여넣기로 10-30분 정도의 길이로 만든 후 소장해서 갖고 다니며 수시로 듣는다. 운동할 때도, 이동할 때도 끊임없이 뇌 속에 각인시키는 과정을 즐긴다. 이렇게 스스로에게 칭찬도 하고 주의도 주고 격려도 하면서 미래의 나와 함께 오늘 이 순간을 즐거운 마음으로 몰입할 수 있다.

이상한 나라의 앨리스를 보면 시계토끼가 나온다. 학원에 출근하면 10시간이 1시간처럼 느껴질 정도로 시간이 순식간에 흘러간다. 학생들도 같은 얘기들을 많이 한다. 학원에 오면 왜이렇게 시간이 빨리 가냐고. 그만큼 몰입도가 높다는 뜻이다. 그래서 나는 우스갯소리로 우리 학원에는 시계토끼가 많아서 그렇다고 얘기한다. 그런데 시계토끼를 따라 정신없이 달려가다 정신을 차리고 보면 꽤 오랜 시간 지치지 않고 일한 기분이 든다. 몰입의 힘이자 휴식의 힘이다. 그래서 또다시 달리기 위해 토끼에게 차 한 잔을 마시며 휴식을 취하자고 권할 때가 많다.

나는 힐링을 위해 운동, 독서와 글쓰기, 귀엽고 아기자기한 소품들, 심미감을 불러일으키는 작품감상, 음악감상, 피아노 연주 등을 한다. 물론 꿀잠도 포기할 수 없는 중요한 에너지 충전 방법이다. 사람마다 힐링 포인트는 다르다. 내가 재충전할 수 있고 기분 좋아질 수 있는 방법을 찾아서 꾸준히 하는 것이 중요하다고 생각한다. 빨리 달리는 것보다 오래 건강하게 달릴 수 있는 것이 더욱 중요하다. 그러기 위해선 각자에게 맞는 최적화된 수면과 휴식 방법을 빨리 찾아서 실천해야 한다. 휴식도 그냥 시간 때우기 보다는, 보다 적극적 휴식일 때 그 효과가 확실하다. 잠깐 잠을 자더라도 부활 수준의 생명력을 줄 수 있는 온전한 휴식이어야 깨어 있을 때의 생산성이 최대치를 찍을 수 있다. 그래야 건강한 성장도, 눈부신 기적도 더욱 앞당길 수 있다.

인공지능과 인간지능, 영어교육
- 기술과 방법에 대한 인문학적 관점: 가치와 사랑을 중심으로

공부하는 뇌, 성장하는 뇌는 성장 마인드를 배경으로 한다. 대치동 요지에서 수많은 천재들을 지도해 왔지만, 그들은 모두 하루아침에 만들어지지 않았다. 부모에 의해서든 교사에 의해서든 학생 스스로에 의해서든 한 사람의 눈부신 성장 이면에는 수많은 요소들이 있어야 함을 복도해 왔다. 하지만 그 중심엔 단연코 마음가짐, 변화에 대한 열망이 핵심요소로 자리잡고 있었다. 그리고 기적 같은 결과를 일으키는 성장이라는 역치의 핵은 바로 자기애였다.

성장한다는 의미가 곧 대단한 학위나 지식적 차원으로 나아간다는 것을 의미하지는 않는다. 지식적 내공이나 학문의 깊이가 더해간다는 것이 성장에 포함될 수는 있지만 그러기엔 성장의 개념과 방법은 너무도 광범위하다. 성장은 모든 존재의 긍정적 변화이자 생산적 에너지의 발현이다. 양적 팽창과 질적 팽창 모두 아우르는 개념이다. 그렇다면 시공을 초월한 이런 추상적인 개념이 우리가 살고 있는 인공지능 시대라는 현시대의 시대변화에는 어떻게 적용될 수 있을까?

빠른 속도의 기술 발달과 생활의 변화들을 목도하면서 우리는 새로움에 대해서 조차 무뎌져 가는 건 아닌지 모르겠다. 사람이든 사물이든 마주치는 빈도가 높을수록 익숙해지고 그럴수록 신선함도 떨어질 수 있다. 식상함을 느끼며 인지하지 못할 정도의 존재에 대한 관심도가 떨어질 수 있다. 우리가 매일 호흡하는 공기, 매일 마시는 물처럼 말이다. 하지만 다른 관점에서 보면 이 또한 새로운 발견이다. 신선함이 익숙함으로 바뀌었다는 것을 의미한다. 가치의 전환이지 소멸이 아니다. 가치 자체가 사라진 것이 아닌 가치의 성격이 바뀐 것이다.

이렇게 가치라는 개념은 우리의 성장 일대기를 놓고 봐도 매우 중요한 개념이지만 매일의 성장이라는 보다 작은 단위로 쪼갰을 때에도 여전히 매우 중요한 개념이다. 의미 있는 성장을 위해서는 의미 있는 가치를 추구해야 한다는 뜻이다. 그런데 이러한 가치에는 정답이 없다는 사실이 정답이다. 사실과 의견 두 가지로 양분되는 정보 분류의 관점에서 가치는 사실인 듯 싶지만 의견일 수 있고, 의견일 수 있지만 동시에 가치일 수 있는 매우 입체적이고 흥미로운 개념이 아닐 수 없다. 직관적으로 우리가 가치를 대할 때 가치는 분명 주관적인 의견에 속한다. 예를 들어 혹자가 나는 인공지능이 사람의 지능보다 뛰어나다고 생각한다 라는 발언은 의견이다. 하지만 그것이 실현되었을 땐 그 의견은 사실이 된다. 그래서 가치를 추구하는 자체는 의견이지만 그 가치가 현실화되면 사실이 된다고 해야 정확한 표현이다.

이러한 가치의 개념은 우리가 살고 있는 인공지능 시대에 매우 중요한 개념이다. 생활의 편리성이나 문명의 발달을 뛰어넘어 그러한 기술을 개발하는 우리가 추구하고 도모하는 삶의 방향과 종착지가 어떤 가치를 갖고 있는지 말이다. 인간만큼 또는 인간보다 뛰어난 지능과 기술을 만들어 활용하고 싶다면 그 가치에 대한 고민이 반드시 선행되어야 한다. 전 세계적으로 뛰어난 석학들, 학문하는 사람들에게 학문의 궁극적 목적에 대해 묻는다면 하나의 단어로 답할 것이고 그 답에 이견을 제시하는 자는 없을 것이라고 생각한다. 그 답은 바로 '평화'이다.

기술혁명이 평화의 개념을 저촉할 땐 브레이크를 밟아야 한다. 현실에서 법의 심판까지 거론될 정도로 삶의 질서를 파괴할 위험성, 윤리성의 문제가 대두될 수 있기 때문이다. 기술은 어디까지나 그 개발의 주체자이자 사용자인 인간의 이로움을 도와주는 도구로써 활용될 수 있을 때 존재의 의미가 있다. 아무리 뛰어난 브레인으로 놀라운 기술이나 제품을 생산했다 하더라도 인류의 질서와 평화를 위협한다면 그것은 핵폭탄이나 다름 없는 휴지 조각에 불과할 것이다. AI가 뜻하지 못한 재앙을 가져다준다는 판도라의 상자가 되지 않고, 알라딘의 요술램프 이야기에 등장하는 지니로 우리의 소원을 들어주게 하려면 늘 가치의 문제를 염두에 두어야 할 것이다. 천재 물리학자이며 인류 최고의 지성, 노벨상을 받았던 세기적인 과학자 아인슈타인이 말했듯이 성공보다 가치를 추구하라는 그의 말이 더욱 가슴에 와닿는 시대에 우리는 살고 있다.

지금까지 큰 변혁의 전환점에서 늘 그래왔듯 인공지능 시대에 무언가 대단한 일이 벌어지는 것처럼 여기저기 광고와 매체의 보도를 접하고 있다. 1999년 9월 9일 9시 9분 9초 사건을 기억하는가. 마치 세계 종말이라도 일어날 듯 다양한 매체를 통해 온갖 소문과 유언비어가 난무했던 것을 생생히 기억한다. 20세기 마지막 해는 1999년이 아닌 2000년이다. 노스트라다무스가 세계 멸망을 예언했다고 알려져 있어서 주목을 받기도 한 해이다. 1990년대까지 2000년대 및 21세기에는 과연 어떤 일이 벌어지는가, 21세기의 인류는 어떻게 변화할지에 대해 각계의 관심이 높았으며, 그런 만큼 2000년대에 대한 기대가 컸었다. 21세기가 된 지 한참 지난 현재 그 당시에는 상상도 하지 못했던 존재들이 등장하면서 때로는 맞기도 하고 때로는 빗나가기도 했다. 이를 통해 우리는 우리의 미래는 우리의 손으로 만들어 가는 것이라는 점을 더 인식하게 되었다.

인공지능 AI와 ChatGPT가 우리의 생활을 더 윤택하게 해줌을 뛰어넘어 로봇이 인간을 대체한다든지, 심지어 로봇이 사람보다 나을 수도 있다는 온갖 문구들에 우리는 기대와 함께 우려도 하고 있다. 지금까지 그래왔듯 기술혁명은 윤리와 안전의 문제를 수반한다. 그리고 그 문제의 해결을 위해 우리는 가치의 개념을 언급하며 설전을 벌인다. 인공지능이 얼마나 빠른 속도로 어떻게 우리의 삶을 변화시킬 것인가는 미래의 일이다. 하지만 뛰어난 의술도, 기술 발전도 인간의 존엄성을 뛰어넘진 못한다. 가치는 인간의 존엄성을 바탕으로 한다. 이 글을 쓰고 있는 나 자신도 그렇지만 모든 인간은 그 존재 자체로 가치가 있다. 그리고 그 가치의 무게와 존엄성에 그 어떤 이도 함부로 대할 자격은 없다.

애플의 최고 경영자였던 스티브 잡스는 아이폰 4 출시행사에서 이런 말을 했다. 기술과 인문학의 결합 관점에서 애플은 단지 기술이 아니며 그 너머에 있는 기업이라는 선언이었다. 그는 태블릿 PC '아이패드'를 발표할 때도 '인문학과 기술의 교차로' 라는 표현을 썼다. 그는 다양한 인문학 강좌들을 청강하였고, 특히 '과학으로 분석할 수 없는 미묘한 아름다움'이라고 감탄하며 글씨체 강의에 매혹되었다고 한다. 인문학을 중시하는 문화는 미국 실리콘 밸리에 있는 다른 정보기술(IT) 기업에서도 쉽게 확인할 수 있다. 실제 샌프란시스코 시내의 트위터 사무실 직원들도, 컴퓨터 전공자만이 아닌 다양한 경력의 직원들이 모여서 일하고 있다.

기술이 압도하는 시대일수록 숫자만큼 또는 그 이상으로 인간을 내세울 수밖에 없다. 모든 것을 숫자로 바꿔 기계가 처리할 수 있도록 한 디지털 기술은 '사람'을 중심에 두고 제품을 생산하기 때문이다. 사람의 마음과 사회현상은 숫자로 측정하기 힘들고, 사람의 마음은 아무리 기술이 발전해도 바뀌지 않는 아날로그적인 특성이 있다. 그래서 기술화의 편리성과 효율성이 거론될수록 공급자이자 소비자이면서 동시에 사용자인 '사람'을 중심에 두고 만든 제품임을 인지시키는 문구들이 마케팅에 많이 활용되게 된다. 기술혁명과 발전은 이렇듯 늘 주체성, 본질의 문제를 피할 수 없고 그 중심엔 사람에 대한 탐구, 즉 인문학이 자리 잡고 있다.

인간의 지능은 이런 관점에서 우리가 더욱 관심을 가지고 돌봐야 하는 대상이다. 인공지능이 뜨거운 화두로 일상의 많은 부분에 영향을 미칠수록 그것을 개발하는 인간의 지능에 그 이상의 관심을 가져야 한다. 자신의 지능을 개발할 생각은 뒷전이고 인공적인 것에만 관심을 둔다는 것이 좀 웃프지 않은가. 인간을 위한 인공인가, 인공을 위한 인간인가. 사람의 무한한 잠재력은 우리의 상상을 뛰어넘는다. 세상에서 가장 무서운 존재도 사람이고 가장 연약한 존재도 사람이다.

인간의 지능은 하워드 가드너가 말한 8가지 지능 이외에도 실존지능이 거론된다. 그리고 내가 언급한 성장지능은 이러한 9가지 지능을 온전히 개발해서 최대의 지능역량을 보일 수 있도록 돕는 개념이다. 사람마다 뛰어난 지능의 종류와 정도가 다르다. 고르게 다 발달한 사람도 있고 어떤 특정 지능이 상대적으로 다른 지능들보다 뛰어난 사람도 있다. 따라서 자신의 지능에 대해 보다 많은 관심을 가지고 성장시켜야 한다. 인공지능이 뛰어난 만큼, 아니 그 이상으로 당신의 지능은 무한한 잠재력을 지니고 있다.

밖으로 발현되지 못하고 잠자고 있는 당신의 지능에 대해 얼마나 많은 관심을 가지고 있는가. 그 지능 속에 모든 해답이 있다. 지금 당신이 고민하고 갈망하는 모든 문제의 열쇠가 당신의 지능 안에 들어 있다. 인류의 평화로운 성장의 문제에 기여하지 않는 학문은 과연 가치가 있을까 하는 의문이 있다. 학문도 그렇지만 우리의 성장의 움직임도 나의 행복을 뛰어넘어 내가 몸담고 있는 세상을 이롭게 하고 평화롭게 하는 방향이 옳다. 신이 아닌 이상, 우주와 자연의 섭리는 그 누구도 비켜갈 수 없다. 그 가운데 진리를 찾고 사랑을 실천하면 성공한 인생이 아닐까. 수많은 수단이 목적이 될 때 인생은 고달파진다. 주종이 바뀌었으니 그 질서를 찾으려는 우주와 자연의 섭리가 그 퍼즐 맞추기를 도와주기 때문이다. 질서와 평화, 성장과 풍요를 지향하는 자연의 섭리에 우리의 신체는 프로그램화되어 있다.

영어 교육에 몸담은 나는 늘 그 방법론에 대해 고민한다. 하지만 방법과 스킬이 아무리 훌륭해도 동기부여라는 마음의 중심보다 우선되지는 않는다. 뜨거운 열정과 의지가 없다면 몰입 강도와 흡수력, 내 것으로 만들어 재생산해내는 아웃풋의 효과는 떨어질 수밖에 없다. 그래서 마인드 셋팅이 늘 필요하고 중요한 의미를 지닌다. 인간의 생명력은 호흡과 연결되어 있다. 숨을 들이마시고 내쉬는 호흡은 신체 뿐만 아니라 우리의 삶 속에서도 다양한 형태로 일어난다. 호흡이 주는 생명력은 인풋과 아웃풋이라는 신체의 대사 작용을 포함하여 나의 성장과정이기도 하다. 숨을 들이마시지 않으면 내쉴 수 없듯, 인풋이 없다면 아웃풋도 없다.

지능의 성장도, 나의 성장도 생명력이 있으려면 늘 순환해야 한다. 그 인풋의 중심엔 배움이 있고 아웃풋의 중심엔 교육이 있다. 그리고 신체에 음식이 중요하듯 정신엔 사랑과 배움이 중요하다. 우리가 가진 무지의 크기만큼 두려움과 우울증의 크기도 커지기 때문이다. 보면, 알면, 그 대안과 해결책이 보이는데 보지 않고 배우려 하지 않는다. 영어를 배우고 가르치며 귀결된 해답은 영어 자체가 아닌 바로 사람이었다. 그리고 사람에 대한 연구의 중심에 사랑, 자기애가 함께 한다는 점도 내겐 신선한 충격이었다.

동서고금을 막론하고 노래 가사, 글, 영화 등 다양한 작품들에서 가장 보편적이고 꾸준하게 선택되어지는 소재는 사랑이다. 고대 그리스어에서는 인간이 경험하는 다양한 사랑의 감정을 여덟 가지 단어로 각기 다르게 표현했다. 자기 자신에 대한 사랑을 뜻하는 필라우티아philautia, 가족 간의 사랑을 뜻하는 스토르게stroge, 친구 간의 따뜻한 사랑을 뜻하는 필리아philia, 장난이나 게임처럼 즐기는 유희적인 사랑을 뜻하는 루두스ludus, 오랜 세월 지속되는 사랑인 프라그마pragma, 육체적 사랑 뿐만 아니라 상대가 가진 것을 원하는 모든 사랑을 포함하는 에로스eros, 집착에 가까운 사랑을 뜻하는 마니아manis, 그리고 사랑의 가장 높은 경지인 아가페agape에 이르기까지 사랑의 종류는 다양하다.

사랑은 음식만큼 중요한 에너지의 원천이다. 우리가 얘기하는 소위 '관종'도 자기애에서 출발한다. 결핍된 사랑을 충족하고자 하는 욕구이다. 사랑은 또한 외로움, 고독, 실존의 또다른 얼굴이다. 자신에 대한 사랑의 크기가 클수록 그 상처와 고뇌도, 방황의 강도도 큰 법이다. 그러니 자신을 다독여 줄 수 있는 법을 배워가는 것 또한 성장의 과정에서 매우 중요한 배움의 부분이다.

부르고 또 불러도 질리지 않는 '위대한' 사랑의 힘은 모든 존재들의 심연에 흐른다. 우릴 웃게 하는 것도, 눈물짓게 하는 것도, 소유하려는 마음도, 집착하려는 마음도, 상실도, 회복도, 자유도, 심지어 분노의 힘조자도 애정의 충만함과 동시에 결핍에서 오는 마음의 움직임이다. 분노는 존재하는 누군가, 무엇인가에 대한 애정의 결핍감, 박탈감에서 오는 반작용이다. 하지만 자연과 시간은 집착하지 않는다. 수류득묘라는 사자성어에서도 알 수 있듯이, 물 흐르는 대로 갈 길 가다 보면 묘한 것을 얻게 된다. 꽃이 피고 지고 잎이 떨어져 앙상한 나뭇가지여도 늘 바람처럼 별처럼 스치고 반짝인다.

소크라테스가 말했던 네 자신을 알라는 말 이면에는 네 자신을 사랑함을 인지하라는 의미가 내포되어 있다. 평생 배우고 나누며 성장하기 위한 부단한 노력을 위한 첫 단추이다. 온 마음 다해 간절한 에너지를 꾹꾹 눌러 담아 말해보자. 도대체 결과가 얼마나 좋으려고 내가 지금 이 정도로 힘든 것일까. 내가 생각하는 것보다 얼마나 큰 보상이 있길래 지금 이 정도 수준으로 힘든 걸까. 역경은 우리를 몰아내기 위해 존재하는 것이 아니다. 우리가 무엇을 간절히 원하는지 깨달을 수 있는 기회를 주기 위한 시험대의 통과 관문이다. 세상의 모든 가치 있는 일들은 역경이라는 포장지에 포장되어 나에게 온다. 선물이 클수록 역경이라는 포장도 큰 법이다.

역경이라는 비를 맞고 있을 땐 그냥 전진하면 된다. 뒷걸음쳐서 뒤로 가도 비를 맞는 건 똑같다. 울면서도 비 맞으면서도 계속 앞으로 걸어가면 된다. 계속 비가 쏟아질 것 같고 그치지 않을 것 같지만 비구름은 이동하고 있다. 지구 전체를 덮고 있지 않다. 시간이 가면, 때가 되면 비가 그친다. 칠흑 같은 어둠 속처럼 느껴지는 이 순간에도 지구는 자전한다. 밝아오고 있다는 의미이다. 눈에 보이지 않을 뿐, 성공을 향해 달려가는 중이라고 스스로에게 계속 속삭이고 확언하자. 말조심하라고 하지 않은가. 내가 뱉은 말대로, 내 생각대로 지금의 나도, 미래의 나도 바뀌고 있다.

기적으로 향하는 성장열차, 인생열차

매일 아침 일어나 창밖에 펼쳐진 한강을 바라본다. 한강의 기적이라고 했던가. 전쟁으로 폐허가 됐던 한국이 놀라운 속도로 눈부신 발전을 했다. 매일 한강을 보며 수많은 사람들의 피, 땀, 눈물이 빚어낸 기적을 마주한다. 기적의 오늘을 마주한다. 누군가의 희생으로 내가 누리고 있는 기적의 오늘을 마주할 때마다 가슴이 벅차오르고 뭉클해진다. 그 감사한 마음으로 오늘을 연다.

심장이 뛰고 가슴이 웅장해지는 일은 살면서 큰일이 아니면 겪기 힘들다. 가슴 뛰고 설레는 일상의 기쁨과 충만한 감정은 어른이 되면서 차차 누그러져 간다. 감정을 통제할 수 있는 이성의 힘이 강해졌다고 긍정적으로도 볼 수 있겠다. 하지만 벅찬 감정을 다스리는 것과 감정 자체가 메마르는 것은 서로 다른 이야기이다. 나는 지금도 늘 가슴속에 소녀가 살고 있는 사람이다. 어린 시절 꿈꾸었던 많은 생각들, 감정들이 너무 좋아서 노화와 상관없이 할머니가 돼서도 그대로 보존되기를 바래왔다. 아니, 더 감정이 충만하고 깊어지고 섬세해지기를 기도했다.

뭔진 몰랐지만 그래야 내 삶이 풍요로워질 것 같은 생각이 있었던 것 같다. 아무리 똑똑하고 유능해도 로봇처럼 기계 같은 삶을 살긴 싫었던 것 같다. 성인이 되고 사회생활을 하면서 그때 왜 그런 생각을 했는지 이해하게 되었다. 나와 다른 수많은 사람들과 부딪치고 생활하면서 순수한 감정을 지키는 것이 얼마나 힘든지 알게 되었기 때문이다. 그리고 공감이라는 단어를 공감하게 되었다. 세상의 질서와 평화를 파괴하지 않는다면 다름과 틀림을 구분해야 함도 깨닫게 되었다.

그리고 아이들을 가르치면서 매일 나는 아이들의 입장에서 생각하고, 그들과 공감하려 애쓴다. 그래서 오랜 시간 아이들과 함께 해올 수 있었던 것 같다. 내 안의 수많은 감정들 중 늘 사랑과 기쁨이 승리함에 감사한다. 그리고 그 이유는 성장지능이 뛰어나기 때문이라고 믿는다. 나는 매일 나를 칭찬해 준다. 아침에 하루를 시작하며, 밤에 잠들기 전, 내 안의 나를 들여다볼 수 있는 나만의 메타인지 안경을 쓴다. 메타인지 안경을 쓰면 스스로를 좀 더 객관적으로 바라볼 수 있는 동시에 자세히 들여다볼 수 있는 시력이 생긴다. 내 안에 매몰되어 자칫 우물 속의 개구리가 되지 않도록 해준다. 나중에 더 크게 곪아서 터지지 않도록, 마음의 상처를 치료해서 지혜로 승화시킨다.

늘 독서와 운동을 중요한 루틴으로 실천하는 나는 유독 책 욕심이 많다. 특히 내게 신선한 자극과 아이디어를 줄 수 있는 책들은 아무리 바빠도 시간을 쪼개가며 읽는다. 현대그룹 창업주인 고(故) 정주영 회장의 자서전을 읽은 적이 있다. 매일 아침 가슴 설레이는 소풍을 떠나는 마음으로 하루를 시작했다는 글귀가 있다. 내가 매일 하루를 시작할 때 느끼는 부분이다. 매일 반복되는 일상이지만 매일이 새로운 이유이다. 나의 에너지가 밝고 건강해야 아이들의 에너지와 공명할 수 있고 그들의 친구가 될 수 있다. 순수하고 맑은 영혼들이 자칫 나로 인해 어두워지거나 상처받는 일이 없도록 나자신을 돌본다. 하루에도 수백 수천 개 이상의 질문 공세를 해오는 아이들이기에 늘 스스로의 언행을 모니터링한다.

어렸을 때 만났던 사람들은 평생 각인된다는 것을 체험했기 때문이다. 친절했던 사람, 나를 챙겨주고 예뻐했던 사람은 평생 가슴에 안고 갈 수 있다. 그렇기에 힘들고 고달플 수 있는 세상살이 속에서도 강건하게 버텨낼 수 있도록, 아이들이 건강한 자아를 성장시키기를 원한다. 나는 영어라는 도구와 달란트로 그 사명을 다하고 있다. 앞으로 살아갈 날들이 한창인 아이들이 더 나은 세상을 마주하게 하고 싶다. 내가 어린 시절 품었던 순수했던 마음 그대로 아이들이 어른이 되어서도 빛과 소금 같은 존재가 되었으면 한다.

다시 한 번 현재(present)라는 시간, 내가 존재(present)하고 있음에, 단 한 사람에게라도 성장에너지를 줄(present) 수 있음에 감사의 기도를 드린다. 나의 생명과 인생은 단 한 번 주어진 귀한 선물(present)이기 때문이다. 이 글을 읽고 있는 당신도 어제의 나보다 오늘 조금이라도 더 성장해 있는 모습을 확인하기를 바란다. 그리고 그 성장의 매일이 모여 기적의 현실을 마주할 수 있기를 응원한다.

인생 별 것 아니다. 좋은 일이든 그렇지 않은 일이든 지나고 보면 이 또한 지나가리라, 라는 솔로몬의 명언처럼 인생의 헛됨과 겸손의 의미를 깨닫게 된다. 낮아지려면 높아지고, 높아지려면 낮아질 수 있다. 사람은 누구나 죽음을 피할 수 없는 연약한 존재이지만 동시에 당신은 세상 유일의 존귀한 존재이다. 그 누구도 당신에게 무어라 할 자격이 없다. 만인이 마주할 최악의 결과는 죽음일 뿐. 그러니 무엇이 두렵겠는가. 죽을 용기로 산다면 그 삶이 평범하든 그렇지 않든 그 다짐이 당신을 평안하게 이끌리라.

어떤 선택이든 당신이 옳다. 인생에는 정답이 없기 때문이다. 단, 인생은 단 한 번 주어진 기회이니 행여라도 화해하지 못한 과거의 자아가 있다면 이제는 놓아주어야 한다. 과거와 현재, 미래가 삼각관계가 되지 않도록 과거와는 이별해야 한다. 그래야 과거 자아의 질투 없이, 당신의 미래 자아가 현재의 자아와 온전히 기쁜 시간을 함께할 수 있다. 그 때 비로소 당신이 바라는 미래의 자아, 미래의 기적이 현실이 된다. 미래의 자아와 함께 오늘의 성장에 몰입하기를 바란다. 자신을 뜨겁게 사랑하면 그 소망대로 기적은 현실이 된다.

걱정한다고 해결될 일이 아니라면 걱정할 시간에 해결책을 적어보자. 그리고 감정을 통제하고 현실에 몰입하자. 바쁜 꿀벌은 슬퍼할 겨를도 없기 때문이다. 일상의 소중한 일 분 일 초에 감정의 노예로 휘둘리지 말고, 감정의 주인이 되자. 그러면 당신의 이성도 감정의 지배를 받게 될 것이다. 감정과 이성이 서로 조화를 이루어 당신만의 세계에서 당신을 멋진 주인공으로 만들어 줄 것이다.

당신의 삶의 종착역은 어디인가. 기적이 목적지나 전부가 된다면 그 기적 후에는 자칫 허무함이나 번아웃의 동굴에 갇힐 수 있다. 자신만의 감정, 생각의 감기에 시달릴 수 있다. 간절히 기적을 원하는가. 그렇다면 기적의 이유에 대해서 충분한 생각을 해봐야 한다. 그래야 건강한 성장으로 행복한 결과와 그 기쁨을 누릴 수 있을 것이다.

당신의 꿈에, 일상에 완전히 몰입하였는가. 그렇다면 이제 시간이라는 이름의 트레일 위에 당신의 성장이라는 열차는 출발하였다. 이제 그 열차는 기적이라는 크고 작은 정거장들을 거쳐 당신만이 간절히 원하는 그 목적지로 이끌어 줄 것이다. 그러니 이제 매일 매 순간 감사한 마음으로 당신이 있어야 할 곳에서 삶을 즐기면 된다. 기적으로 향하는 성장 열차에 탑승하겠는가? 심지어 이 열차는 무임승차가 가능하다. 그러니 마음만 동한다면 함께 떠나보지 않겠는가.

성장의 기적

초판 1쇄 발행 2024년 7월 19일
초판 2쇄 발행 2024년 7월 30일

지은이　문경희
펴낸이　문경희
펴낸곳　에듀하트
편집 및 디자인 김민주, 이지후, 전아영
크로스교정 김민주, 이지후, 전아영, 박솔, 채민지
등　록　제2014-205호(2014년 7월 22일)
주　소　06291 서울시 강남구 삼성로 155 대치퍼스트 빌딩 106호
전　화　(02)2051-7082
팩　스　(02)2051-7083
이메일　mkh52080584@gmail.com
블로그　https://blog.naver.com/mkhenglish

ⓒ 문경희, 2024

ISBN 979-11-988472-0-1

*잘못 만들어진 책은 구입하신 곳에서 교환해 드립니다.
*책값은 뒷표지에 있습니다.
*이 책은 저작권법에 의하여 보호를 받는 저작물이므로 무단 전제와 복제를 금합니다.